统计软件实训教程

主　编　陈树良　史宪睿
副主编　陈英梅　李庆东

北京理工大学出版社
BEIJING INSTITUTE OF TECHNOLOGY PRESS

内 容 简 介

本教材采用"总分总"方式布局全文。教材内容包括统计软件实训基础、基本统计分析、推断统计分析、多元统计分析、综合练习、综合案例分析等六部分，说明社会经济问题的统计软件数据处理与数据分析，探讨问题的本质和发展规律。

本教材的撰写体例新颖独特，逻辑结构条理清晰，语言表达准确流畅。各项实训按照实训目的、实训原理、实训问题、实训过程、实训结果五个方面，介绍软件使用方法，培养学生数据处理和数据分析的专业能力。

教材融入了作者多年的统计学专业理论和教学成果，本教材可作为高校经济统计学、工商管理等经济管理类专业本科生使用，也可作为其它专业和社会各类人员学习数据处理与数据分析的教材或者参考书。

版权专有　侵权必究

图书在版编目（CIP）数据

统计软件实训教程／陈树良，史宪睿主编. --北京：北京理工大学出版社，2023.3
　　ISBN 978-7-5763-2191-3

Ⅰ.①统… Ⅱ.①陈… ②史… Ⅲ.①统计分析-应用软件-教材 Ⅳ.①C819

中国国家版本馆 CIP 数据核字（2023）第 044561 号

出版发行／	北京理工大学出版社有限责任公司	
社　　址／	北京市海淀区中关村南大街5号	
邮　　编／	100081	
电　　话／	（010）68914775（总编室）	
	（010）82562903（教材售后服务热线）	
	（010）68944723（其他图书服务热线）	
网　　址／	http://www.bitpress.com.cn	
经　　销／	全国各地新华书店	
印　　刷／	三河市天利华印刷装订有限公司	
开　　本／	787毫米×1092毫米　1/16	责任编辑／孟祥雪
印　　张／	16.5	文案编辑／孟祥雪
字　　数／	385千字	责任校对／刘亚男
版　　次／	2023年3月第1版　2023年3月第1次印刷	责任印制／李志强
定　　价／	89.00元	

图书出现印装质量问题，请拨打售后服务热线，本社负责调换

前言

本书遵循 OBE 人才培养理念，以社会需求为导向，以学生能力培养为核心，通过实践教学活动使学生掌握统计理论、形成统计知识体系，在了解统计软件功能与使用方法基础上，能够使用统计软件进行社会经济问题的数据处理与数据分析。

党的二十大报告指出强化现代化建设人才支撑，实施科教兴国战略。《统计软件实训教程》正是立足于科教兴国和使命任务背景，进行教书育人，最终实现为党育人、为国育才根本目标。

本书内容包括统计软件实训基础、基本统计分析、推断统计分析、多元统计分析、综合练习、综合案例分析等六部分，各项实训按照实训目的、实训原理、实训问题、实训过程、实训结果五个方面介绍软件使用方法，培养学生发现问题、分析问题的基本能力以及数据处理和数据分析的专业能力。

依据教材教学目标，优化教材内容。本书首先介绍统计软件数据文件的建立与管理；其次由浅入深介绍包括描述统计分析、探索性分析、多选项分析、交叉列联分析的基本统计分析，包括假设检验、方差分析、回归分析、统计质量控制图的推断统计分析，由聚类分析、因子分析、对应分析、逻辑回归分析、典型相关分析等组成的多元统计分析；再通过综合练习与案例分析，综合说明社会经济问题的统计软件数据处理与数据分析，探讨问题的本质和发展规律。

本书是辽宁工业大学的立项教材，并由辽宁工业大学资助出版。本书在编写过程中也得到各方面的帮助；本书查阅、参考了大量的相关著作、教材和其他各类型的文献，这里无法一一列出，在此谨表示衷心的感谢。同时感谢辽宁工业大学对编写、出版本书的大力支持，感谢辽宁工业大学经济管理学院史宪睿教授、陈英梅教授，辽宁石油化工大学李庆东教授，他们为教材的编写和出版提供了宝贵意见。感谢北京理工大学出版社的王晓莉老师、张浩宇老师，给予本书的许多帮助。

本书可作为高校经济统计学、工商管理、金融学、国际经济与贸易、市场营销、会计学等经济管理类专业数据处理与数据分析能力培养的教材，也可作为其他专业和社会各类人员学习数据处理与数据分析的教材或者参考书。

由于编者水平有限，加之时间紧促，纰漏和不足之处在所难免，敬请读者批评指正。

陈树良

2022 年 10 月于辽宁工业大学

目录

第1部分 统计软件实训基础 ………………………………………………………… (1)

  实训1 普通型数据文件的建立 …………………………………………………… (1)

    一、实训目的 ……………………………………………………………………… (1)

    二、实训原理 ……………………………………………………………………… (1)

    三、实训问题 ……………………………………………………………………… (4)

    四、实训过程 ……………………………………………………………………… (4)

    五、实训结果 ……………………………………………………………………… (7)

  实训2 调查问卷型数据文件的建立 ……………………………………………… (8)

    一、实训目的 ……………………………………………………………………… (8)

    二、实训原理 ……………………………………………………………………… (8)

    三、实训问题 ……………………………………………………………………… (10)

    四、实训过程 ……………………………………………………………………… (12)

    五、实训结果 ……………………………………………………………………… (13)

  实训3 数据计算 ………………………………………………………………… (15)

    一、实训目的 ……………………………………………………………………… (15)

    二、实训原理 ……………………………………………………………………… (15)

    三、实训问题 ……………………………………………………………………… (16)

    四、实训过程 ……………………………………………………………………… (18)

    五、实训结果 ……………………………………………………………………… (19)

  实训4 数据选取 ………………………………………………………………… (20)

    一、实训目的 ……………………………………………………………………… (20)

    二、实训原理 ……………………………………………………………………… (20)

    三、实训问题 ……………………………………………………………………… (21)

    四、实训过程 ……………………………………………………………………… (22)

    五、实训结果 ……………………………………………………………………… (23)

  思考题 …………………………………………………………………………… (25)

第 2 部分　基本统计分析 ……………………………………………………………（33）
实训 1　描述统计分析 ………………………………………………………………（33）
　　一、实训目的 …………………………………………………………………（33）
　　二、实训原理 …………………………………………………………………（33）
　　三、实训问题 …………………………………………………………………（35）
　　四、实训过程 …………………………………………………………………（35）
　　五、实训结果 …………………………………………………………………（37）
实训 2　探索性分析 …………………………………………………………………（37）
　　一、实训目的 …………………………………………………………………（37）
　　二、实训原理 …………………………………………………………………（38）
　　三、实训问题 …………………………………………………………………（39）
　　四、实训过程 …………………………………………………………………（40）
　　五、实训结果 …………………………………………………………………（42）
实训 3　多选项分析 …………………………………………………………………（44）
　　一、实训目的 …………………………………………………………………（44）
　　二、实训原理 …………………………………………………………………（44）
　　三、实训问题 …………………………………………………………………（45）
　　四、实训过程 …………………………………………………………………（47）
　　五、实训结果 …………………………………………………………………（51）
实训 4　交叉列联分析 ………………………………………………………………（54）
　　一、实训目的 …………………………………………………………………（54）
　　二、实训原理 …………………………………………………………………（54）
　　三、实训问题 …………………………………………………………………（55）
　　四、实训过程 …………………………………………………………………（60）
　　五、实训结果 …………………………………………………………………（62）
思考题 …………………………………………………………………………………（63）
第 3 部分　推断统计分析 ……………………………………………………………（65）
实训 1　单样本 t 检验 ………………………………………………………………（65）
　　一、实训目的 …………………………………………………………………（65）
　　二、实训原理 …………………………………………………………………（65）
　　三、实训问题 …………………………………………………………………（66）
　　四、实训过程 …………………………………………………………………（68）
　　五、实训结果 …………………………………………………………………（69）
实训 2　两个独立样本 t 检验 ………………………………………………………（69）
　　一、实训目的 …………………………………………………………………（69）
　　二、实训原理 …………………………………………………………………（69）
　　三、实训问题 …………………………………………………………………（70）
　　四、实训过程 …………………………………………………………………（71）
　　五、实训结果 …………………………………………………………………（72）

实训3　两个配对样本 t 检验 ……………………………………………………（73）
　　一、实训目的 ……………………………………………………………（73）
　　二、实训原理 ……………………………………………………………（74）
　　三、实训问题 ……………………………………………………………（74）
　　四、实训过程 ……………………………………………………………（75）
　　五、实训结果 ……………………………………………………………（76）

实训4　游程检验 …………………………………………………………………（77）
　　一、实训目的 ……………………………………………………………（77）
　　二、实训原理 ……………………………………………………………（77）
　　三、实训问题 ……………………………………………………………（78）
　　四、实训过程 ……………………………………………………………（83）
　　五、实训结果 ……………………………………………………………（84）

实训5　单因素方差分析 …………………………………………………………（85）
　　一、实训目的 ……………………………………………………………（85）
　　二、实训原理 ……………………………………………………………（85）
　　三、实训问题 ……………………………………………………………（86）
　　四、实训过程 ……………………………………………………………（87）
　　五、实训结果 ……………………………………………………………（88）

实训6　双因素方差分析 …………………………………………………………（91）
　　一、实训目的 ……………………………………………………………（91）
　　二、实训原理 ……………………………………………………………（91）
　　三、实训问题 ……………………………………………………………（93）
　　四、实训过程 ……………………………………………………………（94）
　　五、实训结果 ……………………………………………………………（96）

实训7　多元线性回归分析 ………………………………………………………（100）
　　一、实训目的 ……………………………………………………………（100）
　　二、实训原理 ……………………………………………………………（100）
　　三、实训问题 ……………………………………………………………（103）
　　四、实训过程 ……………………………………………………………（113）
　　五、实训结果 ……………………………………………………………（116）

实训8　统计质量控制 ……………………………………………………………（119）
　　一、实训目的 ……………………………………………………………（119）
　　二、实训原理 ……………………………………………………………（119）
　　三、实训问题 ……………………………………………………………（122）
　　四、实训过程 ……………………………………………………………（122）
　　五、实训结果 ……………………………………………………………（124）

思考题 ………………………………………………………………………………（125）

第 4 部分　多元统计分析······(128)

实训 1　Q 型聚类分析······(128)
　　一、实训目的······(128)
　　二、实训原理······(129)
　　三、实训问题······(131)
　　四、实训过程······(131)
　　五、实训结果······(133)

实训 2　R 型聚类分析······(138)
　　一、实训目的······(138)
　　二、实训原理······(138)
　　三、实训问题······(139)
　　四、实训过程······(140)
　　五、实训结果······(142)

实训 3　K 型聚类分析······(144)
　　一、实训目的······(144)
　　二、实训原理······(144)
　　三、实训问题······(145)
　　四、实训过程······(146)
　　五、实训结果······(148)

实训 4　因子分析······(151)
　　一、实训目的······(151)
　　二、实训原理······(152)
　　三、实训问题······(153)
　　四、实训过程······(154)
　　五、实训结果······(157)

实训 5　对应分析······(161)
　　一、实训目的······(161)
　　二、实训原理······(162)
　　三、实训问题······(163)
　　四、实训过程······(164)
　　五、实训结果······(168)

实训 6　逻辑回归分析······(172)
　　一、实训目的······(172)
　　二、实训原理······(172)
　　三、实训问题······(175)
　　四、实训过程······(176)
　　五、实训结果······(179)

目　录

  实训 7　典型相关分析 …………………………………………………………（182）
    一、实训目的 ……………………………………………………………………（182）
    二、实训原理 ……………………………………………………………………（182）
    三、实训问题 ……………………………………………………………………（183）
    四、实训过程 ……………………………………………………………………（185）
    五、实训结果 ……………………………………………………………………（185）
  思考题 …………………………………………………………………………………（187）

第 5 部分　综合练习 …………………………………………………………………（189）

  综合练习 1　某品牌汽车潜在客户购买意向的调研 …………………………………（189）
    一、调查方案 ……………………………………………………………………（189）
    二、调查问卷 ……………………………………………………………………（190）
    三、练习题目 ……………………………………………………………………（192）
  综合练习 2　某商业银行客户满意度的调研 …………………………………………（193）
    一、调查方案 ……………………………………………………………………（193）
    二、调查问卷 ……………………………………………………………………（194）
    三、练习题目 ……………………………………………………………………（196）

第 6 部分　综合案例分析 ………………………………………………………………（197）

  案例分析 1　高新技术产业影响因素的主成分回归分析 ……………………………（197）
    一、实训目的 ……………………………………………………………………（197）
    二、实训原理 ……………………………………………………………………（198）
    三、实训问题 ……………………………………………………………………（199）
    四、实训过程 ……………………………………………………………………（200）
    五、实训结果 ……………………………………………………………………（204）
  案例分析 2　大学生实践活动参加质量的综合分析 …………………………………（208）
    一、实训目的 ……………………………………………………………………（208）
    二、实训原理 ……………………………………………………………………（208）
    三、实训问题 ……………………………………………………………………（209）
    四、实训过程 ……………………………………………………………………（210）
    五、实训结果 ……………………………………………………………………（214）
    六、结论与建议 …………………………………………………………………（218）
  案例分析 3　理论教学对实践教学效果影响的分析 …………………………………（219）
    一、实训目的 ……………………………………………………………………（219）
    二、实训原理 ……………………………………………………………………（219）
    三、实训问题 ……………………………………………………………………（220）
    四、实训过程 ……………………………………………………………………（221）
    五、实训结果 ……………………………………………………………………（222）
  案例分析 4　大学生数据能力综合分析 ………………………………………………（225）
    一、实训目的 ……………………………………………………………………（225）

二、实训原理……………………………………………………………………（225）
　　三、实训问题……………………………………………………………………（227）
　　四、实训过程……………………………………………………………………（228）
　　五、实训结果……………………………………………………………………（230）
案例分析5　在线旅游短租住宿产品消费者行为影响因素综合分析……………（236）
　　一、实训目的……………………………………………………………………（236）
　　二、实训原理……………………………………………………………………（237）
　　三、实训问题……………………………………………………………………（237）
　　四、实训过程……………………………………………………………………（238）
　　五、实训结果……………………………………………………………………（242）
　思考题………………………………………………………………………………（250）
参考文献……………………………………………………………………………**（252）**

第 1 部分　统计软件实训基础

《统计软件实训教程》帮助学生总结统计知识，进而建立系统的统计理论体系。在此基础上，掌握 SPSS 统计软件的使用方法与技巧，形成社会经济问题的数据处理和数据分析能力。

深入实施人才强国战略，高度契合社会经济发展新态势、新格局，适应大数据发展新需求，培养大学生数据能力的基础知识体系和能力体系。

统计软件实训基础部分，主要介绍统计软件的功能模块，说明统计软件的数据文件的建立与管理，为统计软件的使用奠定基础。本部分主要包括普通型数据文件的建立，调查问卷型数据文件的建立，数据计算，数据选取等四个实训。

实训 1　普通型数据文件的建立

一、实训目的

SPSS 统计软件具有多种功能，如数据管理、数据计算、绘图、统计分析等。各种功能都是针对数据文件的。因此，数据文件就成了该软件应用的基础、起点、源泉和凭据。只有建立起相应的数据文件，统计软件的所有功能、针对具体社会经济问题的数据处理和数据分析才有了坚实基础。

通常来说，数据文件包括样本、变量、数据、计量单位、数据来源等 5 个方面。通过本实训，学生可以了解数据文件的内容，熟悉统计软件的普通型数据文件的作用，掌握统计软件的普通型数据文件的建立程序和方法，形成建立普通型数据文件的基本能力。

二、实训原理

普通型数据文件即表格形式的数据文件，内容主要包括标题、行标题、列标题、数据、数据来源、计量单位等6个方面。其中，标题即数据文件的名称，行标题一般为文件的样本，列标题一般为变量，数据即反映各个样本的变量的数值，数据来源即数据文件的来源渠道及收集方法，计量单位即各个变量的量纲。

数据文件的以上内容，在建立数据文件的过程中一般划分为两个阶段：一是变量定义；二是数据录入。前者包括定义变量的名称、类型、宽度、小数位、标签、值标签、缺失值、显示宽度、对齐方式等，后者包括通过键盘录入、复制粘贴等两种类型。具体说明如下：

（一）变量定义

1. 变量名（Name）

变量名即反映社会经济问题各个方面数量特征的名称。在数据文件中，要求变量的定义要简洁、准确、科学、合理、通俗。要注意变量名不要太长；如果是英文或汉语拼音简写的变量名，不区分大小写；不使用特有的单词或短句如 me、but。如果变量名的含义不易解释清楚，仍然应该使用简洁的词来表示变量名，同时可以使用以下两种方法加以明确：一是在建立数据文件之前进行变量编码，说明各个变量的含义及其表达的符号；二是在数据文件建立过程的变量定义中，使用标签（Label）来进一步说明变量名。

2. 变量类型（Type）

在统计软件中，常用的变量类型有数值型、日期型、美元型、自定义型等8种类型（见图1-1-1），具体为：

（1）数值型变量（Numeric）：普通的数值型变量，默认包括2位小数的8位数值。在统计软件中，数值型变量是最常用的变量类型，如反映区域经济发展规模的国内生产总值、税收总额，反映制造企业基本状况的员工工资、某种产品产量，反映某高校概况的在校学生数，反映某高校办学质量的优势专业、高质量就业人数、获奖学生数等。

（2）加显逗点的数值型变量（Comma）：整数部分每3位加一逗点，其余定义方式同于数值型变量。这是一种比较特殊的变量，在某些特殊情形之下使用。

（3）加显圆点的数值型变量（Dot）：整数部分每3位加一圆点，其余定义方式同于数值型变量。这是一种比较特殊的变量，在某些特殊情形之下使用。

（4）科学计数型变量（Scientific Notation）：标准格式用1位整数表示，其余部分用小数和指数表示。指数可以用E、D来表示。如123000可以表示为1.23E+5。当反映社会经济问题的变量数值特别大或者某些研究的计算结果的数值特别小的时候，一般选择使用该变量。

（5）日期型变量（Date）：用户可以从软件自带的日期型变量中选择其中一种需要的类型。

（6）美元型变量（Dollar）：用户可以从软件自带的货币型变量中选择其中一种需要的类型。

（7）用户自定义型变量（Custom Currency）：默认显示为整数部分每3位加一逗点，用户可以定义数值的宽度和小数位数。

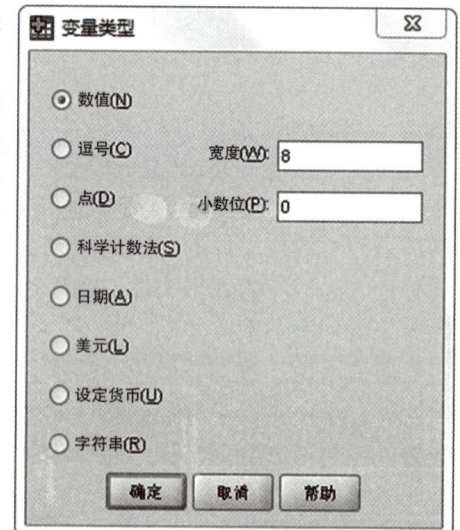

图1-1-1 变量类型

（8）字符型变量（String）：数值类型为字符型，用户可以定义字符型变量的长度，以便容纳该变量的内容。在统计软件中如同数值型变量，也是最常用的变量类型。如反映区域经济发展状况的产业类型、大中型企业分布的行业、包括的地区，反映某公司发展状况的行业、公司名称、产品名称、促销方式，反映某高校状况的专业名称等。

以上 8 种类型的变量中，第 1 种的数值型和第 8 种的字符型最为常见，第 2 种的逗号类型和第 3 种的点类型广义上讲属于数值型，科学计数法一般应用于数值特别大或者特别小的特殊场合，日期型、美元型、自定义型比较少见。

3. 变量宽度（Width）

根据变量的实际宽度来确定该变量的实际宽度，它与后面的显示宽度不同。如果是数值型变量，小数点及小数位也计入变量宽度，变量宽度通过数据文件中该变量对应变量宽度单元格的向上或向下箭头调节进行设计。如 100.01 的宽度是 6 个字节，9.99 是 4 个字节。

4. 小数位（Decimals）

根据数值型变量的实际情况来确定该变量的小数位，统计软件默认保留 2 位小数，小数位通过数据文件中该变量对应小数位单元格的向上或向下箭头调节进行设计。变量类型如果是字符串，则小数位的位置自动为灰色，即不能够进行小数位的设计。

5. 标签（Label）

当某变量的变量名不足以说明该变量的含义时，就可以使用标签（Label）了。变量名标签一般使用中文，总长度可达 120 个字符。

在数据处理和数据分析实践中，多数情况下通过变量编码进行变量的设计，而较少使用统计软件标签。

6. 值标签（Values）

当数据文件规模较大，变量类型为分类变量且可以用数值型表示时，就可以使用值标签（Values）了。

在市场调查时，调查问卷中的单选题与部分的开放式问题通过值标签设计完成变量的定义。此外，在数据分析中，交叉列联分析、描述性分析、探索性分析、2 个独立样本 t 检验、聚类分析等多进行值标签的定义。在定义过程中，值标签一般使用数字代替变量值进行定义。

7. 缺失值（Missing）

数据分析中的缺失值不太常见，但存在缺失值的时候，可以通过定义缺失值实现变量数据的弥补或填充。缺失值一般通过 0、1 个数值加上 1 个区域值等两种方法进行定义，但是多数情况下可以忽略而使用插补法进行数据文件的修补。

8. 显示宽度（Columns）

显示宽度与前面的实际宽度相对照，是外表上能够看到的变量的宽度。如 100.01，实际宽度是 6 个字节而显示宽度一定要大于 6，否则 100.01 会被隐藏而显示不完整，影响数据分析。

9. 对齐方式（Align）

对齐方式包括左对齐、右对齐、居中三种方式，一般以默认方式进行对齐方式的处理。

10. 变量尺度（Measure）

数据（变量）的尺度类似于统计学中变量的尺度。

以上十个方面的前六个问题是主要问题，尤其变量名、变量类型、小数位更加重要；变量标签、变量值标签在一定条件下比较重要，但当进行了变量编码之后，就可以不做变量标签和变量值标签了。而后面的缺失值、显示宽度、对齐方式、变量尺度一般给予默认。

（二）数据录入

在定义完变量之后，进行数据录入。

1. 普通数据

一般通过电脑的键盘依次进行，这也是常用的数据录入方式，尤其是普通的市场调查问卷。

2. 二手数据

二手数据可能通过批次的数据复制实现数据录入。工作过程包括：首先在软件中进行变量定义，其次将已经存在的数据通过复制、粘贴加入统计软件的单元格中。

3. 网络数据

一般先在电脑桌面新建 Excel 文件。将网络数据复制到 Excel 文件中，按照研究要求和数据特点进行数据的编辑处理。最后将数据批次复制到统计软件中。

三、实训问题

改革开放以来，中国特色社会主义市场经济实现了持续、快速、稳定发展，居民生活水平有了大幅度的提高。本实训研究恒瑞股份有限公司财务指标变化。根据中国海关及恒瑞股份有限公司发布的 2014—2019 年财务报表数据，分析该公司财务状况和经营状况，对恒瑞公司为该公司更好地适应我国经济体制和发展提供需求与帮助。

为进行上面的研究，设计以下 5 个变量：财务费用（万元）用 x_1 表示，净利润（万元）用 x_2 表示，其他业务利润（万元）用 x_3 表示，应付账款（万元）用 x_4 表示，管理费用（万元）用 x_5 表示。数据来源为该公司官网数据。

四、实训过程

1) 在 SPSS 软件数据编辑窗口单击左下角的变量设置（Variable View）按钮，进入变量设置界面：

（1）定义变量名称（Name）。年份，财务费用（万元）x_1，净利润（万元）x_2，其他业务利润（万元）x_3，应付账款（万元）x_4，管理费用（万元）x_5，业务种类用 x_6 表示。变量名称可以字母、汉字、字符开头，但要注意以下几点：变量名最后一个字符不能是句号，变量名称要简洁明确，不能使用空白或其他有特点含义的字符，变量名要唯一等。

（2）确定变量类型（Type）。按照变量的内容和特点，遵照 SPSS 软件的要求进行变量的设置即可。本实训中，变量类型设置为数值型。

(3) 定义变量宽度（Width）。这是指变量实际宽度，注意日期型变量此时无效。

(4) 定义数值型变量的小数点（Decimal）。默认为 2 位。

(5) 定义变量名标签（Label）。它是对变量名称的进一步具体解释和描述。由于变量名称本身的特点（必须简明），因此有时变量名称可能比较烦琐，此时可以通过变量标签进行变量设计。但是，多数情况下也可以通过详细的变量编码设计替代定义变量名标签。

(6) 定义变量值标签（Values）。它是对变量取值的简化描述。在录入数据时，出于效率的考虑，有必要定义变量值标签。如"企业类型"可以有"国有企业、民营企业、股份制企业"等类型，若分别按原始文字录入，效率很低。此时就应该用"变量值标签"来定义变量值。本实训中，将业务类型定义"1"为业务1和"2"为业务2，如图1-1-2所示。

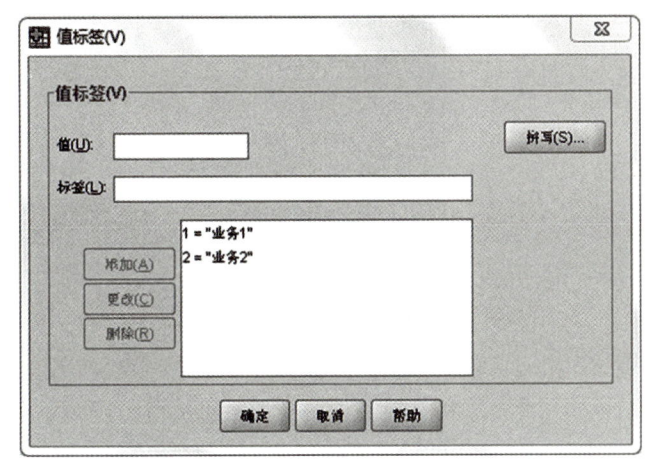

图 1-1-2　变量值标签

(7) 定义缺失值（Missing）。小型数据文件一般没有缺失值，若需定义，定义方法很简单。

(8) 确定变量的显示宽度（Columns）。由用户自行根据变量的实际情况来设置。

(9) 确定变量的对齐方式（Align）。软件自动设置。

(10) 确定变量的测量尺度（Measure）。软件自动设置。

2) 在 SPSS 软件数据编辑窗口单击左下角的变量编辑（即录入）（Data View）按钮，进入变量编辑（即录入）界面：

(1) 数据的一般录入方法。在变量编辑（即录入）（Data View）界面下，将原始数据依次录入即可。

(2) 批次粘贴录入数据。

(3) 导入 Excel 格式的数据。用 SPSS 软件可以直接打开 Excel 格式的数据文件，过程很简单。

将通过以上步骤建立的该公司的相关变量的数据文件，结果如下：

3) 数据文件的保存。确定文件名称，指明保存路径，即可实现文件的保存。

4) 数据文件的编辑。数据文件编辑的内容和方法很多，部分方法介绍如下：

(1) 增加和删除一个变量（Variable）。可以通过菜单方式（Data-Insert Variable）实

现,也可以通过鼠标右键(Insert Variable)实现。

(2) 增加和删除一个个案(Cases)。可以通过菜单方式(Data-Insert Cases)实现,也可以通过鼠标右键(Insert Cases)实现。

(3) 数据选取(Select Cases)。数据选取就是根据研究目的和要求,从存在的数据中按照相应条件和规则抽取部分数据参加数据计算和分析的过程,在抽样调查中就是样本的选取。数据选取的基本对话框由 Data-Select Cases 调出,如图 1-1-3 所示。

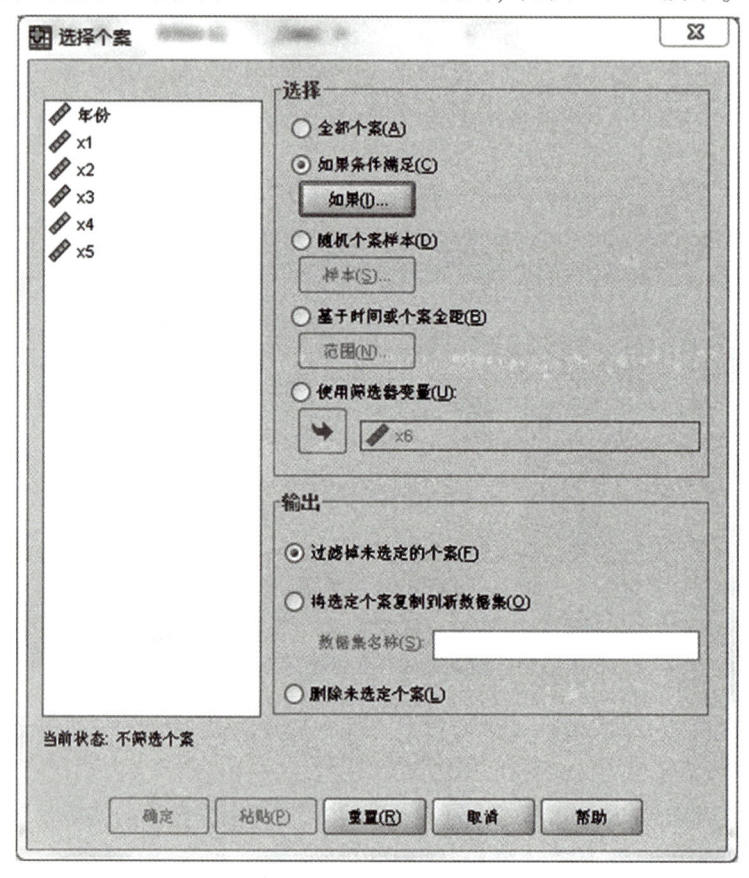

图 1-1-3　数据选取

数据选取的具体方法如下:

①全部个案(All Cases):选取全部数据,不进行抽样。

②如果条件满足(If Condition Is Satisfied):指定条件进行抽样,即抽选符合条件的数据。

③随机个案样本(Random Sample of Cases):随机抽样,对拟进行选择的数据按照随机原则抽样,有两种方式:一是纯随机抽样,在原始数据中按照一定的百分比抽样;二是精确抽样,即从总体中抽取一定数量的样本。如图 1-1-4 所示。

④基于时间或个案全部(Based on Time or Case Range):抽取在范围内的数据。

⑤使用筛选器变量(Use Filter Variable):通过过滤数据选取样本,正常的数据都将被抽取。

如上例,选择是"1"年份:

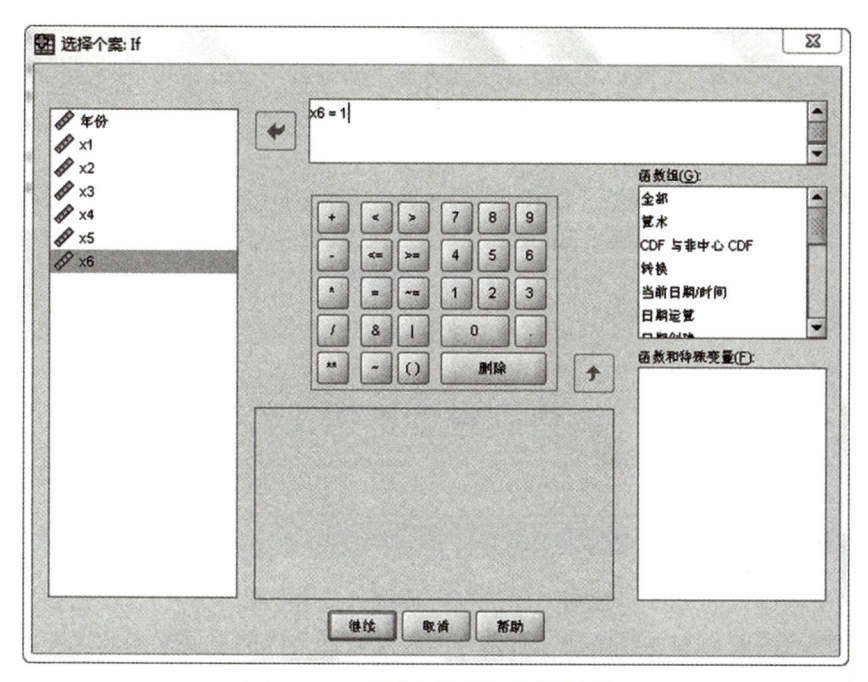

图 1-1-4　按照条件进行的数据选取

五、实训结果

1. 变量的定义（见图 1-1-5）

名称	类型	宽度	小数	标签	值	缺失	列	对齐	度量标准
年份	数值(N)	8	0		无	无	8	右(R)	度量(S)
x1	数值(N)	8	2		无	无	8	右(R)	度量(S)
x2	数值(N)	8	2		无	无	8	右(R)	度量(S)
x3	数值(N)	8	2		无	无	8	右(R)	度量(S)
x4	数值(N)	8	2		无	无	8	右(R)	度量(S)
x5	数值(N)	8	2		无	无	8	右(R)	度量(S)
x6	数值(N)	8	0		{1, 业务}...	无	8	右(R)	度量(S)

图 1-1-5　变量的定义

2. 建立的数据文件（见图 1-1-6）

年份	x1	x2	x3	x4	x5	x6
2014	8735.26	23857.26	2741.28	30584.62	23442.31	1
2015	9148.40	23134.45	3270.25	33700.30	24715.14	1
2016	9448.28	24665.84	3569.34	39987.42	24741.39	1
2017	9628.32	25253.29	3427.29	41517.65	25435.71	1
2018	9627.17	25806.37	3687.45	40027.87	25932.19	2
2019	10104.01	27281.27	4532.80	50211.37	27107.84	2

图 1-1-6　建立的数据文件

3. 数据选取

用划线或者"1""0"表示数据选取的结果。保留的个案或者用"1"表示的个案为选取的个案，其他为删除的个案。如图 1-1-7 所示。

项目	年份	x1	x2	x3	x4	x5	x6	filter_$
1	2014	8735.26	23857.26	2741.28	30584.62	23442.31	1	1
2	2015	9148.40	23134.45	3270.25	33700.30	24715.14	1	1
3	2016	9448.28	24665.84	3569.34	39987.42	24741.39	1	1
4	2017	9628.32	25253.29	3427.29	41517.65	25435.71	1	1
5	2018	9627.17	25806.37	3687.45	40027.87	25932.19	2	0
6	2019	10104.01	27281.27	4532.80	50211.37	27107.84	2	0

图 1-1-7 建立的数据文件

实训 2 调查问卷型数据文件的建立

一、实训目的

社会经济问题的研究中，数据文件是进行数据处理和数据分析的重要依据，是进行市场调查研究的重要阶段和重要基础。而调查问卷是数据文件的重要来源和重要载体。通常来说，调查问卷是市场调查情况下收集数据的重要手段。

通过本实训，学生可以了解包括拟定市场调查问题的方式方法，了解调查对象、样本的设计与抽样，掌握变量及样本组成的数据文件的内容、调查问卷的基本结构、统计软件数据文件的类型及建立的程序和方法，形成针对具体的市场调查问题、按照具体的研究目的进行调查问卷型数据文件的建立的基本能力。

二、实训原理

（一）调查问卷

1. 调查问卷的内容与结构

一份完整的市场调查问卷一般包括调查问卷序言与主体内容两部分：序言介绍问卷的目的和作用、填写方法、注意事项以及致谢等；主体内容是调查问卷的重点，包括要调查的内容、受访者的背景部分、甄别部分。

调查问卷中的数据，尽管可能有许多种类型，但按照统计软件的要求一般划分为以下三种：单选题，多选题，开放式问题。当然，其他各种类型的数据都可以按照某种方式转化为以上的单选题、多选题、开放式问题，如各种形式的量表都可以转换为单选题或者多选题。单选题是在备选答案中选择其中的1项，多选题是在备选答案中选择其中的多项，开放式问题可以直接填写受访者自己满意的答案。

在调查实践中，大型调查问卷能够达到几十页，若是入户访问或者电话访问，时间大致 30 分钟；中小型调查问卷 10 页左右，访问时间 10 分钟左右。问卷中包括的问题一般可以按照以上说明的三种类型进行处理来建立调查问卷型的数据文件。

2. 设计调查问卷的基本原则

（1）科学原则。

科学原则是指在设计调查问卷的时候，要遵循相关理论与要求，综合考虑各方面因素拟定调查问卷。

（2）客观原则。

客观原则是指按照研究问题的客观实际，设计调查问卷的内容和结构，拟定研究问题、设计备选答案。

（3）系统原则。

系统原则是指按照研究问题的发展规律和发展现状，根据研究目的，将研究问题进行系统性分析，划分成不同的组成部分，依次进行调查问卷设计。

（4）准确原则。

准确原则主要包括调查内容、问卷语言两个方面。调查内容的拟定要精准，反映研究问题的重要方面要有所体现并形成系统；语言表达要准确、简明、通俗易懂。

（5）目的原则。

调查问卷篇幅及其内容，在能够反映社会经济问题本质特征基础上，还要遵循研究目的的原则。依据研究目的，设计调查问卷；目的不同，调查问卷的内容不同。

（二）软件处理

1. 单选题

软件中，单选题一般按照定义值标签的方法进行处理。具体包括：将该单项选择题定义为字符型变量进行处理；将该单项选择题定义为字符型变量+值标签进行处理；将该单项选择题定义为数值型变量+值标签的方式录入处理。多数情况下选择第一种类型。

2. 多选题

多选题的处理包括以下两种方法：二分法和多分法。

（1）多选项二分法。

在调查实践中比较简单的多选项使用多选项二分法，用 0 和 1 进行变量定义和数据录入。

（2）多选项多分法。

比较复杂的多选项尤其是指定备选答案的个数的情形下，当要求给出的答案个数少于备选答案个数时，使用多选项多分法。

3. 开放式问题

开放式问题处理分为两种类型：

（1）直接处理。

在比较简单情况下，将受访者填写的开放式问题的答案直接录入统计软件中，建立数据文件。

（2）简捷处理。

在较为复杂情况下，首先是将内容接近的答案进行归类，从而形成较少的答案。然后按照第一种类型进行处理，建立数据文件。

（三）调查问卷的数据分析

调查问卷型数据需要首先进行数据处理，之后进行频数分析和交叉列联分析。

三、实训问题

　　随着生活水平的不断提高，旅游消费已成为人们生活中必不可少的部分，对于特殊群体——大学生来说更是如此。大学生具有一定的经济独立能力和自我管理能力，具有相对宽松的时间，具有更多的冒险精神和追梦遐想，这些促成了大学生的旅游热。高校学生旅游市场蕴藏着巨大的潜力，大学生群体也成了一个庞大的被关注的群体。因此，研究大学生旅游市场的现状对于加快大学生这一旅游细分市场的发展，更好地推动旅游市场整体的提质增效具有重要的意义。

　　研究目的包括了解辽宁工业大学大学生对于旅游消费的基本态度，了解大学生旅游消费的目的，了解大学生旅游消费的喜好，了解大学生旅游消费的影响因素。

关于大学生旅游情况的问卷调查

　　在当今大学校园内，外出旅游已经成为大学生的一种时尚。为了解当今大学生的旅游情况，我们组织了这次调查活动。本问卷采取不记名形式，请您在百忙之中抽出一点时间填写这份文卷，并将正确答案画圈。非常感谢您的配合！

　　问卷编码：＿＿＿＿＿＿＿＿＿＿＿＿＿＿＿

　　受访者姓名（或编号）：＿＿＿＿＿＿＿　　受访者电话：＿＿＿＿＿＿＿＿＿

　　调查员姓名（签字）：＿＿＿＿＿＿＿＿　　督导员姓名（签字）：＿＿＿＿＿＿

　　主体部分：

Q1. 您怎样看待大学生旅游？（单选题）
　　A. 提倡
　　B. 一般
　　C. 不提倡

Q2. 您现阶段想去旅游吗？（单选题）
　　A. 非常想去
　　B. 一般
　　C. 不想去

Q3. 您希望旅游时间安排在什么时候？（单选题）
　　A. 双休日
　　B. 黄金周
　　C. 寒暑假
　　D. 其他

Q4. 您希望的旅游日程是怎样的？（单选题）
　　A. 即日来回
　　B. 两天一夜
　　C. 三天两夜
　　D. 四天三夜
　　E. 五天或五天以上

Q5. 您旅游的理想范围是什么？（单选题）

    A. 学校所处城市

    B. 省内其他城市

    C. 省外旅游

    D. 出国旅游

Q6. 您会选择哪种交通工具出行？（单选题）

    A. 汽车

    B. 火车

    C. 飞机

    D. 轮船

    E. 自行车

    F. 其他

Q7. 您愿意为旅游花费多少钱？（单选题）

    A. 500 元以下

    B. 500～1 000 元

    C. 1 000～1 500 元

    D. 1 500 元以上

Q8. 您外出旅游更倾向于跟谁一起？（多选题）

    A. 独自一人

    B. 好友

    C. 恋人

    D. 家人

Q9. 您的旅游经费来源是什么？（多选题）

    A. 生活费中结余

    B. 家长另给

    C. 兼职工资

    D. 奖学金等额外奖励

    E. 其他

Q10. 您觉得可能会阻碍您旅游的因素是什么？（多选题）

    A. 没有心仪的目的地

    B. 旅游信息不充分

    C. 时间安排不过来

    D. 没有同路者

    E. 囊中羞涩

Q11. 您最希望在旅游中获得什么？（多选题）

    A. 随众

    B. 观光游玩

    C. 增进同学之间感情

    D. 纪念活动

    E. 其他

Q12. 您外出旅游主要考虑的因素有哪些？（多选题）

  A. 费用

  B. 旅游地点

  C. 安全

  D. 环境

  E. 同行伴侣

  F. 气候

  G. 活动安排

  H. 便利性

Q13. 您外出旅游的目的是什么？（多选题）

  A. 放松心情，缓解压力

  B. 品尝美食

  C. 购物

  D. 开阔视野，增长见识

  E. 别人去旅游，我也跟着去

  F. 其他

Q14. 您对大学生旅游还有什么建议？_____（开放式问题）

背景部分：

M1. 您的性别是？（单选题）

  A. 男

  B. 女

M2. 您的年级是？（单选题）

  A. 大一

  B. 大二

  C. 大三

  D. 大四

感谢您的反馈和对我们的支持，我们已对大学生旅游情况进行了解，您的宝贵建议我们已记录。

四、实训过程

按照 SPSS 统计软件的基本要求，将上述调查问卷的所有变量区分成单选题、多选题和开放式问题三种类型进行统计软件的数据文件的建立。其中：

1. 单选题

（1）单选题包括的问题。

问题"Q1. 您怎样看待大学生旅游？Q2. 您现阶段想去旅游吗？Q3. 您希望旅游时间安排在什么时候？Q4. 您希望的旅游日程是怎样的？Q5. 您旅游的理想范围是什么？Q6. 您会选择哪种交通工具出行？Q7. 您愿意为旅游花费多少钱？"都是单选题。此外，背景部分的"M1. 您的性别是？""M2. 您的年级是？"也是单选题。

（2）单选题的软件处理。

以"M1. 您的性别是？"为例进行单选题的设计。在数据编辑窗口的左下角"变量视图"的变量定义窗口，进行如下设置：在"值"设置 1、在"标签"中写上男生、在"值"设置 2、在"标签"中写上女生，即可进行单选题的变量值标签的定义。

2. 多选题

（1）多选题包括的问题。

问题"Q8. 您外出旅游更倾向于跟谁一起？Q9. 您的旅游经费来源是什么？Q10. 您觉得可能会阻碍您旅游的因素是什么？Q11. 您最希望在旅游中获得什么？Q12. 您外出旅游主要考虑的因素有哪些？Q13. 您外出旅游的目的是什么？"是多选题。

（2）多选题的软件处理。

以"Q8. 您外出旅游更倾向于跟谁一起？"为例进行多选题的设计。在数据编辑窗口的左下角"变量视图"的变量定义窗口，进行如下设置，即可进行多选题的变量值标签的定义。为此，将该题的各个备选答案如 A. 独自一人、B. 好友、C. 恋人、D. 家人各自作为单独变量进行设计。

3. 开放式问题

问题"Q14. 您对大学生旅游还有什么建议？"是开放式问题。

一般按照单选题的方法进行变量设计与数据录入。

五、实训结果

1. 单选题定义

针对性别，用 1 表示男生、2 表示女生。单击性别变量的右侧的值的位置，打开值标签对话框，在值的位置输入 1、在标签的位置输入男生，然后单击添加；用相同的方法实现女生的定义（见图 1-2-1）。

图 1-2-1　性别 M1 的单选题定义

2. 多选题定义（见图1-2-2）

名称	类型	宽度	小数	标签	值	缺失	列	对齐	度量标准
M1	数值(N)	8	0		{1,男生}...	无	8	右(R)	度量(S)
Q8.1	数值(N)	8	0		无	无	8	右(R)	度量(S)
Q8.2	数值(N)	8	0		无	无	8	右(R)	度量(S)
Q8.3	数值(N)	8	0		无	无	8	右(R)	度量(S)
Q8.4	数值(N)	8	0		无	无	8	右(R)	度量(S)

图1-2-2　Q8的多选题定义

在打开的统计软件数据编辑窗口，单击左下角的右侧标签，进入变量定义窗口。按照调查问卷的顺序或者数据分析的顺序，将多选项变量的所有备选答案重新进行变量编码以进行变量的定义，如Q8.1、Q8.2、Q8.3等。

3. 开放式问题定义（见图1-2-3）

图1-2-3　Q14的开放式问题定义

将开放题的所有答案进行类的归属，如本题归纳为安全、节约、学习、结伴四种类型。然后，每种类型进行值标签定义。

4. 数据文件（部分）

（1）变量定义。

将上面所有的调查问卷的所有变量按照单选题、多选题、开放式问题的基本处理方法和处理结果，进行定义与数据录入。结果如图1-2-4所示。

名称	类型	宽度	小数	标签	值	缺失	列	对齐	度量标准
Q1	数值(N)	8	0		{1,男生}...	无	8	右(R)	度量(S)
Q2	数值(N)	8	2		无	无	8	右(R)	度量(S)
Q3	数值(N)	8	2		无	无	8	右(R)	度量(S)
Q4	数值(N)	8	2		无	无	8	右(R)	度量(S)
Q5	数值(N)	8	2		无	无	8	右(R)	度量(S)
Q6	数值(N)	8	2		无	无	8	右(R)	度量(S)
Q7	数值(N)	8	2		无	无	8	右(R)	度量(S)
Q8.1	数值(N)	8	0		无	无	8	右(R)	度量(S)
Q8.2	数值(N)	8	0		无	无	8	右(R)	度量(S)
Q8.3	数值(N)	8	0		无	无	8	右(R)	度量(S)
Q8.4	数值(N)	8	0		无	无	8	右(R)	度量(S)
Q14	数值(N)	8	0		{1,安全}...	无	8	右(R)	度量(S)
M1	数值(N)	8	0		{1,男生}...	无	8	右(R)	度量(S)
M2	数值(N)	8	2		{1.00,大一}...	无	8	右(R)	度量(S)

图1-2-4　调查问卷型问题变量的定义

(2)数据录入(见图1-2-5)。

Q1	Q2	Q3	Q4	Q5	Q6	Q7	Q8.1	Q8.2	Q8.3	Q8.4	Q14	M1	M2
1	1	2	2	1	1	1	1	1	0	1	0	1	2
2	1	3	1	2	2	2	1	1	1	1	1	2	1
3	2	2	4	2	1	3	1	0	1	1	1	1	3
1	3	2	3	2	1	3	0	1	1	0	1	1	3
6	1	2	5	3	1	4	1	1	0	1	0	2	2
1	3	3	4	4	4	3	0	0	1	0	1	2	3
2	2	3	3	3	2	2	1	1	0	0	1	2	1
5	1	3	4	2	2	2	1	0	1	1	1	1	3
3	2	1	3	2	1	3	1	1	1	1	9	2	4
2	2	4	3	1	1	2	1	0	0	1	1	1	3
6	1	3	2	1	3	2	1	1	0	1	0	1	2
5	1	3	2	1	1	0	0	0	0	1	1	2	3
2	2	2	1	3	5	3	1	1	0	0	1	1	2
1	1	3	4	2	4	4	1	1	0	1	1	2	4

图 1-2-5 调查问卷型问题数据的录入

按照以上的变量定义,将通过调查问卷收集到的数据在数据编辑窗口进行数据录入。

实训 3 数据计算

一、实训目的

结合统计软件的数据处理和数据分析的各个模块,在理解数据分析功能的基础上,了解数据计算功能的应用条件,掌握在某些特殊条件下的社会经济问题的数据计算要求、数据计算的有关函数、数据计算的统计软件处理方法与处理过程。

通过本实训,学生可以理解特殊情况之下的数据计算的必要性,掌握特殊情况之下的数据处理和数据计算的基本方法,形成针对具体社会经济问题进行数据处理和数据计算的基本能力。

二、实训原理

1. 应用条件

数据计算模块是用来解决软件中"分析"功能所不能完成的计算与建模,即统计软件的"分析"中没有现成的模块进行数据处理和数据计算与分析。此时,就需要使用该模块进行数据处理和数据分析。

2. 表达式

数据计算应该有计算表达式,用来计算需要计算的数据。该表达式包括计算的内容和各项计算内容之间的关系,把计算内容及其关系连接起来,就是数据计算表达式。在统计软件中,主要有以下两种表达式:算术表达式,条件表达式。

(1)算术表达式。

所谓算术表达式,就是使用算术运算符号如加、减、乘、除、乘方与开方实现的数据计算表达式。计算顺序遵循数学计算顺序,并且针对所有个案进行计算。

（2）条件表达式。

当计算对象是所有个案中的某部分时，就需要按照某种条件将所有个案进行分组，然后计算不同组别的有关数据。所谓条件表达式，就是在某些条件之下计算个案数据的表达式。条件表达式包括简单条件表达式和复杂条件表达式。条件表达式一般通过软件中的"if"进行设置。

3. 计算函数

SPSS统计软件事先编好了各种函数并放置在SPSS统计软件的该模块"函数组"中，用来计算某些特定的计算内容和计算目的。函数主要包括算术函数，统计函数，分布函数，逻辑函数，字符函数，日期函数，随机数字、统计量、字符串、缺失值函数，其他函数。其中最主要的是算术函数和统计函数。部分重要的算术函数和统计函数如表1-3-1所示。

表1-3-1 算术函数和统计函数

函数类别	函数名称	函数功能
算术函数	算术表达式（ABS）	计算绝对值
	平方根（Sqrt）	计算平方根
	函数值（Sin）	正弦函数
	函数值（Cos）	余弦函数
	函数值（Exp）	计算e的幂函数
	对数值（Ln）	计算以e为底的自然函数值
	对数值（Lg10）	计算以10为底的函数值
	表达式（Rnd）	计算整数
	表达式（Trunc）	计算去掉小数后的整数
	表达式（Mod）	计算除以常数后的余数
统计函数	Mean（变量名，变量名，-）	计算各个变量的均值
	Sd（变量名，变量名，-）	计算各个变量的标准差
	Variance（变量名，变量名，-）	计算各个变量的方差
	Sum（变量名，变量名，-）	计算各个变量的总和
	Cfvar（变量名，变量名，-）	计算各个变量的变异系数
	Max（变量名，变量名，-）	计算各个变量的最大值
	Min（变量名，变量名，-）	计算各个变量的最小值

其他函数本书从略。

三、实训问题

改革开放以来，中国经济获得快速发展，实现了翻天覆地的巨变，工业经济更是成为中国经济的重要推动力量。经过中华人民共和国50余年的工业化进程，尤其是改革开放30年来工业化的快速发展，中国工业经济用50多年的时间走完西方发达资本主义国家100多年的路程，中国工业经济开始整体迈入工业化的中期阶段。

近些年来，锦州市社会经济各项事业获得巨大发展，国民经济实现了较高速度的增长和较大规模的扩张，尤其是工业经济获得了长足发展。锦州市工业依托当地的资源优势，不断深化企业改革，积极调整工业结构，转变工业发展方式，积极引进内外资，加大工业投入，延伸产业链条，完善工业体系，工业经济得到了长足发展。工业经济的主导地位逐步显现。工业发展成效显著。2013 年，锦州市工业企业法人单位数达到 3 640 户，资产总计 1 183.39 亿元，实现 194 848 人就业，实现工业增加值 179.4 亿元，比 2012 年同期增长 30.4%；实现主营业务收入 786.0 亿元，比 2012 年同期增长 28.0%；实现利税 104.7 亿元，是 2012 年的 4.4 倍。工业经济实现了又好又快发展，经济实力有了较大提升。

但是，锦州市工业经济面临增长压力。20 世纪 70 年代初，罗马俱乐部发表《增长的极限》报告经济增长极限理论，即经济增长不能无限制地以获取资源为前提条件。21 世纪初，世界银行在《创新的亚洲：增长的前景》报告中指出，资源投入是东亚过去的主要增长来源，东亚如果不从资源消耗型的生产模式转向技术集约型的生产模式，未来的增长就会出现收益递减。有关数据显示，锦州市依靠外延式、资源投入式实现工业经济增长困难重重。工业经济是国民经济的主导，是经济现代化的核心与基础。在一个地区，工业经济的发展水平和运行效率决定着其他产业部门乃至整个国民经济发展的水平和运行效率。工业化是一个效率至上的市场竞争过程，提高运行效率是工业经济运行与管理的前沿课题和重要课题。十几年来，工业经济运行严重依赖资金等生产要素的大量投入与国内生产总值等生产规模的外延扩张，使得工业经济运行面临"高投入、高消耗、高污染"和"低产出、低质量、低效益"的效率困境等一系列深层次问题。同时，锦州市工业经济发展也面临着结构与方向的选择问题。我国历史上，曾经的"多快好省"的经济发展模式，现在来看仍然非常实用有效。

锦州市工业经济运行效率表现在许多方面，其中一个重要方面就是劳动力就业。下面给出了锦州市 1990—2010 年三次产业的劳动力就业人数。

要求：计算锦州市三次产业的总就业人数。

锦州市历年来三次产业的就业人数如表 1-3-2 所示。

表 1-3-2 锦州市历年来三次产业的就业人数（人）

年别	x_1	x_2	x_3
1990	581 890	364 977	266 206
1991	598 995	368 710	276 273
1992	585 531	379 304	282 676
1993	562 389	388 484	302 104
1994	543 871	360 688	304 938
1995	565 040	363 234	304 929
1996	583 073	304 126	296 138
1997	577 241	300 741	415 154
1998	625 420	260 468	410 864
1999	663 453	250 853	429 848
2000	709 737	266 532	491 271

续表

年别	x_1	x_2	x_3
2001	703 046	257 159	527 164
2002	730 066	267 259	544 642
2003	745 453	275 763	561 217
2004	684 153	257 763	473 742
2005	692 301	269 643	501 079
2006	716 841	242 959	469 050
2007	716 839	275 582	543 132
2008	695 683	287 451	640 078
2009	682 739	311 776	744 578
2010	683 758	330 554	646 778

数据来源：2011 年《锦州市统计年鉴》

四、实训过程

1. 调出主菜单（Transform/Compute（计算变量））

打开该份数据文件，在 SPSS 统计软件数据编辑窗口依次单击"转换/变量计算（Transform/Compute）"，调出数据计算一级对话框 Compute。

2. 主对话框的设计

（1）拟定计算的新变量的名称。

在主对话框的 Target Variable 框中写出新变量的名称。此处用"总人数"表示。

（2）主对话框的设置，确定计算表达式。

在主对话框的 Numeric Expression 中写出新变量的表达式。此时，使用软件自带小键盘或者使用计算机键盘均可。表达式为"x1+x2+x3"（见图 1-3-1）。

图 1-3-1 变量计算一级对话框的设计

3. 二级对话框的设计

计算条件的设置，如果需要设置计算条件，还要单击如果按钮进行相应的设置。

4. 运行该程序

```
COMPUTE 总人数=x1 + x2 + x3.
EXECUTE.
```

五、实训结果

锦州市历年来三次产业的就业总人数如表 1-3-3 所示。

表 1-3-3 锦州市历年来三次产业的就业总人数（人）

年别	x_1	x_2	x_3	总人数
1990	581 890	364 977	266 206	1 213 073
1991	598 995	368 710	276 273	1 243 978
1992	585 531	379 304	282 676	1 247 511
1993	562 389	388 484	302 104	1 252 977
1994	543 871	360 688	304 938	1 209 497
1995	565 040	363 234	304 929	1 233 203
1996	583 073	304 126	296 138	1 183 337
1997	577 241	300 741	415 154	1 293 136
1998	625 420	260 468	410 864	1 296 752
1999	663 453	250 853	429 848	1 344 154
2000	709 737	266 532	491 271	1 467 540
2001	703 046	257 159	527 164	1 487 369
2002	730 066	267 259	544 642	1 541 967
2003	745 453	275 763	561 217	1 582 433
2004	684 153	257 763	473 742	1 415 658
2005	692 301	269 643	501 079	1 463 023
2006	716 841	242 959	469 050	1 428 850
2007	716 839	275 582	543 132	1 535 553
2008	695 683	287 451	640 078	1 623 212
2009	682 739	311 776	744 578	1 739 093
2010	683 758	330 554	646 778	1 661 090

使用统计软件的变量计算模块，得到锦州市三次产业历年的就业总人数。观察数据可以发现，就业总人数呈现增长态势。

为使三次产业就业人数及就业总人数的变化趋势更加明显，使用 Excel 程序绘制就业人数的折线图，如图1-3-2所示。

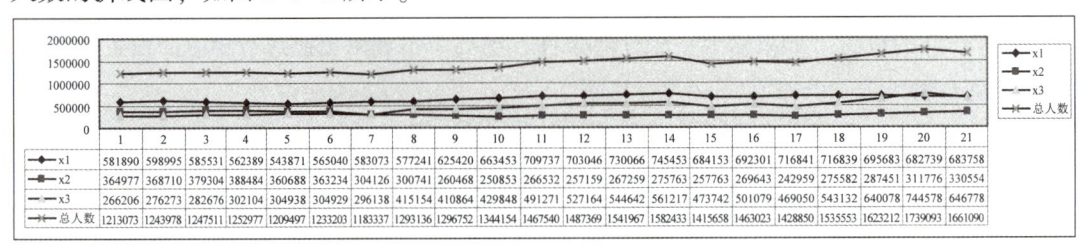

	1	2	3	4	5	6	7	8	9	10	11	12	13	14	15	16	17	18	19	20	21
x1	581890	598995	585531	562389	543871	565040	583073	577241	625420	663453	709737	703046	730066	745453	684153	692301	716841	716839	695683	682739	683758
x2	364977	368710	379304	388484	360688	363234	304126	300741	260468	250853	266532	257159	267259	275763	257763	269643	242959	275582	287451	311776	330554
x3	266206	276273	282676	302104	304938	304929	296138	415154	410864	429848	491271	527164	544642	561217	473742	501079	469050	543132	640078	744578	646778
总人数	1213073	1243978	1247511	1252977	1209497	1233203	1183337	1293136	1296752	1344154	1467540	1487369	1541967	1582433	1415658	1463023	1428850	1535553	1623212	1739093	1661090

图 1-3-2　就业人数的折线图

实训 4　数据选取

一、实训目的

数据选取是进行市场调查抽取样本的重要方法，在市场调查中非常重要。数据选取是按照研究目的和研究问题的特点，结合市场调查的时间、经费、人员等因素，以及抽样方法及误差控制要求，利用统计软件的数据选取功能，抽取部分个案作为样本进行具体的调查和研究，即抽样。这种抽样方法具有速度快、时间省、成本低等特点，效率很高。

通过本实训，学生可以理解统计的数据选取功能，掌握利用软件技术进行市场调查样本抽取的方法和程序，形成针对具体社会经济问题进行数据选取的数据处理基本能力。

二、实训原理

1. 应用条件

（1）市场调查中的样本选取。

市场调查中，样本设计与抽样是一项非常重要的工作。实践中，要求样本规模适当、抽样过程科学合理、抽样结果即样本代表性高。因此科学、合理、高效的样本抽取就变得非常重要。

（2）社会经济问题研究中的样本选取。

在社会经济问题的研究实践中，经常需要进行样本的选取。此时，样本包括空间样本如地区、公司、人员等，以及时间样本如年、季度、月份、日等。

2. 两种抽样方法

（1）概率抽样。

样本选取的实际工作中，数据选取有概率抽样和非概率抽样两大类。其中的概率抽样最传统的方法就是抓阄，后来有了随机数表。随着计算机技术的发展，利用计算机技术进行抽样越来越常用了，统计软件的"数据选取"模块就是常用的计算机抽样。近些年来，由中国商业统计学会主办的全国大学生市场调查与分析大赛发展迅速，比赛中常用的概率抽样中的简单随机抽样就常常使用统计软件的"数据选取"功能完成。

概率抽样的基本类型，理论上包括简单随机抽样、分层随机抽样、整群随机抽样、等距离随机抽样,以及其他抽样如二重抽样、捕获再捕获抽样等。

概率抽样的优势主要有科学性、严谨性、精确性。

(2) 非概率抽样。

概率抽样属于严谨的科学的抽样方法。有时候,可能不具备概率抽样条件或者不需要进行概率抽样,此时非概率抽样就显得非常必要。非概率抽样主要包括配额抽样、方便抽样、自愿样本等。自愿样本常见于市场调查中的网络调查如问卷星调查或腾讯问卷调查。

3. 数据选取方法

在统计软件的数据选取中,包括多种方法。主要有以下几种:

(1) 全部选取。

这是统计软件中的第一种样本抽取方法,指所有调查总体都进入调查样本。使用这种样本进行的调查一般称为普查。市场调查中,多数情形属于抽样,所以"全部选取"一般较少采用。

(2) 条件选取。

这是 SPSS 统计软件数据选取的第二种样本抽取方法。抽样实践中,一般首先设置样本抽取条件,符合条件的数据被选中,不符合条件的数据被打上特殊的符号而被忽略。条件选取数据在市场调查中比较重要,经常使用。

(3) 随机选取。

随机选取数据(Random Sample of Cases)就是统计软件按照随机原则对全部数据随机进行选取。选取方法有近似抽样(Approximately)和精确抽样(Exactly)。前者是按照一定的百分比进行抽样,后者是在确定的总体规模之上选取固定的数据(个案)。随机选取数据在市场调查中非常重要,属于常说的计算机抽样的其中一种类型。结合现在流行的市调大赛,随机选取越来越重要了。

(4) 范围选取。

选取特定区域内的数据(Based on Time or Case Range)是在数据选取范围的起始位置 First Case 和结束位置 Last Case 设置相应的数值,进行数据选取。使用的范围一般有时间范围、单位范围、空间范围等。

(5) 过滤选取数据(Use Filter Variable)。

过滤选取数据就是按照过滤变量的取值选取数据,这种方法常用于剔除包含缺失值的数据。此时,要在后面的框中选入 1 个筛选指示变量,该变量取值为非 0 的所有个案被选中,并参加以后的数据处理和数据分析;该变量取值为 0 的所有个案没有被选中,不能参加以后的数据处理和数据分析。

三、实训问题

随着第三方支付快速发展,我国第三方支付平台已经形成稳定格局。2017 年,云闪付横空出世,引起大众广泛关注。仅仅几年时间,云闪付凭借其优势,不断扩大市场份额,用户数量稳步提升。但云闪付的发展仍任重道远。网络通信行业受到国家政策的长期支持。虽然支付宝和微信两大支付软件在现今第三方支付市场中占领绝对优势,但是安全性和第三方支付的身份带来的风险性还是留有很多隐患,二者之间的站队事件更是给消费者带来诸多不便。政府有关部门表明要大力发展互联网通信产业,使得互联网产业得以迅速发展。智能手机的出现以及普及、网络卖家的不断增多，使人们对支付方式的要求不断提高。这些都使第三方支付平台得到迅猛发展。2017年，我国第三方交易金额达到72 058亿元，比2016年提高了123%，增速迅猛。最新调查结果显示，在使用扫码支付的人群中有81%的人每天都在使用扫码支付。如今我国第三方支付市场基本被支付宝、微信两大支付软件占据，其普及程度、优惠方式、使用方法基本相似。银联作为最具官方地位的、最接近市场政策制订者的组织有其不可替代的优势，想依靠云闪付重新占据支付市场和赢回用户，面临着很大的挑战，但也存在很多机会。

通过大学生使用云闪付情况的调查，可以大致了解当前大学生使用云闪付的情况，进而分析云闪付的发展前景，并得出相应的结论及改进建议，对云闪付未来的发展具有重要的借鉴意义。具体的调查目的是：了解大学生使用云闪付的现状，研究云闪付在大学生群体中发展的优势与劣势，根据调查的结论，为云闪付的使用提出建议。

本次问卷调查的对象为某高校某专业本科学生，共有200人，按照研究目的，按照25%比例抽样，设计样本规模为50人。

四、实训过程

1. 调出主菜单

通过数据选取菜单数据/个样选取（Data/Select Cases）调出数据选取主对话框Select Cases。

2. 主对话框的设计

在主对话框中，单击随机选取数据（Random Sample of Cases）。随机选取数据就是SPSS统计软件按照随机原则对全部数据随机进行选取（见图1-4-1）。

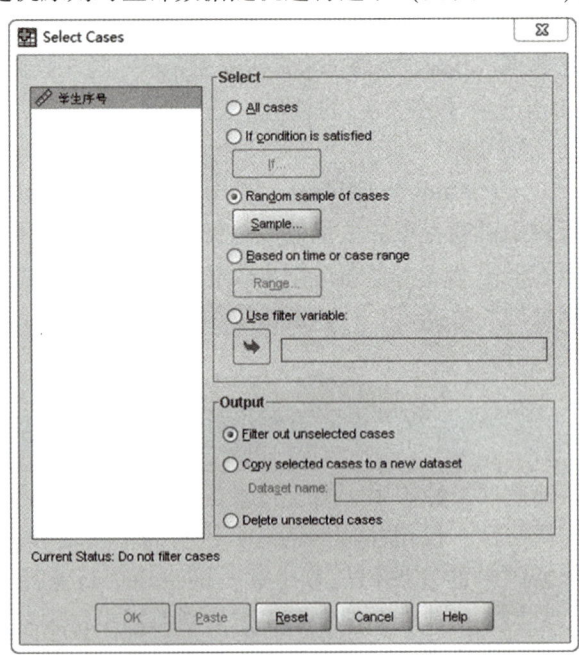

图1-4-1　随机选取一级对话框

3. 二级对话框的设计

在二级对话框选取个样（Select Cases：Random Sample）中，包括以下两个选取方法，即近似抽样（Approximately）和精确抽样（Exactly）。前者是按照一定的百分比进行抽样，后者是在确定的总体规模之上选取固定的数据（个案）。本题选择后面的选项，即从200人中随机抽取50人进行调研。单击继续（Continue）返回主对话框（见图1-4-2）。

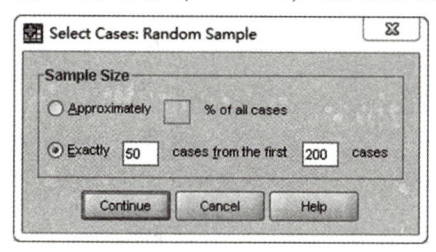

图 1-4-2　随机选取方法和数量

4. 运行该程序

```
USE ALL.
do if $casenum=1.
compute #s_$_1=50.
compute #s_$_2=200.
end if.
do if #s_$_2>0.
compute filter_$=uniform(1)* #s_$_2<#s_$_1.
compute #s_$_1=#s_$_1 - filter_$.
compute #s_$_2=#s_$_2 - 1.
else.
compute filter_$=0.
end if.
VARIABLE LABEL filter_$ '从第一 200 个案中的 50(SAMPLE)'.
FORMAT filter_$ (f1.0).
FILTER BY filter_$.
EXECUTE.
```

五、实训结果

使用统计软件的数据选取，可以非常方便快捷地得到所需样本。上述抽样结果中，"1"为抽中的学生、"0"为未抽中的学生，这样得到了规模为50的样本，可以据此进行市场调查（见表1-4-1）。

表 1-4-1　数据选取表（"1"为选取，"0"为未选取）

学生序号	数据选取	学生序号	数据选取	学生序号	数据选取	学生序号	数据选取
1	1	3	0	5	1	7	0
2	0	4	0	6	0	8	0

续表

学生序号	数据选取	学生序号	数据选取	学生序号	数据选取	学生序号	数据选取
9	1	41	1	73	1	105	0
10	1	42	0	74	0	106	0
11	1	43	1	75	0	107	0
12	1	44	0	76	0	108	0
13	0	45	0	77	0	109	0
14	1	46	0	78	0	110	0
15	0	47	0	79	1	111	0
16	0	48	0	80	0	112	0
17	0	49	0	81	0	113	0
18	0	50	1	82	0	114	0
19	0	51	0	83	0	115	0
20	1	52	0	84	1	116	0
21	1	53	0	85	0	117	1
22	0	54	0	86	0	118	1
23	1	55	0	87	0	119	0
24	1	56	0	88	1	120	0
25	0	57	0	89	0	121	0
26	0	58	0	90	1	122	0
27	0	59	0	91	0	123	0
28	0	60	1	92	0	124	0
29	1	61	0	93	0	125	0
30	0	62	0	94	0	126	1
31	1	63	0	95	0	127	0
32	1	64	0	96	0	128	0
33	1	65	1	97	1	129	0
34	1	66	1	98	0	130	0
35	0	67	0	99	0	131	1
36	0	68	0	100	0	132	0
37	0	69	0	101	1	133	0
38	0	70	1	102	0	134	0
39	0	71	0	103	1	135	0
40	0	72	1	104	0	136	0

续表

学生序号	数据选取	学生序号	数据选取	学生序号	数据选取	学生序号	数据选取
137	0	153	0	169	0	185	0
138	1	154	0	170	0	186	0
139	0	155	0	171	1	187	0
140	0	156	1	172	0	188	0
141	0	157	0	173	1	189	0
142	0	158	0	174	1	190	0
143	0	159	1	175	0	191	0
144	0	160	0	176	0	192	0
145	1	161	1	177	0	193	0
146	1	162	0	178	1	194	0
147	0	163	0	179	0	195	0
148	0	164	0	180	1	196	0
149	0	165	0	181	0	197	0
150	1	166	0	182	0	198	0
151	0	167	0	183	0	199	0
152	0	168	0	184	0	200	0

思考题

1. 统计软件中包括哪些常见的窗口？各个窗口的主要功能是什么？
2. 怎样理解统计软件的运行方式？有哪些运行方式？
3. 变量标签的使用条件是什么？怎样定义变量标签？
4. 变量值标签的使用条件是什么？怎样定义变量值标签？
5. 自拟一份数据，并设计相应的选取条件练习随机数据选取。
6. 练习从相关的数据库中检索所需数据，建立数据文件。
7. 自拟研究问题，设计研究目的，拟定样本与变量。
8. 自拟研究问题，设计研究目的，拟定样本与变量，选择合适的渠道，使用合理的方法收集数据，建立数据文件。
9. 什么是调查问卷？调查问卷有什么作用？
10. 设计调查问卷要注意什么问题？
11. 调查问卷的设计原则有哪些？
12. 调查问卷中的问题有哪些常见的类型？
13. 调查问卷中的量表类型的问题怎样设计，才能体现问卷设计的准确和高效原则？
14. 在社会经济问题的研究实践中，变量编码有什么重要作用？
15. 怎样进行变量编码？

16. 调查问卷的单选题怎样定义？怎样进行变量的录入？

17. 调查问卷的多选题怎样定义？怎样进行变量的录入？

18. 调查问卷中，开放式问题怎样进行数据处理与数据录入？

19. 自拟一份数据，并设计相应的调查问卷，进行变量定义与数据录入。

20. 怎样理解统计软件的数据计算（变量计算）模块的功能？

21. 练习自拟数据，进行相应的数据计算，总结计算结论。

22. 怎样理解统计软件中的计算表达式？

23. 怎样理解统计软件中的函数类型与功能？

24. 自行设计研究问题，拟定研究变量并通过适当的渠道收集数据，进行相应的数据计算。

25. 怎样理解统计软件的数据选取模块的功能？

26. 数据选取的方式有哪些？

27. 什么是数据的随机选取？怎样进行数据的随机选取？

28. 在数据选取中，怎样设置条件选取？条件可以怎样进行灵活的设计？

29. 什么是随机性？

30. 什么是市场调查中样本选取的随机性？

31. 说明市场调查中样本随机性的重要意义是什么。

32. 什么是简单随机抽样？

33. 有哪些简单随机抽样的方法？

34. 自拟数据，进行相应的数据选取。

35. 自拟研究问题与研究目的，使用统计软件按照一定比例进行简单随机抽样。

36. 自拟研究问题与研究目的，使用统计软件按照精确数量进行简单随机抽样。

37. 莫道桑榆晚，共助"夕阳红"——后疫情时代下锦州市老年群体数字化生活适应情况调查问卷。请将这份调查问卷进行变量定义，并模拟进行数据录入。

锦州市老年群体数字化生活适应情况调查问卷

您好！为了调研老年人群体数字化生活的适应情况，了解数字化对老年人生活方式的影响，更因老年人属于弱势群体，所以希望通过此次调查，为向老年人提供数字化方面的帮助，而得到您的有价值和宝贵的参考意见。本次调查以不记名方式进行，问卷中的答案没有对错之分，请您根据自己的想法和实际情况认真回答。我们郑重承诺，对于您填写的所有信息都会严格保密，调查数据只用于总体统计、分析，不单独使用。因此，不会给您带来任何麻烦。调查需要耽搁您一些时间，还请您谅解，非常感谢您的支持与合作！

第一部分：基本信息

1. 您是否为锦州市居民？（如果填是，继续作答；如果填否，终止本次调查）[单选题] *
   ○A. 是
   ○B. 否（请跳至问卷末尾，提交答卷）

2. 您的年龄？[单选题] *
   ○A. 60 岁以下（请跳至问卷末尾，提交答卷）
   ○B. 60~70 岁

○C. 70~80 岁

○D. 80 岁以上

3. 您的性别为？[单选题] *

   ○A. 男

   ○B. 女

4. 您的常驻地区在哪里？[单选题] *

   ○A. 古塔区

   ○B. 凌河区

   ○C. 太和区

   ○D. 凌海市

   ○E. 北镇市

   ○F. 黑山县

   ○G. 义县

5. 您的最高受教育水平是什么？[单选题] *

   ○A. 没受过教育

   ○B. 小学毕业

   ○C. 初中毕业

   ○D. 高中（包括中专技校）毕业

   ○E. 大专毕业

   ○F. 本科毕业

   ○G. 研究生及研究生以上毕业

6. 您的职业（或退休前的职业）是什么？[单选题] *

   ○A. 国家机关、党群组织、企业、事业单位负责人

   ○B. 办事人员和有关人员

   ○C. 商业、服务业人员

   ○D. 农、林、牧、渔、水利业生产人员

   ○E. 生产、运输设备操作人员及有关人员

   ○F. 军人

   ○G. 专业技术人员

   ○H. 其他＿＿＿＿＿＿＿＿＿＿＿＿ *

第二部分：数字化产品使用现状

7. 您使用哪种手机？[单选题] *

   ○A. 智能手机

   ○B. 老年机

   ○C. 我没有手机

8. 您会使用智能手机进行娱乐或办公吗？[单选题] *

   ○A. 都会

   ○B. 都不会

   ○C. 只会娱乐

○D. 只会办公

9. 您在下列情景中遇到困难的频率。（请在符合的选项框内打勾）［矩阵量表题］ *

项目	7	6	5	4	3	2	1
社交软件	○	○	○	○	○	○	○
交易支付	○	○	○	○	○	○	○
网购	○	○	○	○	○	○	○
出行购票	○	○	○	○	○	○	○
扫码	○	○	○	○	○	○	○
使用自助办理业务机器	○	○	○	○	○	○	○

10. 您有过网络购物的经历吗？［单选题］ *

　　○A. 有

　　○B. 没有（请跳至第13题）

11. 您在网络购物时一般会遇到哪些困难？［多选题］ *

　　□A. 不会筛选和查找商品

　　□B. 不会付款

　　□C. 不会联系卖家

　　□D. 不会退货

　　□E. 取件困难

　　□F. 不知道收到假货应该怎么办

　　□G. 没什么问题

　　□H. 其他_____ *

12. 您为什么不尝试进行网络购物？［多选题］ *

　　□A. 没有智能手机或电脑

　　□B. 没有网络购物的账号

　　□C. 不会使用网络购物的软件

　　□D. 不信任网络购物，害怕上当受骗

　　□E. 需要的都能在现实中买到，没有网购需求

　　□F. 不喜欢网络购物

　　□G. 其他_____ *

13. 您有在使用微信、QQ等网络社交软件吗？［单选题］ *

　　○A. 有

　　○B. 没有（请跳至第14题）

14. 您在使用微信或QQ等社交软件时遇到过哪些困扰？［多选题］ *

　　□A. 一些功能不会使用

　　□B. 听不懂年轻人说的话

　　□C. 不习惯打字

　　□D. 其他_____ *

15. 您没有使用微信或QQ等社交网络的原因是什么？［多选题］ *

☐A. 没有智能手机

☐B. 内容和功能太复杂，学不会使用

☐C. 亲朋好友现实来往密切，不需要通过网络联系

☐D. 其他_____ *

16. 您更习惯于现实社交还是网络社交？[单选题] *

○A. 现实社交

○B. 网络社交

17. 您有过网络购票的经历吗？[单选题] *

○A. 有

○B. 没有

18. 网络购票的普及对您的出行有什么影响？[单选题] *

○A. 我的出行次数减少了

○B. 我的出行次数增加了

○C. 没什么影响

19. 网络打车的普及使您的日常出行有何变化？[单选题] *

○A. 更方便

○B. 我没有智能手机或者不会使用打车软件，更困难

○C. 打车还要用手机，更麻烦

○D. 我不需要打车，或者我不用打车软件也很容易打到车，没什么影响

20. 扫二维码乘坐交通工具使您的日常出行有何变化？[单选题] *

○A. 更方便

○B. 我没有智能手机或者不会使用二维码，更困难

○C. 坐车还要扫码，更麻烦

○D. 我不需要乘坐公共交通，或者我不需要使用二维码也可以很方便乘坐公共交通，没什么影响

21. 您有过使用手机支付的经历吗？[单选题] *

○A. 有

○B. 没有（请跳至第22题）

22. 您在使用手机支付时会遇到哪些困难？[多选题] *

☐A. 忘记支付密码

☐B. 不会打开收款码、付款码

☐C. 无法支付成功但我不知道什么原因

☐D. 不知道手机支付是否安全，心里没底

☐E. 支付绑定银行卡很麻烦

☐F. 看不清数字，使用体验很差

☐G. 没有遇到什么困难

☐H. 其他_____ *

23. 您不使用手机支付的原因是什么？[多选题] *

☐A. 没有智能手机

☐B. 不会使用微信、支付宝等支付软件

☐C. 习惯现金支付

☐D. 不喜欢/不信任/不习惯微信、支付宝等支付软件

☐E. 支付软件没有余额

☐F. 其他 _____ *

24. 在银行时，您使用银行的自助办理业务机器是否有困难？[单选题] *

○A. 有

○B. 没有（请跳至第25题）

25. 使用自助办理业务机器的困难主要出现在哪些方面呢？[多选题] *

☐A. 字太小看不清

☐B. 语言太专业看不懂

☐C. 不会扫码

☐D. 输入密码速度太慢，各项操作很不熟练

☐E. 就是不懂不知道该怎么做

☐F. 没有人帮助我

☐G. 其他 _____ *

第三部分：疫情期间数字化对生活的影响

26. 在疫情期间，您在哪些情境下会遇到障碍？[多选题] *

☐A. 生活缴费线下办理渠道受阻（如水费、电费等）

☐B. 线上预约服务难以操作（如医疗预约、出行预约等）

☐C. 政府部门的网上服务业务不知道找谁

☐D. 出门采购受阻导致基础生活用品储备不充足

☐E. 线下门店售卖口罩、酒精等基础医疗用品昂贵且稀缺

☐F. 基本没有问题

☐G. 其他 _____ *

27. 您是否拥有健康码？[单选题] *

○A. 是

○B. 否（请跳至第28题）

28. 是谁帮您申请的健康码？[单选题] *

○A. 自己

○B. 亲属

○C. 邻居

○D. 社区工作人员

○E. 其他

29. 在医院时，您使用医院的自助办理业务的机器是否有困难？[单选题] *

○A. 有

○B. 没有（请跳至第30题）

30. 使用医院的自助办理业务的机器主要在哪些方面会出现困难呢？[多选题] *

☐A. 字太小看不清

☐B. 语言太专业看不懂

☐C. 不会扫码
☐D. 就是不懂不知道该怎么做
☐E. 用起来总不舒服，各种操作很慢很不熟练
☐F. 没有人帮助我
☐G. 没有困难
☐H. 其他 _____ *

第四部分：帮扶情况

31. 您在使用电子产品时遇到困难会向谁求助？［多选题］ *
    ☐A. 子女
    ☐B. 亲戚
    ☐C. 朋友
    ☐D. 邻居
    ☐E. 工作人员等
    ☐F. 不求助
    ☐G. 其他 _____ *

第五部分：接纳情况

32. 您愿意接受互联网与信息技术越来越渗透到日常生活中吗？［量表题］ *

| ○A. 非常愿意 | ○B. 愿意 | ○C. 较为愿意 | ○D. 一般 |
| ○E. 较为不愿意 | ○F. 不愿意 | ○G. 非常不愿意 | |

33. 当今互联网产品逐渐融入社会的方方面面，这对您的生活产生了什么影响？［多选题］ *
    ☐A. 给我的生活带来了许多便利
    ☐B. 使我与身边人的距离越来越近，大家更亲密
    ☐C. 使我更加融入年轻一代的生活
    ☐D. 给我的生活带来了许多负担和不便
    ☐E. 使我与身边人的距离越来越远，人情渐淡
    ☐F. 使我与后辈间的代沟更深了
    ☐G. 没什么影响
    ☐H. 其他 _____ *

第六部分：量表题

34. 您在下列生活场景中使用到智能手机频率	7	6	5	4	3	2	1
交易支付	○	○	○	○	○	○	○
交通出行	○	○	○	○	○	○	○
餐饮外卖	○	○	○	○	○	○	○
网络社交	○	○	○	○	○	○	○
影视游戏	○	○	○	○	○	○	○
工作学习	○	○	○	○	○	○	○

续表

35. 您认为使用电子产品的总体难度	○	○	○	○	○	○	○
36. 政府对于老年人的帮扶政策满意程度	○	○	○	○	○	○	○
37. 社区对于老年人的服务满意程度	○	○	○	○	○	○	○
38. 受到家庭协助和指导的频率	○	○	○	○	○	○	○
39. 以下心理会对您对数字化生活接受程度产生影响	7	6	5	4	3	2	1
安全顾虑	○	○	○	○	○	○	○
文化顾虑	○	○	○	○	○	○	○
操作难易程度	○	○	○	○	○	○	○
40. 以下两点会使您对数字化生活接受程度产生影响	7	6	5	4	3	2	1
数字化服务机制	○	○	○	○	○	○	○
各单位服务人员态度以及服务质量	○	○	○	○	○	○	○

问卷到此结束，谢谢您的参与和支持。您对我们的调查有什么意见、建议和要求，欢迎写在下方。祝您生活愉快！

第 2 部分　基本统计分析

基本统计分析是统计软件的基础模块和基本功能，也属于社会经济问题研究中的重要而简单的数据分析方法。其主要用来进行社会经济现象的概况分析，分析方法包括集中趋势度量、离中趋势度量、分布形态度量，以及参数估计和频数统计。本部分主要包括描述统计分析，探索性分析，多选项分析，交叉列联分析等四个实训。

实训 1　描述统计分析

一、实训目的

描述统计分析是数据分析中最常用、最基本的统计理论和分析方法。运用统计软件对有关社会领域、经济领域、自然界的问题，依据描述统计分析基本理论进行相应的描述性分析，以实现对事物的状态描述和概括性度量，形成对社会经济问题的基本认识。

通过本实训，学生可以了解描述统计分析的基本含义与内容，掌握描述统计分析的统计软件使用方法与程序，形成针对具体社会经济问题的集中趋势、离中趋势、分布形态的数据处理和数据分析能力。

二、实训原理

描述统计分析一般包括集中趋势、离中趋势、分布形态等三个方面。具体来看：

1. 集中趋势的度量

所谓集中趋势，是指社会经济问题的发展水平及其水平的高低。反映集中趋势的指标主要有算术平均数、中位数、众数、总和等。实践上，集中趋势的度量指标还有调和平均数、几何平均数，但是统计软件没有它们的模块。

(1) 算术平均数（Mean）。

算术平均数是集中趋势的测量中最重要的统计指标，属于计算平均数，反映社会经济问题在发展过程中和发展到一定阶段所达到的一般水平，用社会经济问题的某一方面的标志总和与其单位总和的比值表示。计算公式为

$$\bar{x} = \frac{\sum x}{n} \left(\frac{\sum f}{\sum xf} \right)$$

(2) 中位数（Median）。

中位数属于判断平均数。将原始数据升序排列，处于中间位置的那个变量值就是中位数，即二分位数。绝大多数情况下，中位数都可以通过位置的判断得出，具体方法是先将研究问题升序排列，再通过位置判断获得；个别情况下如组距数列时，中位数通过特有的模型进行计算。在中位数条件下，大于该值和小于该值的个案数各占一半。中位数是集中趋势的一种测度，特点是简明、易懂。如某生产小组有 5 名工人，某日某产品的产量分别为 32、31、30、33、34（单位：件），则日产量的升序排列为 30、31、32、33、34（单位：件），所以中位数为处于中间位置的那个产量即 32 件。

(3) 众数（Mode）。

众数属于判断平均数。实践中，观察研究问题各个样本出现的频数，即反映社会经济问题某方面数量特征中出现频数最多的变量值就是众数。通过这样的观察即可得到众数。如某生产小组有 5 名工人，某日某产品的产量分别为 32、31、32、33、32（单位：件），则日产量 31、32、33 件出现的次数为 1、3、1，所以出现次数最多的那个产量 32 件就是众数。

(4) 总和（Sum）。

所有带有非缺失值的个案的合计或总计。

2. 离中趋势的度量

所谓离中趋势，是指社会经济问题的发展水平的离散程度。反映离中趋势的指标主要有标准差、方差、全距、最小值、最大值等。

利用离中趋势分析社会经济问题的差异程度，一般要求具有相同的计量单位。当计量单位不同时，一般不要直接使用以上指标进行差异比较；此时，一般要提出量纲的影响，进行数据的标准化处理，使用差异系数即标准差系数进行差异程度的比较。

(1) 标准差（Std. deviation）。

标准差是反映社会经济问题某方面数量特征的变量值与其算术平均数离差平方均值的平方根，用于分析社会经济问题发展过程中的差异。理论上看，标准差有依托样本计算的标准差和依托总体计算的标准差，多数情况下为前者。

$$\delta = \sqrt{\frac{\sum(x-\bar{x})^2}{n}} \left[\frac{\sum(x-\bar{x})^2 f}{\sum f} \right]$$

(2) 方差（Variance）。

方差是指对围绕均值的离差的测量，样本方差等于与均值的差的平方和除以个案数减 1。

（3）全距（Range）。

全距指数值变量最大值和最小值之间的差；最大值减去最小值。

（4）最小值（Minimum）。

最小值指变量值中数值最小的变量值，属于变量值中的极端值。

（5）最大值（Maximum）。

最大值指变量值中数值最大的变量值，属于变量值中的极端值。

（6）离差系数（标准差系数）。

离差系数是标准差与其算术平均数的比值，用百分数表示。离差系数的内容主要包括离差系数的作用、离差系数的应用条件。

$$C = \frac{\delta}{\bar{x}} \times 100\%$$

3. 分布形态

（1）偏度（Skewness）。

偏度指分布的不对称性度量。正态分布是对称的，偏度值为 0。具有显著正偏度值的分布有很长的右尾。具有显著的负偏度值的分布有很长的左尾。一般来说，当偏度值超过标准误的两倍时，则认为不具有对称性。

$$\text{Skewness} = \frac{1}{n-1} \sum_{i=1}^{n} (x_i - \bar{x})^3 / S^3$$

（2）峰度（Kurtosis）。

峰度指观察值聚集在中点周围的程度的测量。对于正态分布，峰度统计量的值为 0。正峰度值表示观察值聚集得比正态分布多并且尾部较长，负峰度值表示观察值聚集得少并且尾部较短。

$$\text{Kurtosis} = \frac{1}{n-1} \sum_{i=1}^{n} (x_i - \bar{x})^4 / S^4 - 3$$

三、实训问题

本实训运用第 1 部分实训 1 的研究问题和实训数据，继续研究该公司的财务费用（万元）x_1，净利润（万元）x_2，其他业务利润（万元）x_3，应付账款（万元）x_4，管理费用（万元）x_5 等几个方面的基本情况（单位：万元）。

要求：运用上述资料进行包括集中趋势与离中趋势的描述统计分析。

四、实训过程

1. 调出主菜单（Analyze/Descriptive Statistics/Frequency）

打开该份数据文件，在 SPSS 统计软件数据编辑窗口依次单击"分析/描述统计分析/频数（Analyze/Descriptive Statistics/Frequency）"，调出描述统计主菜单，进入描述统计主对话框 Descriptives。

2. 主对话框的设计

在描述统计分析主对话框中，在左侧的源变量框中将研究变量 x_1、x_2、x_3、x_4、x_5 等指标调入右侧的变量框中（见图 2-1-1）。

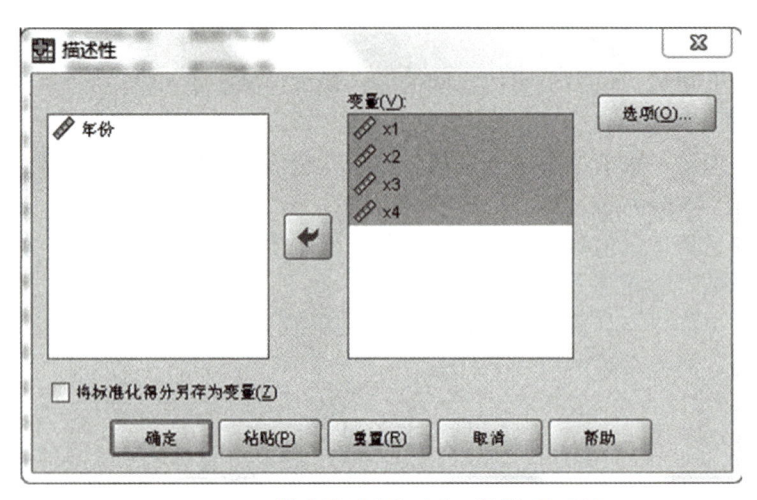

图 2-1-1　描述统计分析主级对话框的设计

3. 二级对话框的设计（Options）

在主对话框中，单击统计量，进入二级对话框。在二级对话框中，根据研究目的选择需要计算的指标如均值 Mean、中位数 Median、众数 Mode、合计 Sum、标准差 Std. deviation、方差 Variance、最小值 Minimum、最大值 Maximum、偏度 Skewness、峰度 Kurtosis 等。上述设置完成后，单击继续（Continue）返回到主对话框（见图 2-1-2）。

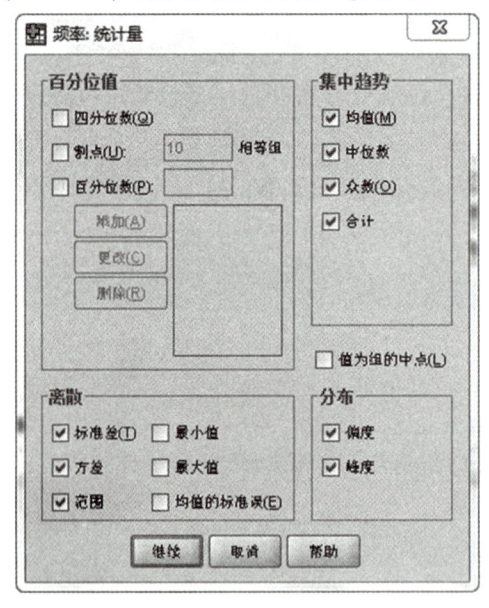

图 2-1-2　描述统计分析二级对话框的设计

4. 运行该程序

```
FREQUENCIES VARIABLES=x1 x2 x3 x4
    /STATISTICS = STDDEV  VARIANCE  RANGE  MEAN  MEDIAN  MODE  SUM  SKEWNESS
            SESKEW KURTOSIS SEKURT
    /ORDER=ANALYSIS.
```

五、实训结果

（1）集中趋势。

在各数据中应付账款（万元）的均值水平最为显著，平均水平为 39 338.205 0；其他业务利润（万元）的均值水平最低，仅为 3 538.068 3。

（2）离散程度。

在各项数据中，离散程度最大的是应付账款（万元），为 6 815.923 10；离散程度最小的是财务费用（万元），为 467.487 52。

（3）分布形态。

在分布形态中，财务费用（万元）为左偏，净利润（万元）、其他业务利润（万元）、应付账款（万元）、管理费用（万元）为右偏；峰度最大的是其他业务利润（万元），是 1.850；偏度最大的是其他业务利润（万元），是 0.679（见表 2-1-1）。

表 2-1-1 描述统计分析计算表

项目		x_1	x_2	x_3	x_4	x_5
N	有效	6	6	6	6	6
	缺失	0	0	0	0	0
均值		9 448.573 3	24 999.746 7	3 538.068 3	39 338.205 0	25 229.096 7
中值		9 537.725 0	24 959.565 0	3 498.315 0	40 007.645 0	25 088.550 0
众数		8 735.26[a]	23 134.45[a]	2 741.28[a]	30 584.62[a]	23 442.31[a]
标准差		467.487 52	1 470.807 62	588.498 77	6 815.923 10	1 245.899 01
方差		218 544.577	2 163 275.049	346 330.807	46 460 000	1 552 264.332
偏度		−0.285	0.415	0.679	0.423	0.160
偏度的标准误		0.845	0.845	0.845	0.845	0.845
峰度		0.398	−0.066	1.850	0.523	0.439
峰度的标准误		1.741	1.741	1.741	1.741	1.741
全距		1 368.75	4 146.82	1 791.52	19 626.75	3 665.53
和		56 691.44	149 998.48	21 228.41	236 029.23	151 374.58

实训 2 探索性分析

一、实训目的

运用统计软件对有关社会领域问题，依据描述统计分析与推断统计分析的基本理论，按照研究变量进行分类，然后进行相应的计算与分析，实现对事物的状态描述和概括性度量，形成对社会经济问题的基本认识。

通过本实训，学生可以掌握使用统计软件进行社会经济现象包括集中趋势、离散程度、分布形态以及参数估计的类别分析与综合研究，形成对社会经济问题的探索性分析的数据处理与数据分析的基本能力。

二、实训原理

探索性分析以描述统计分析为主，包括部分推断统计分析。其具体包括集中趋势、离中趋势、分布形态的描述分析和以参数估计为主的推断分析。

1. 描述统计分析

（1）集中趋势的度量。

集中趋势主要包括反映社会经济问题的一般水平算术平均数，将原始数据进行升序排列后的处于中间位置的那个变量值即中位数和反映社会经济问题某方面数量特征中出现频数最多的变量值即众数。算术平均数的计算公式为

$$\bar{x} = \frac{\sum x}{n} \left(或使用权数系数公式：\sum x \frac{f}{\sum f}\right)$$

（2）离中趋势的度量。

离中趋势主要包括反映社会经济问题某方面数量特征的变量值与其算术平均数离差平方均值的平方根的标准差、对围绕均值的离差的测量值等于与均值的差的平方和除以个案数减 1 的方差，以及全距、最小值、最大值等。标准差的计算公式为

$$\delta = \frac{\sum(x-\bar{x})^2}{n} \left[\frac{\sum(x-\bar{x})^2 f}{\sum f}\right]$$

（3）分布形态的度量。

分布形态主要包括分布的不对称性度量的偏度（Skewness）、观察值聚集在中点周围的程度测量的峰度（Kurtosis）。计算公式分别为

$$\text{Skewness} = \frac{1}{n-1} \sum_{i=1}^{n} (x_i - \bar{x})^3 / S^3, \quad \text{Kurtosis} = \frac{1}{n-1} \sum_{i=1}^{n} (x_i - \bar{x})^4 / S^4 - 3$$

2. 推断统计分析的参数估计

在参数估计理论上，从参数估计的内容上看，参数估计包括均值估计、比例估计和方差估计。其中，均值的参数估计按照已知条件划分为正态分布方差已知、方差未知大样本、方差未知小样本。比例参数估计参照执行。

在统计软件中，参数估计主要是针对研究变量的均值进行的，即均值参数估计。所谓均值参数估计，就是以点估计值为中心，以概率度为倍数，以误差范围为半径而计算的研究变量取值的范围。参数估计的计算分为以下 3 种情况，参数估计的计算公式分别是：

（1）总体方差已知

$$\hat{Y} = \hat{y} \pm z_{\frac{\alpha}{2}} \frac{\delta}{\sqrt{n}}$$

(2) 总体方差未知大样本

$$\hat{Y} = \hat{y} \pm z_{\frac{\alpha}{2}} \frac{s}{\sqrt{n}}$$

(3) 总体方差未知小样本

$$\hat{Y} = \hat{y} \pm t_{\frac{\alpha}{2}} \frac{s}{\sqrt{n}}$$

三、实训问题

1. 锦州工业经济运行效率的评价指标

近些年来，锦州市社会经济运行总体态势良好，工业经济运行效率稳步提高。锦州市工业经济运行效率表现在许多方面，其中一个重要方面就是劳动力就业。下面给出了锦州市1990—2010年的总就业人数以及三次产业的劳动力就业人数，分别用 x_1、x_2、x_3、x_4 表示。要求进行就业总人数以及三次产业劳动力就业人数的探索性分析。

2. 锦州工业经济运行效率的狭义含义

狭义的工业经济运行效率是指其内容比较固定、简单，是从某一角度，进行要素投入与经济产出的效益分析。第一，物质资源型工业经济运行效率。资本偏向型的工业效率是指已取得的经济效益成果与单位投入的资本之间的比值，强调资本物质投入在经济效率提升中的重要地位。资本偏向型工业经济效率的出现是市场经济体制倒逼的结果，是企业利润最大化目标实现的最直接体现。但资本偏向型工业效率往往备受诟病，因为其刻意忽略工业经济效益与国民生活质量之间千丝万缕的联系，而是主观地认为工业经济增长必然使得国民生活质量提升。在我国工业研究中，以资本偏向型效率来指代工业经济运行效率已然在逐渐减少。第二，人力资源型工业经济运行效率。人本偏向型工业经济运行效率是经济产出量与单位群体之间的比率，着重强调企业员工素质水平。换言之，人本偏向型工业经济运行效率是工业劳动生产率的外延。十八届三中全会对我国工业发展思路做了调整和改进，开始注重人本经济在发展中的意义，预计在工业未来发展中，人本偏向型的工业经济运行效率将会得到进一步的拓展和延伸。第三，体制制度型工业经济运行效率。综合指标体系下的工业效率是通过人为主观地选择可能对工业经济效率产生影响的多个指标，然后将所选取的指标进行科学合理的赋权，最终来衡量工业经济效率的水平情况。综合指标体系由于受人为因素影响较大，因而其所指代的内容比较广泛。例如：重视能源指标，可分析得工业能源经济效率；重视贸易指标，可分析得工业贸易经济效率等。

3. 锦州工业经济运行效率的数据文件

样本选择锦州市1990—2010年，变量选择就业总人数、第一产业就业人数、第二产业就业人数、第三产业就业人数（单位：人）（见表2-2-1）。

表 2-2-1　锦州市各产业劳动力就业情况

年别	就业总人数/人	各产业人数/人			各产业人数所占比重/%		
		第一产业	第二产业	第三产业	第一产业	第二产业	第三产业
1990	1 213 073	581 890	364 977	266 206	0.479 683	0.300 87	0.219 448
1991	1 243 978	598 995	368 710	276 273	0.481 516	0.296 396	0.222 088
1992	1 247 511	585 531	379 304	282 676	0.469 359	0.304 049	0.226 592
1993	1 252 977	562 389	388 484	302 104	0.448 842	0.310 049	0.241 109
1994	1 209 497	543 871	360 688	304 938	0.449 667	0.298 213	0.252 12
1995	1 233 203	565 040	363 234	304 929	0.458 189	0.294 545	0.247 266
1996	1 183 337	583 073	304 126	296 138	0.492 736	0.257 007	0.250 257
1997	1 293 136	577 241	300 741	415 154	0.446 388	0.232 567	0.321 044
1998	1 296 752	625 420	260 468	410 864	0.482 297	0.200 862	0.316 841
1999	1 344 154	663 453	250 853	429 848	0.493 584	0.186 625	0.319 791
2000	1 467 540	709 737	266 532	491 271	0.483 624	0.181 618	0.334 758
2001	1 487 369	703 046	257 159	527 164	0.472 678	0.172 895	0.354 427
2002	1 541 967	730 066	267 259	544 642	0.473 464	0.173 323	0.353 212
2003	1 582 433	745 453	275 763	561 217	0.471 08	0.174 265	0.354 655
2004	1 415 658	684 153	257 763	473 742	0.483 276	0.182 08	0.334 644
2005	1 463 023	692 301	269 643	501 079	0.473 199	0.184 305	0.342 496
2006	1 428 850	716 841	242 959	469 050	0.501 691	0.170 038	0.328 271
2007	1 535 553	716 839	275 582	543 132	0.466 828	0.179 468	0.353 704
2008	1 623 212	695 683	287 451	640 078	0.428 584	0.177 088	0.394 328
2009	1 739 093	682 739	311 776	744 578	0.392 583	0.179 275	0.428 142
2010	1 661 090	683 758	330 554	646 778	0.411 632	0.198 998	0.389 37

数据来源：2011 年锦州市统计年鉴。

四、实训过程

1. 调出主菜单

在探索性分析的数据编辑窗口，依次单击分析/描述统计分析/探索性分析（Analyze/Descriptive Statistics/Explore），调出探索性分析主菜单并进入探索性分析一级对话框 Explore。

2. 一级对话框的设计

（1）设置因变量。

在主对话框左侧的源变量框中，将因变量 x_1、x_2、x_3、x_4 调入右侧的因变量列表中（见图 2-2-1）。

图 2-2-1　探索性分析一级对话框

（2）设置输出内容。

在主对话框的左下角，选中 Both，表示输出数据计算结果和图形。

3. 二级对话框的设计（Options）

在探索性分析的主对话框中，单击统计/探索性统计分析进入探索性分析的二级对话框（Statistics/Explore Statistics）（见图 2-2-2）。

在探索性分析中，二级对话框设置描述统计的内容。对话框中各个备选项的作用是：描述性（Descriptives 描述统计），输出均值、中位数、标准差、方差、最大值、最小值、峰度、偏度等指标；M-估计值（M-estimators 最大似然估计量），反映集中趋势的最大似然估计量；界外值（Outliers 输出极端值），输出 5 个最大值和 5 个最小值，作为特异质；百分位数（Percentiles 百分比），输出四分位数和某些特定百分位数。设置完成后单击继续返回主对话框。

图 2-2-2　探索性分析二级对话框

4. 运行该程序

```
EXAMINE VARIABLES=x1 x2 x3 x4 /PLOT BOXPLOT STEMLEAF /COMPARE GROUP
/MESTIMATORS HUBER(1.339) ANDREW(1.34) HAMPEL(1.7,3.4,8.5) TUKEY(4.685)
/PERCENTILES(5,10,25,50,75,90,95) HAVERAGE /STATISTICS DESCRIPTIVES EXTREME
/CINTERVAL 95 /MISSING LISTWISE /NOTOTAL.
```

五、实训结果

探索性统计分析计算表如表 2-2-2 所示。

表 2-2-2 探索性统计分析计算表

变量	计算指标	指标分类	统计量	标准误
	均值		$1.403\,0 \times 10^6$	36 588.027 87
	均值的 95% 置信区间	下限	$1.326\,7 \times 10^6$	
		上限	$1.479\,3 \times 10^6$	
	5% 修整均值		$1.396\,7 \times 10^6$	
	中位数		$1.415\,7 \times 10^6$	
	方差		2.811×10^{10}	
	标准差		$1.676\,67 \times 10^5$	
	极小值		1 183 337.00	
	极大值		1 739 093.00	
	范围		555 756.00	
	四分位距		293 015.50	
	偏度		0.401	0.501
	峰度		−1.011	0.972
	均值		649 881.857 1	14 326.592 89
	均值的 95% 置信区间	下限	619 997.108 1	
		上限	679 766.606 2	
	5% 修整均值		650 453.558 2	
	中位数		682 739.000 0	
	方差		4.310×10^9	
	标准差		65 652.696 36	
	极小值		543 871.00	
	极大值		745 453.00	
	范围		201 582.00	
	四分位距		123 910.00	
	偏度		−0.242	0.501
	峰度		−1.591	0.972

续表

变量	计算指标	指标分类	统计量	标准误
x_3	均值		304 001.238 1	10 556.283 28
	均值的 95% 置信区间	下限	281 981.217 0	
		上限	326 021.259 2	
	5% 修整均值		302 702.388 9	
	中位数		287 451.000 0	
	方差		2.340×10^9	
	标准差		48 374.967 20	
	极小值		242 959.00	
	极大值		388 484.00	
	范围		145 525.00	
	四分位距		98 461.00	
	偏度		0.528	0.501
	峰度		−1.301	0.972
x_4	均值		449 136.238 1	30 298.153 49
	均值的 95% 置信区间	下限	385 935.397 4	
		上限	512 337.078 8	
	5% 修整均值		443 117.695 8	
	中位数		469 050.000 0	
	方差		1.928×10^{10}	
	标准差		138 843.582	
	极小值		266 206.00	
	极大值		744 578.00	
	范围		478 372.00	
	四分位距		240 370.50	
	偏度		0.321	0.501
	峰度		−0.691	0.972

表 2-2-2 中分析内容——就业人数按照分类变量产业类型划分为 3 类：第一产业、第二产业、第三产业。在每个类别中，分析内容有均值、中位数、方差、标准差、极小值、极大值、偏度、峰度等。

从这些指标来看，劳动力就业人数有较大差别。

在集中趋势上，从第一产业的 649 881.857 1 人，到第二产业的 30 400.238 1 人，再到第三产业的 449 136.238 1 人，三大产业的就业人数差异显著。不同职工类别的参数估计的下限和上限分别是 619 997.108 1 人和 679 766.606 2 人，281 981.217 0 人和

326 021.259 2 人、385 935.397 4 人和 512 337.078 8 人。

在离散程度上，三大产业就业人数标准差分别是 65 652.696 36 人、48 374.967 20 人、138 843.582 人，可见中级管理人员的离散性最低，反映第二产业就业人数之间的离差最小。

在分布形态上，三大产业劳动力就业人数都存在峰度和偏度。

实训 3 多选项分析

一、实训目的

在市场调查中，调查问卷的多项选择题是进行数据处理与数据分析的重要内容。被调查者对调查的回答很可能有多种选择，如在进行的客户选择旅行社的调查中，客户选择旅行社的原因有多种，比如价格、信誉、服务等。鉴于此，多选项分析在 SPSS 统计软件中成了非常重要的研究方法和研究内容。

通过本实训，学生可以理解多选项在调查问卷中的重要作用，掌握使用统计软件技术进行多选项问题的数据处理与数据分析的基本方法，形成进行市场调查问卷多选项数据处理和数据分析的基本能力。

二、实训原理

多选项分析以变量定义为基础（包括多选项二分法和多选项多分法），结合频数统计和交叉列联分析两个方面依次进行研究。

1. 多选项二分法

在统计软件中，多选项常使用 2 分类法进行变量定义和数据处理。多选项二分法的工作过程是将多项选择题的每个备选答案都看成 1 个独立变量，再将所有备选答案组合起来成为该多选项问题，而每个小题都只有 0、1 两种备选答案，即是与非。2 分类法简单易懂。当多选题的备选答案很多时，这种定义方法就显得过于麻烦，而应考虑使用多分法。

2. 多选项多分法

多选项多分法对于受访者来讲最多只有 m 个答案（注：m 小于备选答案的个数 n），或者调查机构要求受访者只能给出 m 个答案。定义时，多分法不是列出所有的备选答案，而是只列出 m 个答案，每个答案列出 1 至 n 之间的备选项。多选项多分法的数据处理过程相比多选项二分法略为复杂。

3. 多选项分析

（1）多选项定义与多选项分析的两个阶段。

多选项分析包括两种：多选项变量的定义和多选项问题的分析。前者是多选项分析的数据处理，是后者的基础和前提；后者是多选项分析的内容和方法，包括频数分析和交叉列联分析。所谓频数分析，就是将调查问卷中该多选项的所有备选答案的选择情况进行计数统计，即将参与调查的所有人对每个备选答案的回答的结果整理出来，并以频数（个数）的形式表达出来。

(2) 多选项分析的两种方法。

在统计软件中，频数分析是通过多选项菜单中的 Frequencies 进行的。交叉列联分析就是同时针对行、列两个分类变量的频数分析。

三、实训问题

（一）实训问题 1

我国人口老龄化国情。1999 年年末中国 60 岁以上老年人口占总人口的比例超过 10%，按照国际通行标准，中国人口年龄结构已开始进入老龄化阶段。进入 21 世纪后，中国人口老龄化速度加快。我国经济尚处于不发达阶段，政府财政拿不出更多的经费来全面发展以机构养老为主的老年人福利事业。随着我国家庭日趋小型化，家庭养老功能逐步弱化，以及人们生活水平的不断提高，人们对社会养老服务功能的强化和养老服务形式的多样化提出了新的要求。老年人需要社会提供服务的比例在逐年上升，而且对养老服务的形式、项目、质量的要求越来越高，并且更加具体化。结合我国人口老龄化快速发展的趋势，为了加快老龄事业的全面发展，根据《国民经济和社会发展第十一个五年规划》《中华人民共和国老年人权益保障法》和《中共中央、国务院关于加强老龄工作的决定》，国家制定了《中国老龄化事业发展"十一五"规划》鼓励老龄事业的快速发展。在《中国老龄事业发展"十一五"规划》中指出"加快发展养老服务业"的措施为：①增加对养老设施建设的投入，鼓励吸引社会力量投资兴办不同档次的养老服务机构。②支持信息服务、管理咨询、人才培训等社会中介机构的发展，鼓励社会力量开展以社区为基础的老年生活照料、家政服务、康复护理、紧急救援、心理咨询等服务项目。"十三五"期间，我国养老服务制度框架不断健全，初步确立了以法律为纲领、国务院政策文件为基础、部门专项政策和标准为支撑的养老服务制度体系，养老服务的工作合力进一步增强。

某市某社区，预研究养老需求，为此设计了一套调查问卷，其中的 Q16 小题专门针对目前您所了解的养老实际，调查养老需求还有哪些。具体包括养老保险待遇、健全养老服务机构设施、养老服务水平、养老设备、老年活动、养老教育等 6 个方面；此外，背景问题为受访者身份，分别为有养老需求的老年人、照顾老年人的家属、群众，分别用 1、2、3 表示。样本规模为 50 人。要求受访者从多选项中挑选 3 个认为更重要的需求。请进行多选项分析。

（二）实训问题 2

1. 背景

随着电商企业发展迅速，网络购物受到大众的追捧。在新农村建设的背景下，使农村经济发展水平提高了。商业巨头们看到了农村市场的商机，并广泛分布了农村地区的电商。近年来在政府的支持下电子商务迅速进入农村，农村居民开始通过互联网进行网络购物。尽管与城市有些差距，但随着更快的扩张趋势，农村市场将成为我国电子商务公司成长的新引擎，农村居民也将成为网络购物新的主力消费者。随着农村物流配送市场的开放，随着互联网的进一步普及和基础设施的完善，未来的 20 年我国农村网络购物市场将超过城市网络购物市场。

在电子商务环境下，辽宁省积极吸引农村电子商务。20 世纪 20 年代初，辽宁省公布了农产品"互联网+"项目实施计划。在 3~5 年，该项目的各项建设任务将在全省范围内完成，实现重点县和农业区的全面覆盖。本教材研究了影响农村居民网上购物的因素，并着重分析了导致这种表现的原因，希望能提高辽宁省农村居民的网上购物市场。

2. 现状

随着电子商务席卷全国，现在线上购物这一消费模式得到大众青睐，消费者足不出户就可以在全球范围内轻松购物。辽宁省响应国家号召，高度重视发展跨境电子商务。截至2019年4月，沈阳和大连先后获批跨境电子商务综合试验区。辽宁省提出了发展跨境电商的新工作目标，2019年，沈阳建成3~5个功能完善的外贸综合服务平台，建设3~5个具有沈阳特色的跨境电商园区；2020年，把大连跨境电子商务综合试验区建设成为东北跨境电子商务发展的先行区、外贸转型发展的引领区、老工业基地振兴的示范区和东北亚跨境商品的集散区。

目前，辽宁农村的服务逐渐分布，"农村淘宝"和"集邮购物"是本研究活动中最常见的农村输电中心。此外，农村地区还有许多不同的输电点，这些RTS和农村物流站点相互连接，通过农村电工物流的"最后一公里"，实现"农村网络商品"和"农业商品进城"的双向流动。这些发电站使农村居民对发电厂有了更清楚的了解和更广泛的利用，在研究过程中，一些农村供电中心的员工说，此前，不少村民对网络上发生的事情持怀疑态度，一旦涉及家电、数码产品等大宗消费，这些农村电工服务点的出现，将逐渐消除村民对网购的"误解"，传播村民电子商务知识，克服农村存在的信息和物流壁垒，并使村民能够享受到在自己家购物的轻松机会。

3. 样本与变量

（1）样本。

本次问卷的主要研究对象是辽宁省农村居民，在正式调查之前对设计的问卷进行预调查，本次预调查以网上问卷形式对锦州市农村居民进行调查，预调查收取了20份问卷，根据问卷回收情况，对问卷中存在的问题进行修改后展开正式调查。调查时间为2021年4月1—30日。调查问卷的内容包括基本信息，影响辽宁省农村居民网络购物的6个影响因素和评价指标。调查选取发放网络问卷的形式，共回收449份问卷，有效问卷399份，有效回收率为88.9%。

（2）变量。

按照研究目的和研究问题的特点，设计包括感知有用性、感知易用性、网络使用情况、感知风险、物流配送、消费环境、网购态度等7个方面共计23个原始变量。分值为1~5分，打4、5分表示满意，取值为1；打1~3分表示不满意，取值为0（见表2-3-1）。

表2-3-1 多选项2分类变量设计

变量类型	变量编码	变量	取值 1	取值 0
感知有用性	x_1	价格优惠		
	x_2	节省时间		
	x_3	产品种类多		
感知易用性	x_4	容易操作		
	x_5	查找功能强		
	x_6	支付流程简单		
	x_7	学习网购知识较为简单		

续表

变量类型	变量编码	变量	取值 1	取值 0
网络使用情况	x_8	宽带开通		
	x_9	上网频率		
	x_{10}	参与网络购物经历		
感知风险	x_{11}	收到的产品与商家描述一致		
	x_{12}	商家的诚信和服务好		
	x_{13}	支付过程中不存在隐患		
	x_{14}	网购不会泄露个人信息		
物流配送	x_{15}	当地物流站点多		
	x_{16}	配送时商品无破损		
	x_{17}	快递运输时间较短		
消费环境	x_{18}	当地商品种类少，不能满足消费者		
	x_{19}	当地有较多的人参加网购		
	x_{20}	有人向您推荐过网购		
网购态度	x_{21}	您对网络购物比较了解		
	x_{22}	网络购物有吸引力		
	x_{23}	网络购物值得信任		

四、实训过程

（一）实训过程1

1. 调出多选项主菜单

在多选项数据编辑窗口，依次单击以下设置：分析/多重响应/定义变量集（Analyze/Multiple Response/Define Sets）调出多选项分析菜单并进入多选项分析主对话框。

2. 多选项一级对话框的设计（Define Multiple Response Sets）

在多选项分析主对话框中，分别进行以下设置：

（1）选择分析变量。

将主对话框左侧 Set Definition 框中的该多选题 Q16 的备选答案 a1、a2、a3 调入右上角的集合中的变量框中。

（2）进行变量编码。

在"将变量编码为"中选择"类别"，将范围设置为从 1 到 6。在名称中设置为原调查问卷中的问题编号 Q16，标签设置为"养老需求"，将以上设置产生的 $Q16 调入右侧的"多响应集"（见图 2-3-1）。

图 2-3-1　多选项多分法一级对话框

3. 多选项频数统计

（1）多选项频数分析菜单和主对话框。

在数据编辑窗口，依次单击：分析/多重响应/频率（Analyze/Multiple Response/Frequencies）调出多选项频数分析主菜单。

（2）设置频数统计变量。

将"养老需求"变量调入右侧的表格中（见图 2-3-2）。

图 2-3-2　多选项频数统计

4. 多选项的交叉列联分析

（1）多选项交叉列联分析菜单和主对话框。

在数据编辑窗口，依次单击：分析/多重响应/交叉表（Analyze/Multiple Response/Crosstabs）调出多选项交叉列联分析主菜单并进入主对话框（Analyze/Multiple Response/Crosstabs）。

(2) 多选项交叉列联分析一级对话框设计。

定义多选项交叉列联分析的分类变量。在主对话框中，将左侧的源变量"nl"调入到右侧的"列"中，再单击下面的定义范围，定义分类变量"nl"的范围为1~3。

(3) 定义交叉列联分析对象。

在主对话框中，将左侧的"多响应集"框中"$Q16"调入右侧的"行"中。同时，将 nl 定义为 1~3（见图 2-3-3）。

图 2-3-3　多选项交叉列联表

(4) 多选项交叉列联分析二级对话框设计。

在主对话框中，单击下面的选项（Options）按钮，进入二级对话框。在二级对话框中，选择"单元格百分比"框中的总计，输出各个选项的总数（见图 2-3-4）。设置完成后，单击"继续"返回到主对话框。

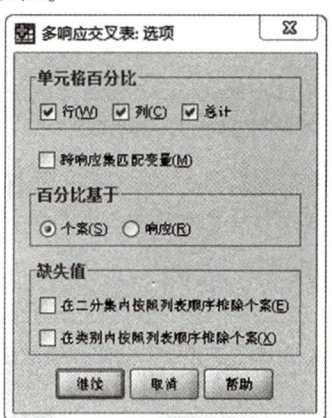

图 2-3-4　多选项交叉列联表的输出内容

5. 运行该程序

```
MULT RESPONSE GROUPS= $q16 '养老需求' （a1 a2 a3 (1,6)）
    /FREQUENCIES= $q16.:
MULT RESPONSE GROUPS= $q16 '养老需求' （a1 a2 a3 (1,6)）
    /VARIABLES=nl( 1 3)
```

(二) 实训过程 2

1. 调出多选项主菜单

在多选项数据编辑窗口，依次单击以下设置：分析/多重响应/定义变量集（Analyze/Multiple Response/Define Sets）调出多选项分析菜单并进入多选项分析主对话框。

2. 多选项一级对话框的设计

在多选项分析主对话框中，分别进行以下设置：

(1) 选择分析变量。

将主对话框左侧"设置定义"框中的该多选题 Q7 的备选答案 x1~x23 调入右上角的"集合中的变量"框中。

(2) 进行变量编码。

在"将变量编码为"中选择"二分法"，将"计数值"设置为 1。在名称中设置为原调查问卷中的问题编号 Q5，标签设置为"辽宁省农村居民网络购物影响因素"，将以上设置产生的 ＄Q5 调入右侧的"多响应集"（见图 2-3-5）。

图 2-3-5 多选项二分法一级对话框

3. 多选项频数统计

(1) 多选项频数分析菜单和主对话框。

在数据编辑窗口，依次单击：分析/多重响应/频率（Analyze/Multiple Response/Frequencies）调出多选项频数分析主菜单。

(2) 设置频数统计变量。

将"辽宁省农村居民网络购物影响因素"变量调入右侧的表格中（见图 2-3-6）。

图 2-3-6　多选项频数统计

4. 运行该程序

MULT RESPONSE GROUPS= $Q5 '辽宁省农村居民网络购物影响因素' (x1 x2 x3 x4 x5 x6 x7 x8 x9 x10 x11 x12 x13 x14 x15 x16 x17 x18 x19 x20 x21 x22 x23（1））

五、实训结果

（一）实训结果 1

1. 多选项的变量定义

多选项的定义，是多选项分析的第一步。具体的定义结果如图 2-3-1 所示。

2. 多选项频数分析

多选项的频数统计分析计算表如表 2-3-2 所示。

表 2-3-2　多选项的频数统计分析计算表

项目	序号	响应 N	响应 百分比	个案百分比
养老需求[a]	1	14	9.3%	28.0%
	2	37	24.7%	74.0%
	3	38	25.3%	76.0%
	4	28	18.7%	56.0%
	5	21	14.0%	42.0%
	6	12	8.0%	24.0%
总计		150	100.0%	300.0%

a. 组

根据表 2-3-2，在养老需求的问题中，选择答案 2、3 的最多，个案占比合计达到 50%。

3. 多选项的交叉列联分析 $Q16*nl 交叉制表（见表2-3-3）

表2-3-3 多选项的交叉列联分析表

项目			nl 30岁以下	30~50岁	50岁以上	总计
养老需求[a]	1	计数	4	7	3	14
		$Q15 内的%	28.6%	50.0%	21.4%	
		nl 内的%	21.1%	33.3%	30.0%	
		总计的%	8.0%	14.0%	6.0%	28.0%
	2	计数	15	18	4	37
		$Q15 内的%	40.5%	48.6%	10.8%	
		nl 内的%	78.9%	85.7%	40.0%	
		总计的%	30.0%	36.0%	8.0%	74.0%
	3	计数	17	15	6	38
		$Q15 内的%	44.7%	39.5%	15.8%	
		nl 内的%	89.5%	71.4%	60.0%	
		总计的%	34.0%	30.0%	12.0%	76.0%
	4	计数	10	12	6	28
		$Q15 内的%	35.7%	42.9%	21.4%	
		nl 内的%	52.6%	57.1%	60.0%	
		总计的%	20.0%	24.0%	12.0%	56.0%
	5	计数	6	7	8	21
		$Q15 内的%	28.6%	33.3%	38.1%	
		nl 内的%	31.6%	33.3%	80.0%	
		总计的%	12.0%	14.0%	16.0%	42.0%
	6	计数	5	4	3	12
		$Q15 内的%	41.7%	33.3%	25.0%	
		nl 内的%	26.3%	19.0%	30.0%	
		总计的%	10.0%	8.0%	6.0%	24.0%
总计		计数	19	21	10	50
		总计的%	38.0%	42.0%	20.0%	100.0%

根据年龄的3个分类，针对"$Q5"的6个备选项a1~a6，表2-3-3给出了二者之间的交叉列联分析结论。

从年龄上看，30岁以下的消费者有19人，占38.0%；30~50岁的消费者有21人，占42.0%；50岁以上的消费者有10人，占20.0%。根据这个计算结果，30岁以下、30~50岁消费者对养老需求的关注度要高于50岁以上消费者，二者合计有40人，占比为

80.0%，远远高于老年消费者。

从各个养老需求来看，总体上是 a2、a3、a4 受到消费者的关注度较高，人数达到 37 人、38 人、28 人，占比为 74.0%、76.0%、56.0%。

结合以上两个方面，分析不同年龄段消费者对 6 个养老需求的关注度。30 岁以下的消费者，a3 关注度最高，17 人；a1 的关注度最低，仅为 4 人。30~50 岁消费者，a2 关注度最高，为 18 人；a6 关注度最低，为 4 人。50 岁以上消费者，a5 关注度最高，为 8 人；其他方面均较低。

根据以上进行的多选项计算和分析，可以为该公司了解不同年龄段的消费者对养老需求的关注度，了解他们的消费意向，从而为制定未来时期的养老策略服务。

（二）实训结果 2（见表 2-3-4）

表 2-3-4 $Q5 频率

项目		响应		个案百分比
		N	百分比	
辽宁省农村居民网络购物影响因素[a]	x_1	224	4.7%	74.7%
	x_2	218	4.6%	72.7%
	x_3	215	4.5%	71.7%
	x_4	213	4.5%	71.0%
	x_5	207	4.4%	69.0%
	x_6	209	4.4%	69.7%
	x_7	207	4.4%	69.0%
	x_8	213	4.5%	71.0%
	x_9	212	4.5%	70.7%
	x_{10}	213	4.5%	71.0%
	x_{11}	213	4.5%	71.0%
	x_{12}	203	4.3%	67.7%
	x_{13}	200	4.2%	66.7%
	x_{14}	205	4.3%	68.3%
	x_{15}	214	4.5%	71.3%
	x_{16}	202	4.3%	67.3%
	x_{17}	201	4.2%	67.0%
	x_{18}	199	4.2%	66.3%
	x_{19}	193	4.1%	64.3%
	x_{20}	202	4.3%	67.3%
	x_{21}	191	4.0%	63.7%
	x_{22}	195	4.1%	65.0%
	x_{23}	200	4.2%	66.7%
总计		4 749	100.0%	1 583.0%
a. 值为 1 时制表的二分组				

表 2-3-4 中，第 1 列为该多选题的备选答案名称，第 2 列为选择该答案的人数，第 3 列为选择该答案人数在所有选择答案的人中所占比重（如第 1 行的 4.7% = 224/4 749），第 4 列为选择该答案人数在 300 人中所占比重（如第 1 行的 74.7% = 224/330）。

从表 2-3-4 数据来看，各个备选答案之间的差别并不显著，多数选项非常接近。但实际上的情况却并不一定这样。如果结合假设检验、方差分析、因子分析、R 型聚类分析，调查样本 300 人对该题的选择差别可能较大。差别主要体现在选择备选答案的结构上，即根据备选答案可以总结出受访者对网络购物影响的差异。

实训 4 交叉列联分析

一、实训目的

交叉列联分析是通过社会经济问题的分类变量的发生频数研究两个以上分类变量之间关系的数据分析方法。交叉列联分析可以实现包括分类变量与数值型变量的频数分析，研究变量间的关系。

通过本实训，学生可以理解研究两个以上分类变量之间关系的作用与条件，掌握交叉列联分析的基本理论和方法，形成针对具体的社会经济问题进行两个分类变量之间关系的数据处理与数据分析的基本能力。

二、实训原理

1. 分类变量

分类变量是统计变量中定性变量的一种，是反映类别型问题常用的变量。如人口的性别、大学生的专业、企业类型等。数值型变量在某些研究目的之下，按照某些标准也可以转换为分类变量，如学生的考试成绩按照 60 分的一般标准可以划分为 60 分以下（不及格）、60 分及以上（及格）两类，或者按照均值划分成均值以上和均值以下两个部分，或者按照中位数划分成中位数以上和中位数以下两个部分，或者按照某种常用的公认的标准将该变量划分成较高和较低等若干个部分。

2. 交叉列联分析

在描述性分析中，需要研究不同变量之间的关系。当变量为分类变量时，这种分析就变成交叉列联分析。

3. 卡方检验

交叉列联分析需要具备一定的条件才能进行，这种条件就是变量之间的相关关系，这种关系通过卡方检验实现。卡方检验用于判断两个分类变量的相关关系或者独立性。检验过程为：

（1）提出假设。

零假设是两个分类变量（即行变量与列变量，如果是数值型变量先进行变量转换）相互独立,备选假设是两个分类变量相互关联。

(2) 计算统计量。

其计算公式为

$$\chi^2 = \sum_{i=1}^{r} \sum_{j=1}^{c} \frac{(f_{ij}^0 - f_{ij}^e)^2}{f_{ij}^e}$$

(3) 选择显著性水平或者临界值。

显著性水平默认为 0.05,但如果有具体要求则按照要求进行(一般为 0.01 和 0.10)。临界值一般按照显著性水平查表得到。检验中,多数选择显著性水平。

(4) 总结检验结论。

有两种标准即绝对数形式的临界值,相对数形式的临界值。当选择绝对数形式临界值时,如果统计量大于临界值,可以拒绝零假设而接受备选,认为列联表的行变量和列变量关系独立;当选择相对数形式的相伴概率时,将相伴概率 p 与显著性水平进行比较,如果相伴概率 p 小于显著性水平,则可以拒绝零假设,认为列联表的行变量和列变量独立。

三、实训问题

1. 背景

我国对于青年人的身体素质是比较重视的,自中华人民共和国成立以来我国就把体育锻炼放在重要的位置。针对我国现在的体育锻炼现状,国家下达了一系列文件。针对大学生,我们每一学年都需要进行一次体育测试,大学生体质测定是贯彻《中华人民共和国体育法》和《全民健身计划纲要》的重要举措,它旨在通过对大学生进行体质测定,以此来检测我们的身体素质,这些数据能够让国家更加全面动态地认识到当代青年的身体状况。以此来制定相关的体育锻炼要求,让大学生拥有更加健康的身体。我国对于未来几年的全民健身运动也提出了一些要求,要求体质测试达到合格的人数在 2023 年不少于 90.86%。体质测试达到合格的人数在 2030 年不少于 92.17%。2023 年经常参加体育锻炼的人数要高于 37%。2030 年经常参加体育锻炼的人数要高于 40%。人均体育场面积以及体育设施覆盖率都应提高。

然而,随着网络的快速发展,越来越多的宅男宅女应运而生,当代锦州市大学生更加愿意捧着手机,可能一墙之隔的同班同学也大多会通过这些电子设备进行交流,买个饭都可以送到楼下,甚至送到寝室门口。长此以往,当代大学生越来越不重视体育锻炼,可能有许多的大学生很长时间都没有见到过早晨的日出,傍晚的余晖,也没有见过操场的声名鼎沸。他们可能大多时候躺在宿舍的小床上,捧着手机或者电脑,也不知是这四方的天地困住了他们,还是他们困住了这四方天地。大学生的身体素质每况愈下,因此,各个高校也研究出各种各样的治懒神器,许多学校都会安排学生参加早读,上早操,合理地安排各种体育课,还有比较流行的是校园跑,不得不说,校园跑推行之后确实看到了许多青春靓丽的身影出现在校园的各个地方,可能在跑步之余他们也会看到那些遗失的美好风景。

2. 研究目的与意义

根据现实的大学生体育锻炼情况，为了更加有效地支持与引导锦州市的大学生进行体育锻炼，找出对锦州市大学生体育锻炼行为特征具有重要影响的一系列因素，然后对症下药，根据相应的影响因素来采取合理化的措施与政策，并且响应国家的号召。体育锻炼是我们必不可少的一个环节，积极主动地参加体育锻炼，往小了说是为了自己，往大了说是为了更好地奉献祖国。经常参加体育锻炼，我们可以获得更加健康的身体，大学生能有充沛的精力去学习，也会更好实现自己的价值。进行体育锻炼也可以有一个更好的心理状态，可以积极阳光地去面对生活的一切不如意，即使经受磨难也有昂扬的斗志，有坚定的意志。大学生是国家未来的顶梁柱，祖国新鲜的血液，未来的希望。因此要为了民族的希望，祖国的强大，坚持体育锻炼。

3. 样本与变量

（1）样本。

调查对象为某高校在校本科生。按照抽样调查样本量的相关理论，参照调查研究的时间、经费、人力、设计效应、回收率等要素，综合确定样本量330人。调查中，共发放350份问卷，回收350份，有效问卷330份。

（2）变量。

根据研究目的和研究对象的特点，拟定大学生的年级和体育锻炼时间两个变量，进行交叉列联分析。其中，年级包括大一、大二、大三、大四等四个年级，时间包括早上、中午、晚上、不定时四种类型（见表2-4-1）。

表 2-4-1　大学生的年级与体育锻炼时间统计表

序号	年级	锻炼时间	序号	年级	锻炼时间	序号	年级	锻炼时间
1	4	3	15	3	2	29	2	1
2	4	4	16	1	3	30	1	4
3	4	3	17	3	2	31	1	4
4	4	3	18	4	4	32	1	4
5	4	3	19	2	4	33	1	3
6	1	3	20	2	4	34	1	1
7	2	2	21	2	2	35	1	1
8	1	3	22	1	1	36	1	1
9	3	3	23	2	2	37	1	3
10	4	3	24	2	1	38	1	2
11	2	1	25	4	2	39	1	3
12	1	2	26	2	2	40	1	2
13	2	4	27	2	2	41	1	3
14	4	4	28	3	4	42	1	3

续表

序号	年级	锻炼时间	序号	年级	锻炼时间	序号	年级	锻炼时间
43	1	1	75	3	3	107	3	2
44	1	4	76	1	3	108	4	3
45	1	4	77	3	1	109	3	2
46	1	3	78	1	3	110	4	1
47	1	2	79	3	3	111	3	3
48	1	3	80	2	4	112	3	3
49	1	3	81	3	3	113	4	1
50	1	1	82	2	4	114	4	3
51	2	2	83	3	1	115	4	1
52	2	2	84	2	3	116	4	4
53	1	2	85	3	1	117	4	4
54	2	3	86	2	1	118	4	1
55	2	2	87	3	1	119	4	2
56	4	3	88	2	3	120	1	3
57	1	1	89	3	3	121	4	4
58	2	2	90	2	2	122	1	3
59	2	2	91	4	3	123	4	3
60	1	4	92	2	3	124	4	3
61	2	3	93	4	3	125	1	3
62	1	4	94	2	2	126	1	1
63	2	3	95	4	3	127	1	4
64	2	2	96	3	1	128	1	3
65	1	3	97	4	3	129	1	1
66	2	1	98	3	2	130	1	4
67	1	3	99	4	1	131	1	4
68	4	4	100	3	3	132	1	4
69	2	1	101	4	4	133	1	3
70	2	2	102	3	4	134	1	4
71	1	4	103	4	2	135	1	3
72	3	2	104	3	2	136	2	1
73	3	2	105	4	3	137	1	4
74	1	3	106	3	4	138	2	1

续表

序号	年级	锻炼时间	序号	年级	锻炼时间	序号	年级	锻炼时间
139	2	3	171	1	4	203	4	3
140	1	4	172	1	4	204	4	4
141	2	3	173	1	3	205	4	3
142	2	4	174	1	1	206	4	3
143	1	4	175	1	3	207	4	3
144	2	1	176	1	4	208	4	2
145	2	1	177	1	3	209	4	1
146	2	4	178	1	3	210	4	3
147	2	3	179	1	4	211	1	3
148	2	1	180	1	1	212	1	1
149	3	3	181	2	1	213	1	1
150	3	3	182	2	3	214	1	4
151	3	3	183	2	3	215	1	4
152	3	1	184	2	3	216	1	1
153	3	2	185	2	3	217	1	1
154	3	1	186	2	3	218	1	1
155	3	4	187	2	4	219	1	1
156	3	4	188	2	4	220	1	3
157	3	1	189	2	1	221	1	2
158	3	4	190	2	1	222	1	3
159	4	3	191	3	1	223	1	1
160	4	3	192	3	3	224	1	1
161	4	3	193	3	4	225	1	2
162	4	3	194	3	4	226	2	4
163	4	3	195	3	4	227	1	3
164	4	4	196	3	3	228	2	1
165	4	3	197	3	3	229	1	3
166	4	3	198	3	1	230	2	1
167	4	1	199	3	3	231	1	3
168	4	3	200	3	3	232	2	4
169	3	4	201	4	2	233	2	2
170	1	1	202	4	3	234	1	1

续表

序号	年级	锻炼时间	序号	年级	锻炼时间	序号	年级	锻炼时间
235	2	3	267	4	2	299	2	4
236	1	1	268	3	3	300	2	4
237	1	1	269	4	2	301	2	4
238	2	1	270	3	4	302	2	4
239	2	2	271	4	2	303	2	4
240	2	1	272	3	3	304	2	3
241	2	3	273	4	2	305	2	3
242	2	3	274	3	4	306	3	4
243	2	1	275	4	3	307	3	4
244	2	3	276	4	3	308	3	3
245	3	1	277	4	2	309	3	4
246	2	3	278	4	3	310	3	4
247	3	2	279	4	2	311	3	4
248	2	4	280	3	2	312	3	3
249	2	3	281	4	3	313	3	4
250	3	1	282	4	3	314	3	4
251	2	4	283	4	2	315	3	4
252	3	1	284	4	2	316	3	4
253	2	4	285	4	3	317	3	4
254	3	2	286	4	3	318	4	4
255	2	4	287	4	3	319	4	4
256	3	2	288	4	3	320	4	4
257	3	4	289	4	1	321	4	4
258	3	3	290	4	1	322	4	4
259	3	2	291	1	4	323	4	4
260	3	3	292	1	3	324	4	4
261	3	2	293	1	3	325	4	4
262	3	4	294	1	3	326	4	4
263	3	2	295	2	4	327	4	4
264	3	3	296	2	4	328	4	4
265	3	3	297	2	4	329	2	2
266	3	1	298	2	4	330	1	2

四、实训过程

1. 调出主菜单

在数据编辑窗口，通过以下设计完成主菜单的调出：单击分析→描述统计→交叉表调出主菜单，进入交叉列联分析的主对话框（见图2-4-1）。

2. 主对话框的设计

（1）行变量的设置。

将"年级"作为行变量调入"行"中。

（2）列变量的设置。

将"锻炼时间"作为列变量调入"列"中。

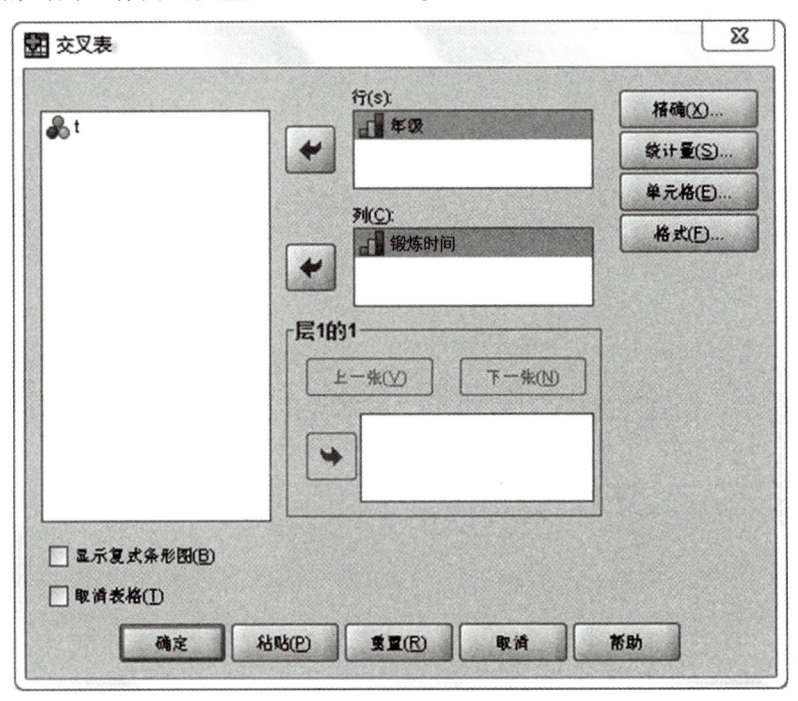

图 2-4-1　交叉表一级对话框的设计

3. 二级对话框的设计

（1）卡方检验。

在主对话框中，单击统计量按钮进入交叉列联分析卡方检验对话框。在该对话框中，指定进行行变量与列变量之间关系的检验方法。选择卡方检验法。设置完成后单击"继续"按钮返回主对话框（见图2-4-2）。

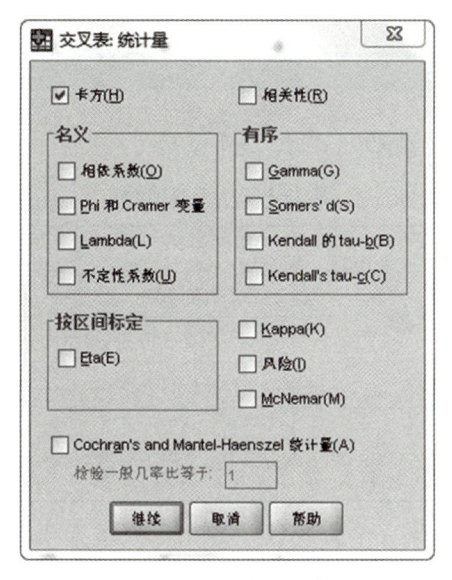

图 2-4-2 交叉列联分析卡方检验

（2）单元格。

在主对话框中，单击"单元格"按钮进入交叉列联分析的单元显示对话框。在该对话框中，在"计数"中指定"观察值"，在"百分比"中选择"行""列""总计"。设置完成后单击"继续"按钮返回主对话框（见图 2-4-3）。

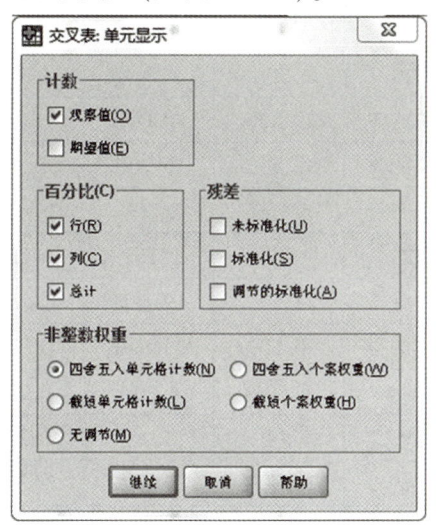

图 2-4-3 交叉列联分析单元显示

4. 运行该程序

```
CROSSTABS
   /TABLES=年级 BY 锻炼时间
   /FORMAT= AVALUE TABLES
   /STATISTIC=CHISQ
   /CELLS= COUNT .
```

五、实训结果

1. 交叉列联分析的卡方检验（见表2-4-2）

表2-4-2 卡方检验

项目	值	df	渐进sig.（双侧）
Pearson 卡方	13.702[a]	9	0.133
似然比	14.340	9	0.111
线性和线性组合	1.162	1	0.281
有效案例中的 N	330		

a. 0 单元格（0.0%）的期望计数少于 5。最小期望计数为 12.76

根据卡方检验的计算结果，卡方统计量的相伴概率为 0.133，大于显著性水平 0.05，所以不能拒绝原假设，即研究的行、列两个变量之间不独立，具有一定的相关关系。这样，为以下的交叉列联分析奠定了基础。

年级 * 时间交叉制表如表 2-4-3 所示。

表2-4-3 年级 * 时间交叉制表

行			时间				合计
	列		早上	中午	晚上	不定时	
年级	大一年级	计数	20	9	37	24	90
		年级中的%	22.20%	10.00%	41.10%	26.70%	100.00%
		时间中的%	32.30%	16.70%	30.60%	25.80%	27.30%
		总数的%	6.10%	2.70%	11.20%	7.30%	27.30%
	大二年级	计数	19	16	22	24	81
		年级中的%	23.50%	19.80%	27.20%	29.60%	100.00%
		时间中的%	30.60%	29.60%	18.20%	25.80%	24.50%
		总数的%	5.80%	4.80%	6.70%	7.30%	24.50%
	大三年级	计数	14	16	24	24	78
		年级中的%	17.90%	20.50%	30.80%	30.80%	100.00%
		时间中的%	22.60%	29.60%	19.80%	25.80%	23.60%
		总数的%	4.20%	4.80%	7.30%	7.30%	23.60%
	大四年级	计数	9	13	38	21	81
		年级中的%	11.10%	16.00%	46.90%	25.90%	100.00%
		时间中的%	14.50%	24.10%	31.40%	22.60%	24.50%
		总数的%	2.70%	3.90%	11.50%	6.40%	24.50%

续表

行		时间				合计
列		早上	中午	晚上	不定时	
合计	计数	62	54	121	93	330
	年级中的%	18.80%	16.40%	36.70%	28.20%	100.00%
	时间中的%	100.00%	100.00%	100.00%	100.00%	100.00%
	总数的%	18.80%	16.40%	36.70%	28.20%	100.00%

大一年级的学生，进行体育锻炼的时间区分早上、中午、晚上、不定时四种类型，分别为20、9、37、24，合计90人；在大一年级中90人四个时间段的占比分别是22.20%、10.00%、41.10%、26.70%；同时，在四个年级合计中的62、54、121、93人中占比分别达到32.30%、16.70%、30.60%、25.80%。

大二年级的学生，进行体育锻炼的时间区分早上、中午、晚上、不定时四种类型，分别为19、16、22、24，合计81人；在大二年级中81人四个时间段的占比分别是23.50%、19.80%、27.20%、29.60%；同时，在四个年级合计中的62、54、121、93人中占比分别达到30.60%、29.60%、18.20%、25.80%。

大三年级的学生，进行体育锻炼的时间区分早上、中午、晚上、不定时四种类型，分别为14、16、24、24，合计78人；在大三年级中81人四个时间段的占比分别是17.90%、20.50%、30.80%、30.80%；同时，在四个年级合计中的62、54、121、93人中占比分别达到22.60%、29.60%、19.80%、25.80%。

大四年级的学生，进行体育锻炼的时间区分早上、中午、晚上、不定时四种类型，分别为9、13、38、21，合计81人；在大四年级中81人四个时间段的占比分别是11.10%、16.00%、46.90%、25.90%；同时，在四个年级合计中的62、54、121、93人中占比分别达到14.50%、24.10%、31.40%、22.60%。

总体上说，大一年级进行体育锻炼的时间高于大二年级、大三年级、大四年级。从锻炼时间上看，晚上和不定时进行体育锻炼的学生占比最高。

建议学校，在保持低年级学生进行体育锻炼的条件下，鼓励较高年级学校积极从事体育锻炼；同时，鼓励学生早起，加强早上的体育锻炼。

思考题

1. 怎样理解社会经济现象描述性分析的作用？
2. 描述统计分析包括哪些基本统计理论？
3. 什么是社会经济问题的集中趋势分析？集中趋势分析包括哪些主要内容？请举例说明。
4. 什么是社会经济问题的离散程度分析？离散程度分析包括哪些主要内容？请举例说明。
5. 怎样理解探索性分析？
6. 探索性分析包括哪些主要内容？
7. 什么是多选项分析？多选项分析包括哪些主要内容？

8. 什么是多选项分析中的二分法？二分法包括哪些分析内容？
9. 什么是多选项分析中的多分法？多分法包括哪些分析内容？
10. 怎样进行二分法的交叉列联分析？
11. 怎样进行多分法的交叉列联分析？
12. 什么是数据选取？
13. 数据选取包括哪些类型？
14. 使用统计软件，怎样进行数据的随机选取？
15. 使用统计软件，怎样进行数据的条件选取？
16. 使用统计软件，怎样进行数据的范围选取？
17. 怎样理解数据选取的作用？
18. 自拟数据，进行相应的描述性分析，总结计算结论。
19. 自拟样本和变量，通过数据选取、拟定调查样本。
20. 自拟调查问卷，自行收集数据，进行调查问卷的多选项分析。
21. 若研究对象的规模为 1 200 人，按照 1% 的比例，怎样选取样本？
22. 若研究对象的规模为 1 200 人，按照 120 人的样本规模，怎样选取样本？
23. 在某项社会问题的调查中，组织受访者填写对某问题的态度，该态度按照 5 分制进行填写，共拟定了 10 个备选答案。按照要求，受访者只能从 10 个备选答案中挑选 3 个进行填写。请按照多选项的多分法建立数据文件。
24. 怎样理解社会经济现象的交叉列联分析？
25. 怎样理解分类变量？
26. 怎样设计交叉列联分析的数据文件？
27. 请自拟研究问题，设计研究背景和研究目的，拟定研究样本与变量，建立数据文件，进行交叉列联分析。

第 3 部分　推断统计分析

推断统计分析是统计学的一个重要组成部分，是进行社会经济问题的数据分析的重要内容和重要方法。内容主要包括假设检验、方差分析、多元线性回归分析、统计质量管理。本部分主要包括单样本 t 检验，两个独立样本 t 检验，两个配对样本 t 检验，游程检验，单因素方差分析，双因素方差分析，多元线性回归分析，统计质量控制等八个实训。

实训 1　单样本 t 检验

一、实训目的

单样本 t 检验是研究一个自变量在一定条件下对因变量是否具有显著影响的重要统计理论，是检验一个总体均值与某种特定数值如某种标准是否存在显著差异的统计理论和统计方法。

通过本实训，学生可以理解单样本及单样本 t 检验的基本含义、基本作用和基本理论，掌握使用统计软件进行单样本 t 检验的处理过程和方法，形成针对具体社会经济问题单样本 t 检验的数据处理和数据分析的基本能力。

二、实训原理

所谓假设检验，就是针对某事物的总体水平（参数，具体可以是均值）所建立的某种假设，运用统计理论，使用样本数据进行科学验证，以检验假设的真伪。在假设检验中，提出假设、样本数据等问题非常重要。

1. 单样本 t 检验的基本含义

(1) 基本含义。

单样本 t 检验是检验社会经济问题的某个具体变量的总体均值和某指定值之间是否存在显著差异，即检验单个变量的均值与某个设定的数值是否存在显著性差异。

(2) 检验值。

检验值即单样本 t 检验的某个常数，它对检验结果的影响很大。要求这个数值应该具有可靠的确定依据，一般按照行业标准、公认准则、优秀水平等确定。

2. 单样本 t 检验统计量的计算

根据研究样本规模的大小，一般分为以下两种情况进行计算：

(1) Z 统计量。

根据统计理论，当总体服从正态分布时，样本也服从正态分布；当总体不服从正态分布但样本是大样本时，样本近似服从正态分布。同时总体方差已知。在这种情况下，检验统计量用 Z 统计量。Z 值计算公式为

$$Z = \frac{\bar{d}}{\delta / \sqrt{n}}$$

(2) t 统计量。

如果总体方差未知，同时样本为小样本时，用 t 统计量。t 值计算公式为

$$t = \frac{\bar{d}}{s / \sqrt{n}}$$

3. 单样本 t 检验理论上的工作基本过程

(1) 基本过程。

单样本 t 检验同于普通的假设检验过程，一般包括以下四个步骤：提出假设，计算统计量，确定临界值，给出检验结论。

(2) 临界值。

关于临界值，更高效率的方法是使用显著性水平，统计软件默认为 0.05；关于检验结论，一般认为计算得到的相伴概率小于显著性水平时拒绝原假设，即差异显著。在统计软件中，常用的临界值有 0.01、0.05、0.10，默认临界值为 0.05。

三、实训问题

1. 背景

证券市场和上市公司是一个地区经济发展的重要力量，也是经济活力、竞争力、科技创新的重要体现和保障。辽宁省自从 1988 年引入股份制、1992 年成功上市"一汽金杯"，开始积极参与并发展证券市场。

2. 样本与变量

截至目前，辽宁省共有 60 家上市公司。为研究辽宁省上市公司的短期财务能力，现在收集到共 60 家上市公司的反映偿债能力的资产负债率、流动比率、速动比率等 3 个变量。选择流动比率进行单样本 t 检验。流动比率按照经验确定为 2，即检验值等于 2

（见表3-1-1）。

表3-1-1　辽宁省上市公司部分偿债指标（单位:%）

序号	公司	x_1	x_2	x_3	序号	公司	x_1	x_2	x_3
1	百科集团	38.31	1.2	1.08	31	东北电气	62.48	1.2	0.94
2	铁龙物流	9.96	5.18	3.64	32	东北制药	63	1.52	1.12
3	联美控股	59.25	0.68	0.68	33	亿城股份	62.22	2.52	0.64
4	锦州港	31.26	0.86	0.86	34	st合金	32.14	7.53	6.85
5	凌钢股份	54.64	0.97	0.55	35	万方地产	59.08	1.66	1.28
6	大杨创世	19.45	3.88	3.27	36	大连友谊	80.37	1.26	0.46
7	时代万恒	66.28	1.38	0.41	37	惠天热电	57.69	0.84	0.62
8	美罗药业	59.39	1.37	1.24	38	沈阳化工	56.21	0.61	0.36
9	曙光股份	71.66	1.02	0.85	39	中兴商业	44.78	0.53	0.45
10	商业城	71.64	0.82	0.39	40	锌业股份	86.92	0.64	0.33
11	营口港	63.38	0.78	0.69	41	本钢板材	58.06	0.95	0.3
12	大橡塑	74.38	0.85	0.58	42	ST化工	31.6	0.8	0.63
13	金山股份	77.7	0.86	0.83	43	大连国际	61.5	1.29	0.72
14	抚顺特钢	69.91	0.88	0.47	44	鞍钢股份	47.35	0.85	0.49
15	大连圣亚	54.94	0.52	0.5	45	獐子岛	48.83	2.07	0.6
16	st金杯	96.95	0.79	0.68	46	荣信股份	42.31	1.93	1.62
17	大商股份	71.81	0.84	0.61	47	华锐铸钢	57.39	1.07	0.87
18	*ST松辽	77.15	0.48	0.47	48	天宝股份	47.83	2.87	2.16
19	东软集团	31.18	2.2	1.97	49	奥维通信	19.13	4.52	3.03
20	大连热电	59.55	0.81	0.73	50	科冕木业	35.99	2.1	1.48
21	辽宁成大	18.06	1.52	1.17	51	壹桥苗业	16.42	4.19	3.15
22	大连控股	55.47	1.06	0.71	52	大金重工	7.17	13.22	12.2
23	红阳能源	54.06	0.58	0.41	53	大连电瓷	73.1	1.3	0.83
24	国电电力	73.9	0.19	0.16	54	大连三垒	20.16	3.32	2.54
25	大连港	43.86	2.38	2.34	55	机器人	22.95	5.07	3.97
26	出版传媒	34.57	2.1	1.42	56	奥克股份	9.56	11.38	10.9
27	辽通化工	75.06	0.68	0.3	57	智云股份	16.84	5.37	4.73
28	沈阳机床	85.22	1	0.52	58	易世达	22.94	4.2	3.86
29	银基发展	58.1	6.73	0.83	59	聚龙股份	20.32	3.79	2.7
30	大冷股份	37.56	1.35	1	60	森远股份	37.64	2.14	1.77

数据来源：大智慧官方网站

四、实训过程

1. 调出主菜单

在数据文件的编辑窗口，进行以下设计：依次单击分析/均值比较/单样本 t 检验，调出单样本 t 检验菜单并进入主对话框。

2. 一级对话框的设计

（1）确定检验变量。在主对话框中，将检验变量"流动比率（x2）"调入右侧的"检验变量"框中。

（2）确定检验值。根据研究目的，确定流动比率的常规值为 2。所以在"检验值"中写上"2"即可（见图 3-1-1）。

图 3-1-1　单样本 t 检验主对话框的设计

3. 选项设计（见图 3-1-2）

图 3-1-2　二级对话框-选项设计

4. 运行该程序

```
T- TEST
  /TESTVAL=2
  /MISSING=ANALYSIS
  /VARIABLES=x2
  /CRITERIA=CI(.95).
```

五、实训结果

1. 单样本 t 检验的描述统计

单样本统计量如表 3-1-2 所示。

表 3-1-2　单样本统计量

检验变量	N	均值	标准差	均值的标准差
流动比率 x_2	60	2.245 2	2.490 3	0.321 5

检验规模是 60 家上市公司，流动比率的均值是 2.245 2 分，标准差为 2.490 3 分。从均值来看，60 家上市公司的流动比率非常接近 2。

2. 单样本 t 检验

单样本检验如表 3-1-3 所示。

表 3-1-3　单样本检验

检验变量	检验值 = 2				
	t	df	sig.（双侧）	均值差值	差分的 95% 置信区间
					下限　　上限
流动比率	0.763	59	0.449	0.245 17	-0.398 1　0.888 5

在 95% 的概率检验保证下，检验统计量 t 值为 0.763 分，自由度为 59，相伴概率为 0.449，即可以认为辽宁省 60 家上市公司的流动比率符合常规标准的要求，上市公司流动比率较高，超过了默认的常规标准 2。从财务上看，公司短期偿债能力较强；从投资上看，具有投资价值。

实训 2　两个独立样本 t 检验

一、实训目的

两个独立样本 t 检验是研究一个自变量在两种不同条件下对因变量是否具有显著影响的重要统计理论，是检验两个总体均值是否相等的统计理论和统计方法，专门研究二分类型自变量对数值型因变量的影响。

通过本实训，学生可以充分理解两个独立样本及两个独立样本 t 检验的基本含义、基本作用和基本理论，掌握两个独立样本 t 检验的统计软件处理过程和方法，形成数据处理和数据分析的基本能力。形成针对具体社会经济问题的两个独立样本 t 检验的数据处理和数据分析能力的基本能力。

二、实训原理

1. 两个独立样本 t 检验的基本含义

所谓两个独立样本，就是两个互不影响的样本取值，两个独立样本 t 检验就是利用两个独立样本数据来判断两个相应总体是否存在显著性差异的理论和方法。如机械加工企业的两个车间，加工的某种产品的尺寸精度是否存在显著差异。

2. 统计量 t 的计算

独立样本 t 检验的计算是在方差齐检验基础上进行的，分为两总体方差未知但相等、两总体方差未知但不相等两种情况。若平均差和零有显著差异，则认为两总体均值之间存在显著性差异；否则认为两总体均值之间不存在显著性差异。

检验时使用统计量 t。统计量 t 的计算公式：

（1）两总体方差未知但相等时，统计量 t 的计算公式：

$$t = \frac{\bar{x}_1 - \bar{x}_2}{\sqrt{\frac{s_p^2}{n_1} + \frac{s_p^2}{n_2}}}, \text{式中} s_p^2 = \frac{(n_1 - 1)s_1^2 + (n_2 - 1)s_2^2}{n_1 + n_2 - 2}$$

（2）两总体方差未知但不相等时，统计量 t 的计算公式：

$$t = \frac{\bar{x}_1 - \bar{x}_2}{\sqrt{\frac{s_1^2}{n_1} + \frac{s_2^2}{n_2}}}$$

3. 两个独立样本 t 检验理论上的工作基本过程

两个独立样本 t 检验同于普通的假设检验过程，一般包括以下四个步骤：提出假设，计算统计量，确定临界值，给出检验结论。关于临界值，更高效率的方法是使用显著性水平，统计软件默认为 0.05；关于检验结论，一般认为计算得到的相伴概率小于显著性水平时拒绝原假设，即差异显著。

4. 两个独立样本 t 检验中两类错误及显著性水平的确定

（1）两类错误。

假设检验中的两类常见错误有拒真错误和取伪错误。前者是拒绝了真实的原假设；后者是选择了错误的原假设。两种错误难以同时消除或者避免。

（2）显著性水平。

在两个独立样本 t 检验中，显著性水平统计软件默认为 0.05，但还有 0.01 和 0.10 两个水平。在检验实践中，如果是贵重物品、高价值物品，如手表等，宁可取伪而不可拒真，而重要物品如医药、食品等，宁可拒真而不可取伪。这样，就会出现显著性水平的选择问题。

三、实训问题

1. 背景

实训题目是海尔集团公司产品的使用寿命差异性研究。海尔集团生产与销售保障能力较强，经营活动诚实守信，力争成为全国同行业的领军企业。现在分别在两个分公司中，随机抽取 15 件产品进行使用寿命的测试。海尔集团的生产经营状况较完善，同时也非常重视产品生产。于是根据检测海尔集团产品的使用寿命对其产品的差异性进行分析，从而发现海尔集团产品生产方面的改进潜力。

2. 样本与变量

数据来源于中国知网；在海尔集团公司产品中使用简单随机抽样抽取了 15 个样本。本次的变量主要有公司类型，产品使用寿命（单位：小时）。sysm 表示产品使用寿命（单位：小时），gy 表示公司类型（1 代表甲分公司，2 代表乙分公司）（见表 3-2-1）。

表 3-2-1　不同工艺的产品使用寿命（单位：小时）

序号	sysm	gy
1	461	1
2	469	1
3	475	1
4	479	1
5	482	1
6	492	1
7	493	1
8	446	2
9	449	2
10	450	2
11	451	2
12	452	2
13	462	2
14	463	2
15	472	2

四、实训过程

首先进行数据处理。将两个工厂生产的产品用数字 1、2 表示，把原始数据 sysm 划分成两组，即第 1 家工厂生产的产品的 sysm 用 1 表示、第 2 家工厂生产的产品的 sysm 用 2 表示。

1. 调出主菜单

在数据编辑窗口，依次单击分析/均值比较/独立样本 t 检验，调出两个独立样本 t 检验菜单，进入两个独立样本 t 检验主对话框。

2. 主对话框的设计

（1）设置研究变量。

在主对话框中，单击"sysm"（使用寿命），调入"检验变量"框中。

（2）在主对话框中，单击"gy"（工艺），调入"分组变量"框中（见图 3-2-1）。

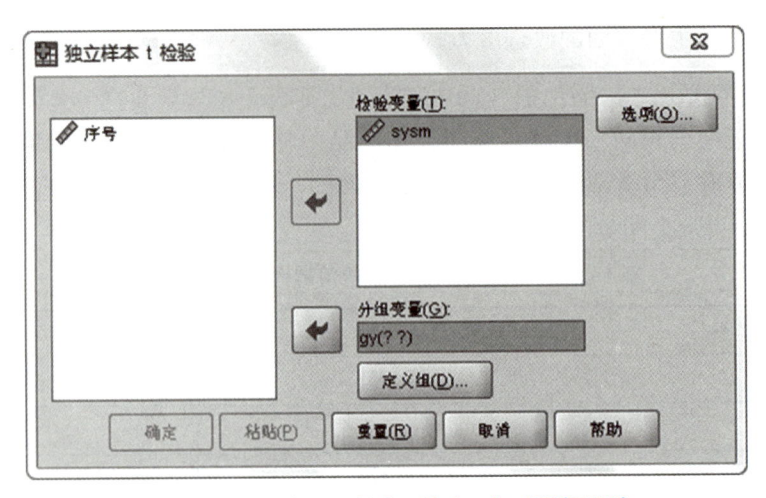

图 3-2-1　两个独立样本 t 检验一级对话框设计

3. 二级对话框的设计

在主对话框中，进行以下两个二级对话框的设计：

（1）定义组，组的序号分别填写 1 和 2（见图 3-2-2）。

（2）通过选项二级对话框的设计，确定 95％的概率（见图 3-2-3）。

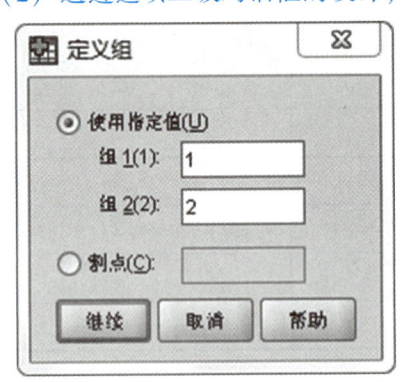

图 3-2-2　二级对话框-定义组　　　　图 3-2-3　二级对话框-选项设计

五、实训结果

1. 两个独立样本 t 检验的描述统计

组统计量如表 3-2-2 所示。

表 3-2-2　组统计量

项目	gy	N	均值	标准差	均值的标准差
sysm	甲种工艺	7	478.71	11.644	4.401
	乙种工艺	8	455.63	8.991	3.179

两个独立样本的均值水平分别是 478.71 小时和 455.63 小时；标准差分别为 11.644 小时和 8.991 小时。从描述统计的计算结果看，两种工艺的产品使用寿命还是有差别的，但

这种差别到底是否显著要看下面的检验结果。

2. 两个配对样本 t 检验

独立样本检验如表 3-2-3 所示。

表 3-2-3 独立样本检验

分组情况		方差方程的 Levene 检验		均值方程的 t 检验						
				t 检验					差分的 95% 置信区间	
		F	sig.	t	df	sig.（双侧）	均值差值	标准误差值	下限	上限
sysm	假设方差相等	0.244	0.629	4.331	13	0.001	23.089	5.331	11.572	34.606
	假设方差不相等			4.253	11.266	0.001	23.089	5.429	11.175	35.004

（1）方差齐检验。

在表 3-2-3 的左侧，统计软件给出了方差齐检验的结果。由于检验统计量 F 值较小，仅为 0.244，相应的相伴概率 sig 为 0.629，大于显著水平 0.05，因此接受零假设，即具有方差齐性。在这个条件下，阅读表的右侧部分，得出两个独立样本 t 检验的检验结论。

（2）两个独立样本 t 检验。

在上述条件下，应该阅读表的第一行，即方差齐的情形。在这种条件下，可以看到两分公司的 t 检验的 sig 为 0.001，大于显著性水平 0.05，所以拒绝原假设，即两分公司的产品使用寿命有显著性差异。在其他条件相当时，集团应选择甲分公司组织该产品的生产。

（3）检验结论。

根据两个独立样本的 t 检验得出，两分公司生产的产品使用寿命有显著性差异。所以，海尔集团在产品生产方面依然有欠缺，我们应根据差异性总结出产品生产的不足之处，应对产品的生产加强技术方面的提升。

实训 3　两个配对样本 t 检验

一、实训目的

配对样本 t 检验是研究一个自变量在不同条件下对因变量是否具有显著影响的重要统计理论，是检验两个总体均值是否相等的统计理论和统计方法，专门研究二分类型自变量对数值型因变量的影响。

通过本实训，学生可以充分理解两个配对样本及两个配对样本 t 检验的基本含义、基本作用和基本理论，掌握两个配对样本 t 检验的统计软件处理过程和方法，形成针对具体社会经济问题的两个配对样本 t 检验的数据处理和数据分析能力。

二、实训原理

1. 两个配对样本 t 检验的基本含义

两个配对样本就是两个在某些方面有关联的样本，是指用于同一研究对象运用两种不同方式进行处理之后的不同效果，以及使用新旧两种不同方法进行处理的前后不同效果。两个配对样本 t 检验就是使用收集到的样本数据对两配对总体的均值是否有显著性差异进行研究。

2. 统计量 t 的计算

配对样本 t 检验的计算包括以下主要环节：首先计算每对数值离差值，并进而得到差值均值；其次进行差值序列均值检验。若平均差和零有显著差异，则认为两总体均值之间存在显著性差异；否则认为两总体均值之间不存在显著性差异。

检验时使用统计量 t。统计量 t 的计算公式如下：

$$t = \frac{\bar{d}}{s/\sqrt{n}}$$

3. 两个配对样本 t 检验理论上的工作基本过程

两个配对样本 t 检验同于普通的假设检验过程，一般包括以下四个步骤：提出假设，计算统计量，确定临界值，给出检验结论。关于临界值，更高效率的方法是使用显著性水平，统计软件默认为 0.05；关于检验结论，一般认为计算得到的相伴概率小于显著性水平时拒绝原假设，即差异显著；反之，则不能拒绝原假设，即两个配对样本之间差异不显著。

三、实训问题

1. 背景

随着社会的发展，科技的进步，信息化程度的提高，社会对人才的要求越来越高，竞争越来越大。为了提高员工素质，也为了适应飞速发展的现代社会，越来越多企业组织职工教育与培训。

2. 样本与变量

为深入了解教育培养情况，某集团公司在全国各个省份中随机抽取了北京、上海、海南、杭州、武汉、西安等地区的分支机构，并收集、统计了这些省份 2019 年和 2020 年职工教育培训的人次数，采用两个配对样本 t 检验。

以上职工教育培训的人次数，包括前一年数据和后一年数据，分别用 qynsj 和 hynsj 表示（见表 3-3-1）。

表 3-3-1　某教育机构各地区职工教育培训人次数（单位：人次）

序号	地区	qynsj	hynsj
1	北京	5 626	16 100
2	上海	8 973	18 519
3	海南	1 959	4 157
4	杭州	4 713	15 869

续表

序号	地区	qynsj	hynsj
5	武汉	5 625	15 949
6	西安	4 556	15 055
7	重庆	11 252	32 850
8	广州	5 944	12 275
9	天津	3 022	12 480
10	贵阳	4 547	11 451
11	九江	4 028	11 007

数据来源：该教育机构人力资源部

四、实训过程

1. 调出主菜单

在数据文件的编辑窗口，依次单击分析/均值比较/配对样本 t 检验，调出两个配对样本 t 检验菜单并进入两个配对样本 t 检验主对话框。

2. 一级对话框的设计

激活配对样本。在源变量对话框中，依次单击 qynsj、hynsj，即可激活进行两个配对样本 t 检验的变量。两个变量激活之后，在主对话框的成对变量框中会自动显示这两个变量的变量名（见图 3-3-1）。

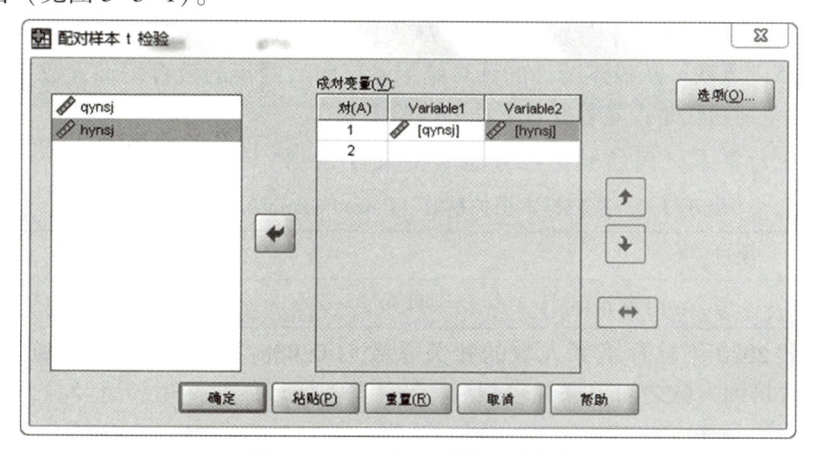

图 3-3-1 两个配对样本 t 检验

3. 二级对话框的设计

通过选项二级对话框的设计，确定 95% 的概率（见图 3-3-2）。

图 3-3-2　二级对话框-选项设计

4. 运行该程序

T- TEST PAIRS＝qynsj WITH hynsj（PAIRED）
　/CRITERIA＝CI（.9500）
　/MISSING＝ANALYSIS.

五、实训结果

1. 两个配对样本 t 检验的描述统计（见表 3-3-2）

表 3-3-2　成对样本统计量（Paired Samples Statistics）

项目		均值	N	标准差	均值的标准误
对 1	qynsj	5 476.73	11	2 619.770	789.890
	hynsj	15 064.50	11	7 026.517	2 118.575

两个配对样本的均值水平分别是 5 476.73 人次和 15 064.50 人次；标准差分别 2 619.770 人次和 7 026.517 人次。从描述统计的计算结果看，前后两年的教育培训人数还是有一定差别的，但这种差别到底是否显著要看下面的检验结果。

2. 两个配对样本之间的相关性分析（见表 3-3-3）

表 3-3-3　成对样本相关系数（Paired Samples Correlations）

项目		N	相关系数	sig.
对 1	qynsj & hynsj	11	0.908	0.000

2019 年和 2020 年教育培训人数的相关系数为 0.908，为高度相关，说明 2019 年和 2020 年的教育培训人数之间关联性较强。

3. 两个配对样本 t 检验（见表 3-3-4）

表 3-3-4　成对样本检验（Paired Samples Test）

项目		成对差分					t	df	sig.（双侧）
		均值	标准差	均值的标准误	差分的 95% 置信区间				
					下限	上限			
对 1	qynsj- hynsj	-9 587.775	4 776.140	1 440.060	-12 796.429	-6 379.120	-6.658	10	0.000

从上述配对样本的假设检验结果可以发现，2019年教育培训人数和2020年教育培训人数相差 9 587.775 人，相伴概率 sig 为 0.000，小于显著性水平 0.05，说明 2020 年教育培训人数和 2019 年相比有显著差异。即教育培训人数有较明显的递增趋势。

实训 4　游程检验

一、实训目的

随机性在许多研究中具有非常重要的意义，尤其在市场调查的样本设计与抽样中。游程检验是根据样本标志表现排列所形成的游程的多少进行判断的检验方法。游程检验目的是判断观察值的顺序是否随机。

通过本实训，学生可以了解随机性的基本含义，掌握游程检验的统计软件的使用方法和程序，形成针对具体社会问题的随机性检验的数据处理和数据分析的基本能力，为市场调查工作和研究奠定基础。

二、实训原理

1. 随机性

所谓随机性，就是某种事物的产生与发展没有人为因素的控制和影响，是按照某种概率随机发生的。随机性问题的研究，在市场调查的样本设计与抽样中常用。

2. 游程的基本含义

当样本按某种顺序排列（如按抽取时间先后排列）时，一个或者一个以上相同符号连续出现的段，就被称作游程。也就是说，游程是在一个两种类型的符号的有序排列中，相同符号连续出现的段。在一个二元序列中，0 和 1 交替出现，一个由 0 或 1 连续构成的串称为一个游程，一个游程中数据的个数称为游程的长度，一个序列里游程个数用 R 表示，R 表示 0 和 1 交替轮换的频繁程度。容易看出，R 是序列中 0 和 1 交替轮换的总次数加一。

3. 游程的相关计算

游程的计算主要包括均值、方差、统计量三个方面：

（1）游程均值。

$$E(R) = \frac{2n_1 n_0}{n_1 + n_0} + 1$$

（2）游程方差。

$$\text{Var}(R) = \frac{2n_1 n_0 (2n_1 n_0 - n_1 - n_0)}{(n_1 + n_0)^2 (n_1 + n_0 - 1)}$$

（3）大样本时的统计量。

$$Z = \frac{R - E(R)}{\sqrt{\text{Var}(R)}}$$

4. 游程检验的基本过程

游程检验同普通的假设检验过程，一般包括以下四个步骤：提出假设，计算统计量，确定临界值，给出检验结论。在具体的检验中，临界值多数采用 R 临界值表获得；个别时候，也可以通过具体的计算公式得到上、下两个临界值。

三、实训问题

1. 背景

某机构进行锦州市大学生体育锻炼行为特征与影响因素分析。根据现实的大学生体育锻炼的情况，为了更加有效地支持与引导锦州市的大学生进行体育锻炼，找出对锦州市大学生体育锻炼行为特征具有重要影响的一系列因素，然后对症下药，根据相应的影响因素来采取合理化的措施与政策，设计样本规模为 330 人，发放调查问卷 330 份。

2. 样本与变量

本次的调查采用的是问卷调查法，通过查阅相关的文献，根据研究目的的需要，大学生体育锻炼行为特征从锻炼时间、锻炼场所、锻炼方式、锻炼频率、锻炼目的等几个方面编制问题，其影响因素区分为个人因素、家庭因素、学习因素等，采用量表法。具体的变量编码为：性别中 1=男生、0=女生，年级中 1=大一学生、2=大二学生、3=大三学生、4=大四学生，城乡中 1=城镇、2=乡村，锻炼时间中 1=早晨、2=中午、3=晚上、4=不定时。

通过市场调查，收集得到以下数据文件（见表 3-4-1）。问题：受访者的性别是否具有随机性？

表 3-4-1 受访者的性别统计表

序号	性别	年级	城乡	锻炼时间	序号	性别	年级	城乡	锻炼时间
1	0	4	2	3	15	0	3	1	2
2	1	4	2	4	16	1	1	2	3
3	1	4	2	3	17	0	3	2	2
4	0	4	2	3	18	1	4	1	4
5	0	4	2	3	19	0	2	1	4
6	1	1	1	3	20	0	2	2	4
7	1	2	1	2	21	0	1	1	2
8	0	1	1	3	22	0	1	2	1
9	1	3	2	3	23	1	2	1	2
10	0	4	1	3	24	1	2	1	1
11	1	2	1	1	25	1	4	2	2
12	0	1	2	2	26	0	2	1	2
13	1	2	1	4	27	0	2	1	2
14	0	4	2	4	28	1	3	2	4

续表

序号	性别	年级	城乡	锻炼时间	序号	性别	年级	城乡	锻炼时间
29	0	2	1	1	61	1	2	2	3
30	1	1	1	4	62	0	1	1	4
31	0	1	2	4	63	0	2	1	3
32	1	1	1	4	64	0	2	2	2
33	1	1	2	3	65	1	1	1	3
34	1	1	1	1	66	0	2	2	1
35	1	1	2	3	67	0	1	1	3
36	1	1	2	1	68	0	4	2	4
37	0	1	1	3	69	1	2	1	1
38	0	1	2	2	70	0	2	1	2
39	0	1	1	3	71	1	1	1	4
40	1	1	1	2	72	1	3	1	2
41	1	1	2	3	73	0	3	2	2
42	1	1	2	3	74	1	1	1	3
43	1	1	2	1	75	1	3	2	2
44	1	1	1	4	76	0	1	1	3
45	0	1	1	4	77	1	3	2	1
46	0	1	2	3	78	0	1	1	3
47	0	1	1	2	79	1	3	2	3
48	0	1	2	3	80	1	2	1	4
49	0	1	1	3	81	0	3	1	1
50	0	1	2	1	82	1	2	1	4
51	1	2	1	2	83	0	3	1	1
52	1	2	2	2	84	1	2	1	3
53	1	1	2	2	85	0	3	1	1
54	1	2	2	3	86	0	2	1	1
55	1	2	2	2	87	0	3	1	1
56	0	4	1	3	88	1	2	1	3
57	1	1	1	1	89	0	3	2	3
58	1	2	2	2	90	1	2	1	2
59	0	2	2	2	91	0	4	1	3
60	1	1	2	4	92	1	2	1	3

续表

序号	性别	年级	城乡	锻炼时间	序号	性别	年级	城乡	锻炼时间
93	1	4	2	3	125	1	1	2	3
94	0	2	1	2	126	1	1	2	1
95	1	4	2	3	127	1	1	2	4
96	1	3	1	1	128	0	1	1	3
97	1	4	1	3	129	0	1	1	1
98	1	3	1	2	130	0	1	2	4
99	1	4	1	1	131	0	1	2	4
100	1	3	1	3	132	1	1	2	4
101	0	4	1	4	133	0	1	1	3
102	1	3	2	4	134	0	1	2	4
103	0	4	2	2	135	0	1	2	3
104	1	3	1	2	136	1	2	1	1
105	0	4	1	3	137	1	1	1	4
106	0	3	1	4	138	1	2	2	1
107	0	3	1	2	139	1	2	2	3
108	0	4	2	3	140	0	1	1	4
109	1	3	2	2	141	1	2	2	3
110	0	4	2	1	142	1	2	2	4
111	0	3	1	3	143	1	1	1	4
112	0	3	1	3	144	0	2	1	1
113	1	4	1	1	145	0	2	2	1
114	1	4	1	3	146	0	2	1	4
115	1	4	1	1	147	1	2	2	3
116	1	4	2	4	148	1	2	2	1
117	1	4	1	4	149	0	3	1	3
118	0	4	2	1	150	0	3	2	3
119	0	4	2	2	151	1	3	2	3
120	1	1	1	3	152	1	3	2	1
121	0	4	2	4	153	1	3	2	2
122	1	1	2	3	154	0	3	2	1
123	0	4	2	3	155	0	3	2	4
124	0	4	2	3	156	0	3	1	4

续表

序号	性别	年级	城乡	锻炼时间	序号	性别	年级	城乡	锻炼时间
157	0	3	1	1	189	0	2	1	1
158	1	3	1	4	190	0	2	1	1
159	0	4	1	3	191	1	3	1	1
160	0	4	2	3	192	1	3	2	3
161	1	4	1	3	193	0	3	2	4
162	1	4	2	3	194	1	3	1	4
163	1	4	2	3	195	1	3	1	4
164	1	4	1	4	196	0	3	2	3
165	0	4	1	3	197	0	3	1	3
166	0	4	2	3	198	0	3	1	1
167	0	4	1	1	199	0	3	2	3
168	0	4	2	3	200	0	3	2	3
169	0	3	2	4	201	1	4	1	2
170	1	1	1	1	202	1	4	1	3
171	1	1	2	4	203	1	4	2	3
172	1	1	2	4	204	0	4	2	4
173	1	1	1	3	205	1	4	2	3
174	0	1	1	1	206	0	4	1	3
175	0	1	1	3	207	1	4	2	3
176	0	1	1	4	208	0	4	1	2
177	1	1	2	3	209	0	4	2	1
178	1	1	2	3	210	0	4	2	3
179	0	1	2	4	211	1	1	1	3
180	0	1	1	1	212	0	1	1	3
181	1	2	1	1	213	1	1	1	1
182	1	2	2	3	214	1	1	1	4
183	1	2	1	3	215	1	1	1	4
184	1	2	1	3	216	1	1	1	4
185	1	2	1	3	217	0	1	2	1
186	0	2	1	3	218	1	1	2	1
187	0	2	2	4	219	0	1	1	1
188	1	2	2	4	220	1	1	1	3

续表

序号	性别	年级	城乡	锻炼时间	序号	性别	年级	城乡	锻炼时间
221	0	1	1	2	253	0	2	1	4
222	0	1	1	3	254	1	3	1	2
223	1	1	2	1	255	0	2	2	4
224	0	1	1	1	256	0	3	1	2
225	1	1	2	2	257	1	3	1	4
226	1	2	1	4	258	1	3	2	3
227	0	1	1	3	259	1	3	1	2
228	1	2	1	1	260	0	3	2	3
229	0	1	2	3	261	0	3	1	2
230	1	2	1	1	262	1	3	1	4
231	0	1	1	3	263	0	3	1	2
232	1	2	1	4	264	1	3	2	3
233	1	2	1	2	265	0	3	1	3
234	0	1	1	1	266	0	3	1	1
235	0	2	2	3	267	1	4	1	2
236	1	1	2	1	268	0	3	1	3
237	1	1	1	1	269	1	4	1	2
238	0	2	1	1	270	0	3	1	4
239	0	2	2	2	271	1	4	1	2
240	1	2	1	1	272	0	3	1	3
241	0	2	1	3	273	1	4	1	2
242	1	2	2	3	274	0	3	2	4
243	0	2	1	1	275	1	4	1	3
244	1	2	1	3	276	1	4	1	3
245	1	3	1	1	277	0	4	1	2
246	1	2	2	3	278	1	4	1	3
247	1	3	2	2	279	0	4	2	2
248	0	2	1	4	280	0	3	1	2
249	0	2	1	3	281	1	4	2	3
250	1	3	1	1	282	1	4	1	3
251	0	2	1	4	283	0	4	2	2
252	1	3	1	1	284	0	4	2	2

续表

序号	性别	年级	城乡	锻炼时间	序号	性别	年级	城乡	锻炼时间
285	1	4	2	3	308	1	3	2	3
286	0	4	1	3	309	0	3	2	4
287	1	4	2	3	310	1	3	2	4
288	0	4	1	3	311	1	3	1	4
289	0	4	2	1	312	0	3	1	3
290	0	4	1	1	313	0	3	1	4
291	1	1	1	4	314	0	3	2	4
292	1	1	2	3	315	1	3	1	4
293	0	1	1	3	316	0	3	2	4
294	0	1	2	3	317	0	3	2	4
295	1	2	2	4	318	1	4	2	4
296	1	2	1	4	319	1	4	2	4
297	0	2	2	4	320	1	4	2	4
298	1	2	2	4	321	1	4	1	4
299	1	2	2	4	322	1	4	1	4
300	0	2	1	4	323	0	4	1	4
301	0	2	2	4	324	0	4	2	4
302	1	2	1	4	325	1	4	1	4
303	0	2	2	4	326	0	4	2	4
304	0	2	2	3	327	0	4	1	4
305	0	2	1	3	328	0	4	1	4
306	1	3	1	4	329	0	2	1	2
307	1	3	2	4	330	1	1	2	2

资料来源：市场调查

四、实训过程

1. 调出游程检验菜单和主对话框

在数据文件的编辑窗口，进行如下设计：依次单击分析/非参数检验/游程，调出游程检验菜单并进入游程检验主对话框。

2. 一级对话框设计

（1）设置分析变量。

在主对话框中，将检验变量"性别"调入右侧的"检验变量列表"框中。

（2）设置检验的临界分割点。

在主对话框的分割点框中，设置游程检验的临界分割点（见图 3-4-1）。

本题变量的取值为 0 和 1，因此将临界分割点设置为 1。除此之外，还可用中位数、众数、均值检验临界分割点。

图 3-4-1　游程检验一级对话框设计

五、实训结果

游程检验如表 3-4-2 所示。

表 3-4-2　游程检验

项目	性别
检验值[a]	1.00
案例总数	330
游程个数	176
Z	1.105
sig（双侧）	0.269
a. 用户指定的	

根据计算结果，检验值为 1（注：这里的 1 是操作者根据变量的类型是二值变量设置的）。所有个案数量为 330 即样本规模为 330，游程的个数为 176，Z 统计量为 1.105，统计量的相伴概率 sig 为 0.269。由于相伴概率 sig 大于显著性水平 0.05，因此不拒绝原假设，可以认为本次调查样本的抽取符合随机原则，样本是有效的，可以使用这个样本进行调查研究。当然，如果据此进行统计分析，则得出的研究结论也是有效和可靠的。

实训 5　单因素方差分析

一、实训目的

单因素方差分析是研究多水平自变量对数值型因变量是否具有显著影响的重要统计理论，是检验多个总体均值是否相等的统计理论和统计方法，专门研究分类型自变量对数值型因变量的影响。

通过本实训，学生可以充分理解单因素方差分析的基本含义、基本作用和基本理论，掌握单因素方差分析的统计软件处理过程和方法，形成针对具体社会经济问题的单因素方差分析的数据处理和数据分析能力。

二、实训原理

1. 方差分析的基本思想

（1）方差分析基本作用。

方差分析是推断统计分析中的一种重要理论，是研究分类型自变量对数值型因变量是否具有显著影响的重要方法。一般使用 F 统计量进行分析，包括单因素和双因素两种类型。如研究公司的大、中、小型规模对盈利能力的影响，大学生的工商管理、经济统计学、金融学等专业对初薪的影响，加工企业生产工艺 1、工艺 2、工艺 3 对产品质量的影响，产品促销方式对销售的影响等。

（2）方差分析基本原理。

在方差分析中首先进行总离差分解，即将观测变量的离差分解为组间离差和组内离差（组间离差是由控制变量产生的离差，组内离差是控制变量以外因素产生的离差）；然后按照自由度，计算两种离差的方差；再将这两种方差进行比较。如果组间方差显著大于组内方差，认为差异显著即分类自变量对数值型因变量具有显著影响，反之认为差异不显著即分类自变量对数值型因变量没有显著影响。

2. 单因素方差分析

单因素方差分析是研究一个控制变量是否给观测变量造成了显著影响。例如促销方法是否对销售具有显著影响，品牌是否对消费者的购买具有显著影响，教学方法是否对学生学习效果具有显著影响等。

（1）单因素方差分析的过程与方法。

①总离差的分解。

在方差分析实践中，总离差是用总离差平方和表示和计算的。所以，总离差分解就是总离差平方和的分解。总离差平方和分解为组间离差和组内离差。

$$SST = SSA + SSE$$

②自由度的计算。

SST、SSA、SSE 的自由度分别为 $n-1$、$m-1$、$n-m$。

③方差的计算。

方差就是离差与自由度的比值，所以组间方差、组内方差分别是：

$$MSA = \frac{SSA}{m-1}$$

$$MSE = \frac{SSE}{n-m}$$

④检验统计量的构造

$$F = \frac{SSA/(m-1)}{SSE/(n-m)} = \frac{MSA}{MSE}$$

⑤方差分析结论。

SPSS 软件自动计算 F 统计量，F 服从 $(k-1, n-k)$ 个自由度的 F 分布。同时，软件还自动计算依 F 的相伴概率 sig。如果相伴概率小于显著性水平，则拒绝原假设，而接受备选假设，认为各总体均值有显著差异；相反，如果相伴概率大于等于显著性水平，则不能拒绝原假设，认为各总体均值无显著差异。

（2）单因素方差分析中的多重比较。

单因素方差分析在得出一定的结论后（一般是指各因素或各方法间有显著性差异），它们之间究竟是哪两项不同呢？还需做进一步的分析。做进一步的分析所使用的方法就是多重比较法。

多重比较法有多种，区分为方差齐和异方差两种类型。在方差齐条件下，常用最小显著差异方法（Least Significant Difference，LSD）。其具体步骤为：

①提出假设。

②计算检验统计量：计算公式为：$\bar{x}_i - \bar{x}_j$。

③计算检验统计量 LSD。其计算公式为：

$$LSD = t_{\alpha/2}(n-m)\sqrt{MSE\left(\frac{1}{n_i} + \frac{1}{n_j}\right)}$$

④根据显著水平做出统计决策。

多重均值比较结论可以通过绝对值统计和相伴概率得出结论，多数使用相伴概率。当相伴概率 sig 小于显著性水平 α，则拒绝零假设而接受备选假设，认为差异显著；当相伴概率 sig 大于等于显著性水平 α，则接受零假设而拒绝备选假设，认为差异不显著。

（3）注意事项。

①数据要求。因变量即观测变量是数值型变量，连续型变量与离散型变量均可；自变量即控制变量是分类型变量，但在实践中数值型经过适当的处理也可以转变为分类型自变量。

②前提假设。正态性假设，方差齐假设。

三、实训问题

1. 背景

某公司拥有多家子公司，分布在环境不同的各个地区。按照市场营销目标，将这些子公司进行归类，共划分为 5 种类型。现在在每个类型中随机抽取 1 家公司作为代表，分析地区环境因素对公司销售是否具有显著影响。

2. 样本与变量

样本为1年的12个月。变量为销售量,用 x 表示各个子公司销售量(单位:百箱)。进行单因素方差分析,研究地区因素(实际上,地区因素包含了许多问题,如人口规模、收入水平、消费规模和销售能力、消费习惯、经济发展水平、促销方式方法等)对销售量有无显著性影响。假设显著性水平为0.05。各子公司销售量调查表如表3-5-1所示。

表3-5-1 各子公司销售量调查表

月份	X_1	X_2	X_3	X_4	X_5
1	50	66	52	78	120
2	51	75	45	80	115
3	62	60	42	82	100
4	48	55	40	75	80
5	36	56	50	70	82
6	35	51	56	66	75
7	55	45	61	60	75
8	45	50	66	55	80
9	51	55	72	58	88
10	59	62	75	70	95
11	65	65	80	75	120
12	66	70	75	80	125

四、实训过程

1. 调出主菜单

在打开文件的数据编辑窗口,依次单击分析/均值比较/单因素方差分析,调出单因素方差分析菜单并进入单因素方法分析对话框。

2. 一级对话框设计

(1)单击销售量(xsl),调入右侧的"因变量列表"(见图3-5-1)。

(2)单击分公司(fgs),调入"因子"列表(见图3-5-1)。

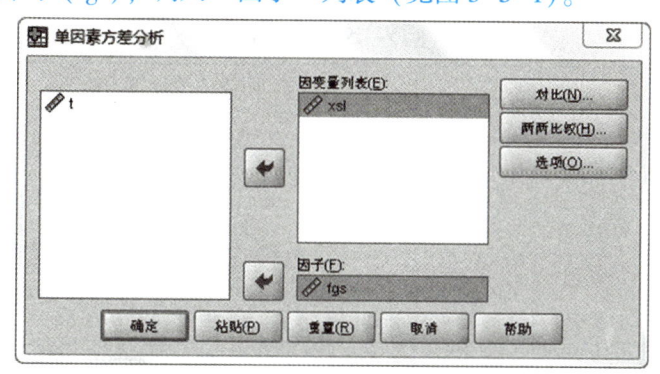

图3-5-1 方差分析一级对话框设计

3. 二级对话框设计

（1）选项设置。在此设置输出选项，选择其中的"描述性""方差同质性检验""均值图"（见图 3-5-2）。

（2）多重均值比较选项设置。在此指定多重比较方法，选择 LSD 法之后返回主界面（见图 3-5-3）。

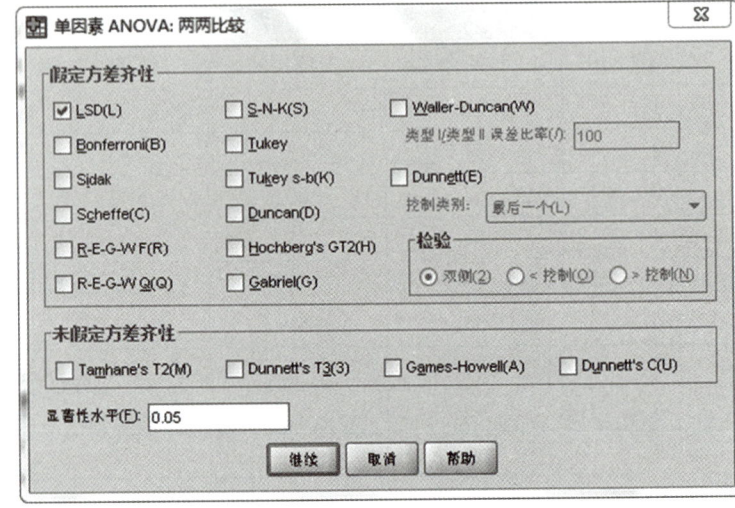

图 3-5-2　方差分析选项设计　　　　图 3-5-3　方差分析多重均值比较设计

4. 运行该程序

```
ONEWAY xsl BY fgs
   /STATISTICS DESCRIPTIVES HOMOGENEITY
   /PLOT MEANS
   /MISSING ANALYSIS
   /POSTHOC=LSD ALPHA(0.05).
```

五、实训结果

1. 5 类分公司销售量的描述性分析（见表 3-5-2）

表 3-5-2　描述调查项目得分

序号	N	均值	标准差	标准误	均值的 95%置信区间 下限	均值的 95%置信区间 上限	极小值	极大值
1	12	51.92	10.175	2.937	45.45	58.38	35	66
2	12	59.17	8.809	2.543	53.57	64.76	45	75
3	12	59.50	14.003	4.042	50.60	68.40	40	80
4	12	70.75	9.226	2.663	64.89	76.61	55	82
5	12	96.25	19.127	5.521	84.10	108.40	75	125
总数	60	67.52	20.030	2.586	62.34	72.69	35	125

由表 3-5-2 可知，5 类分公司的销售情况总体上看似乎存在差别。按照均值，第 5 类水平最高，第 2 类、第 3 类、第 4 类居中，第 1 类最低。统计意义上的差异需要进行方差分析。

2. 方差齐性检验（见表 3-5-3）

表 3-5-3　调查项目得分方差齐性检验

Levene 统计量	df_1	df_2	显著性
5.066	4	55	0.002

由计算结果可知，相伴概率 0.300，大于显著性水平 0.05，所以拒绝原假设，即异方差。

3. 方差分析表（见表 3-5-4）

表 3-5-4　调查项目得分方差分析表

项目	平方和	df	均方	F	显著性
组间	14 560.900	4	3 640.225	21.977	0.000
组内	9 110.083	55	165.638		
总数	23 670.983	59			

在方差分析表中，总离差平方和为 23 670.983，分解为组间离差平方和 14 560.900 和组内离差平方和 9 110.083，自由度分别是 59、4、55。由此计算得到组间方差和组内方差分别是 3 640.225/165.638，统计量 F 值为 21.977，对应的 sig 为 0.000，小于显著性水平 0.05，所以拒绝原假设，认为地区环境因素与公司的销售量之间关系显著。但是具体的差别还有待进一步检验。

4. 多重均值比较（见表 3-5-5）

表 3-5-5　销售量 LSD 多重均值比较

(I) fgs	(J) fgs	均值差（I-J）	标准误	显著性	95% 置信区间 下限	95% 置信区间 上限
1	2	-7.250	5.254	0.173	-17.78	3.28
1	3	-7.583	5.254	0.155	-18.11	2.95
1	4	-18.833*	5.254	0.001	-29.36	-8.30
1	5	-44.333*	5.254	0.000	-54.86	-33.80
2	1	7.250	5.254	0.173	-3.28	17.78
2	3	-0.333	5.254	0.950	-10.86	10.20
2	4	-11.583*	5.254	0.032	-22.11	-1.05
2	5	-37.083*	5.254	0.000	-47.61	-26.55
3	1	7.583	5.254	0.155	-2.95	18.11
3	2	0.333	5.254	0.950	-10.20	10.86
3	4	-11.250*	5.254	0.037	-21.78	-0.72
3	5	-36.750*	5.254	0.000	-47.28	-26.22

续表

（I）fgs	（J）fgs	均值差（I-J）	标准误	显著性	95% 置信区间 下限	95% 置信区间 上限
4	1	18.833*	5.254	0.001	8.30	29.36
4	2	11.583*	5.254	0.032	1.05	22.11
4	3	11.250*	5.254	0.037	0.72	21.78
4	5	-25.500*	5.254	0.000	-36.03	-14.97
5	1	44.333*	5.254	0.000	33.80	54.86
5	2	37.083*	5.254	0.000	26.55	47.61
5	3	36.750*	5.254	0.000	26.22	47.28
5	4	25.500*	5.254	0.000	14.97	36.03

*. 均值差的显著性水平为 0.05

在 LSD 检验中，由相伴概率与显著性水平 0.05 的对比关系可知：

第 1 类分公司与第 2 类、第 3 类分公司的销售量差异不显著，而与第 4 类、第 5 类分公司的销售量差异显著。

第 2 类分公司与第 1 类、第 3 类分公司的销售量差异不显著，而与第 4 类、第 5 类分公司的销售量差异显著。

第 3 类分公司与第 1 类、第 2 类分公司的销售量差异不显著，而与第 4 类、第 5 类分公司的销售量差异显著。

第 4 类分公司与第 1 类、第 2 类分公司、第 3 类、第 5 类分公司的销售量差异显著。

第 5 类分公司与第 1 类、第 2 类分公司、第 3 类、第 4 类分公司的销售量差异显著。

理科与工科、理科与文科之间的均值差的相伴概率均为 0.000，小于显著性水平 0.05，拒绝原假设，差异显著；工科与文科得分差的相伴概率为 0.789，大于显著性水平 0.00，不能拒绝原假设，所以差异不显著。

5. 5 类分公司的销售量均值折线图

结合进行的其他分析（如基本分析、多元分析等），5 类分公司在不同地区环境上的销售量差异显著，尤其是第 1 类、第 2 类与第 5 类分公司销售量之间差异显著。不同分公司类型之间的销售量显著差异，为公司诊断销售活动与销售效果，给出解决问题的行之有效的方案活动具有一定意义。销售量的均值折线图如图 3-5-4 所示。

在集团公司中，分公司是其构成要素。各类分公司构建未来发展战略框架，因地制宜，切实采取有效对策，努力实现集团公司发展战略。同时，分公司要积极提升自身竞争力，为更好参与市场竞争打好基础。

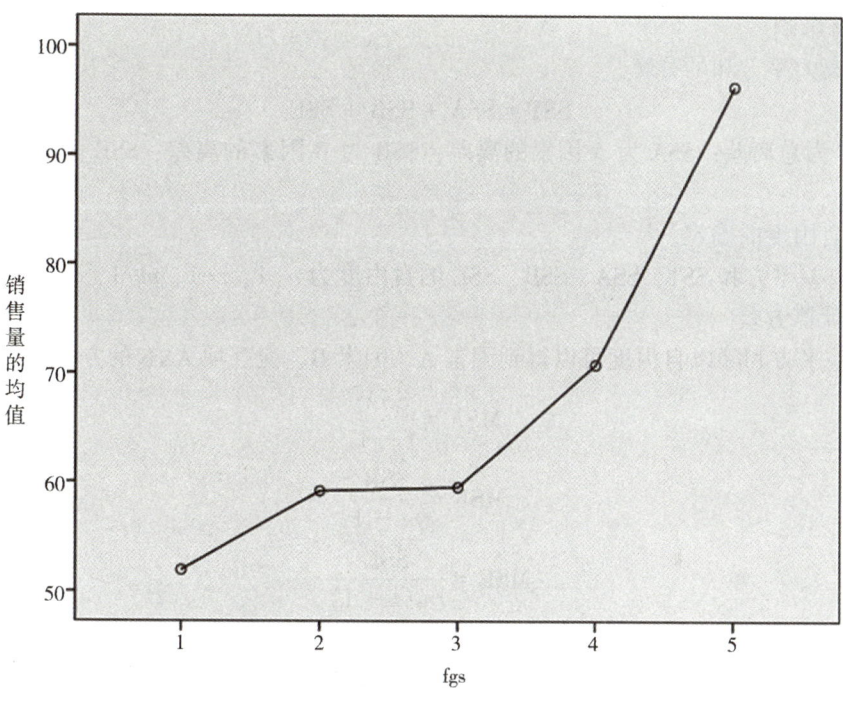

图 3-5-4　销售量的均值折线图

实训 6　双因素方差分析

一、实训目的

双因素方差分析是方差分析理论的一种，相比单因素方差分析，双因素方差分析同时研究两个分类自变量对因变量的影响。许多社会经济问题同时受到两个因素的影响，如在学生的学习效果中的学习时间和学习方法。双因素方差分析就是专门研究这类问题常用的理论和方法。

通过本实训，学生可以理解双因素方差分析的基本概念、基本理论和方法，掌握使用统计软件进行双因素方差分析的技巧和过程，形成针对具体社会经济问题的双因素方差分析的数据处理和数据分析的基本能力。

二、实训原理

某些实践活动或者研究目的，需要考虑两个因素对试验结果的影响。双因素方差分析有两种类型：无交互作用的双因素方差分析和有交互作用的双因素方差分析。计算过程如下：

1. 无交互作用的双因素方差分析

所谓无交互作用，就是双因素方差分析的两个因素之间没有相互作用，并对因变量没有直接显著影响。

（1）离差平方和的分解。

$$SST = SSA + SSB + SSE$$

式中，SST 为总离差；SSA 为 A 因素的离差；SSB 为 B 因素的离差；SSE 为剩余离差或称随机离差。

（2）自由度的确定。

各个离差平方和 SST、SSA、SSB、SSE 的自由度为 $n-1$、$r-1$、$m-1$、$rm(l-1)$。

（3）计算方差。

由离差平方和除以自由度可以得到因素 A、因素 B、交互项 A&B 的方差：

$$MSA = \frac{SSA}{r-1}$$

$$MSB = \frac{SSB}{m-1}$$

$$MSE = \frac{SSE}{rm(l-1)}$$

（4）统计量。

$$F_A = \frac{MSA}{MSE}, \quad F_B = \frac{MSB}{MSE}$$

统计软件自动计算 F 统计量及相伴概率 sig。多数场合使用相伴概率进行决策：如果相伴概率小于显著性水平，拒绝原假设，A、B 因素对观测变量有显著影响；相反，如果相伴概率大于等于显著性水平，则不能拒绝原假设，A、B 因素对观测变量无显著影响。

2. 有交互作用的双因素方差分析

在方差分析的实践中，两个影响因素可能存在相互影响即交互作用，此时应进行有交互作用的双因素方差分析。

（1）离差平方和的分解。

$$SST = SSA + SSB + SSAB + SSE$$

（2）自由度的确定。

各个离差平方和 SST、SSA、SSB、SSAB、SSE 的自由度为 $n-1$、$r-1$、$m-1$、$(r-1)\cdot(m-1)$、$rm(l-1)$。

（3）计算方差。

在上述各个自由度基础上，即可得到各个离差的方差。由离差平方和除以自由度可以得到因素 A、因素 B、交互项 A&B 的方差：

$$MSA = \frac{SSA}{r-1}$$

$$MSB = \frac{SSB}{m-1}$$

$$MSAB = \frac{SSB}{(r-1)(m-1)}$$

$$MSE = \frac{SSE}{rm(l-1)}$$

(4) 统计量。

在计算了各个离差的方差基础上，将组间方差除以组内方差，即可得到各个影响因素及交互项的方差：

$$F_A = \frac{MSA}{MSE}$$

$$F_B = \frac{MSB}{MSE}$$

$$F_{AB} = \frac{MSAB}{MSE}$$

统计软件自动计算 F 统计量及相伴概率 sig。多数场合使用相伴概率进行决策：如果相伴概率小于显著性水平，拒绝原假设，A、B、AB 因素对观测变量有显著影响；相反，如果相伴概率大于等于显著性水平，则不能拒绝原假设，A、B、AB 因素对观测变量无显著影响。

3. 多重均值比较

与单因素方差分析类似，双因素方差分析也需要进行多重均值比较，以反映分类自变量下因变量的差异程度。

在多因素方差分析中，均值的多重比较可以从以下两个方面进行：

(1) 依据方差齐或异方差进行多重均值比较。

多重均值比较分为方差齐和异方差两种情形。在方差齐时，大多数选择 LSD 检验。

(2) 比较均值检验法。

将自变量（控制变量、分类变量）各个水平的均值与其他情形下的均值进行比较来进行检验。有以下类型（在二级对话框中，设置对照选项中下拉列表各选项的含义）：不比较（None）；差别比较（Deviation），控制变量的每个分类都与总体均值进行比较；简单比较（Simple），控制变量的每个分类都与参考分类进行比较差分比较。除第 1 类外，控制变量的每个分类都与其前所有分类的均值进行比较；与后面分类的比较（Helmert），除最后 1 类外，控制变量的每个分类都与后面所有分类的均值进行比较；重复比较（Repeated），除第 1 分类外，控制变量的每个分类都与其前的所有分类进行比较；多项式比较（Polynomial），它假设各分类间距相等，适用于数值型变量；用来指定参考分类（Reference Category）。

(3) LSD 检验法的基本过程。

与单因素方差分析类似，双因素方差分析的 LSD 检验也包括提出假设、计算统计量、确定临界值、给出检验结论等四个步骤。具体内容在此不再赘述。

三、实训问题

(1) 背景。

某制造企业生产一种日用消费品，由于技术先进、价格适中，深受消费者喜欢，市场表现一直很好。但近一段时间，部分销售机构尤其销售报表反馈的信息不容乐观，公司的产品销售受到其他公司同类产品的严峻挑战。公司市场部进行深入调研，发现公司的产品包装过于陈旧、销售方式不够灵活。

(2) 样本与变量。

市场部决定改变产品的包装方式，实行简单包装、中等包装、高级包装三种组合；销售方式实行直销、代销、渠道销售、网络销售四种组合。经过一段时间的运行，公司销售有了好转。市场部收集了1个月的营销数据，来检验促销效果。数据如表3-6-1所示。

表 3-6-1 双因素方差分析数据（单位：件）

包装方式	销售方式			
	直销	代销	渠道销售	网络销售
简单包装	550 550	532 521	536 541	555 553
中等包装	565 562	535 536	544 546	670 677
高级包装	673 678	540 539	650 658	685 688

试分析市场营销中的双因素即包装方式、销售方式对商品销售的影响是否显著；并为公司选择最佳的营销策略提供依据。

四、实训过程

1. 调出主菜单

在数据编辑窗口，依次单击分析/一般线性模式/单变量，调出多因素方差分析菜单并进入多因素方差分析主对话框。

2. 一级对话框的设计

（1）因变量：单击"销售量"，调入"因变量"列表框（见图3-6-1）。

（2）固定变量：单击"包装方式""销售方式"，调入固定因子列表框（见图3-6-1）。

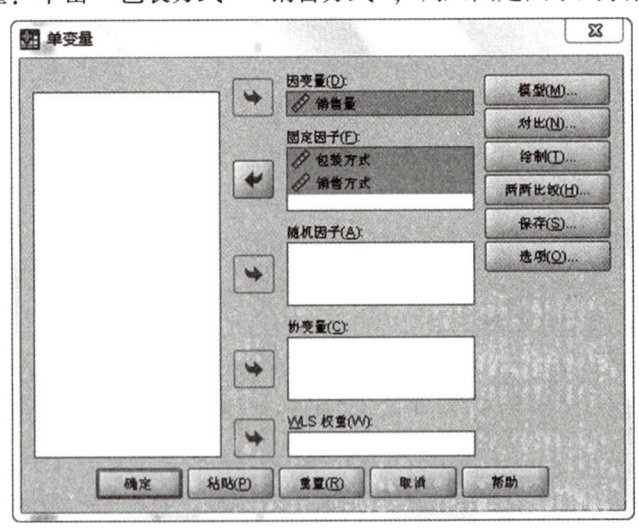

图 3-6-1 方差分析一级对话框设计

3. 二级对话框的设计

（1）模型选择（Model）。

模型包括全模型与自定义模型两种，暂按照默认选择处理（见图3-6-2）。

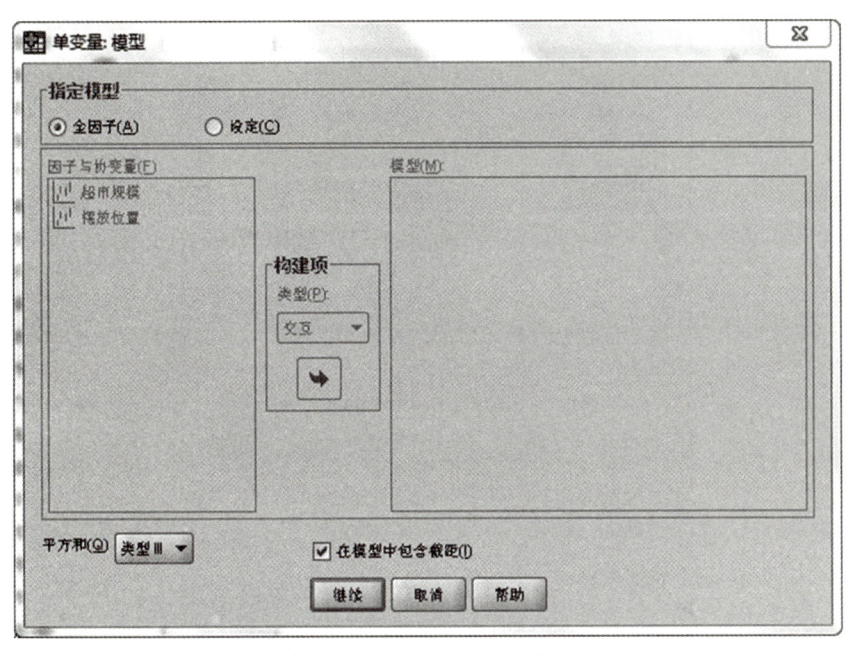

图 3-6-2　方差分析模型（全模型）设计

（2）多重比较分析。

在此指定多重比较方法，选择 LSD 法之后返回主界面（见图 3-6-3）。

图 3-6-3　方差分析 LSD 多重均值比较

（3）选项设置。在此设置输出选项，选择超市规模和摆放位置进入列表，选中"描述统计（D）"，再选中"方差齐性检验（H）"（见图 3-6-4）。

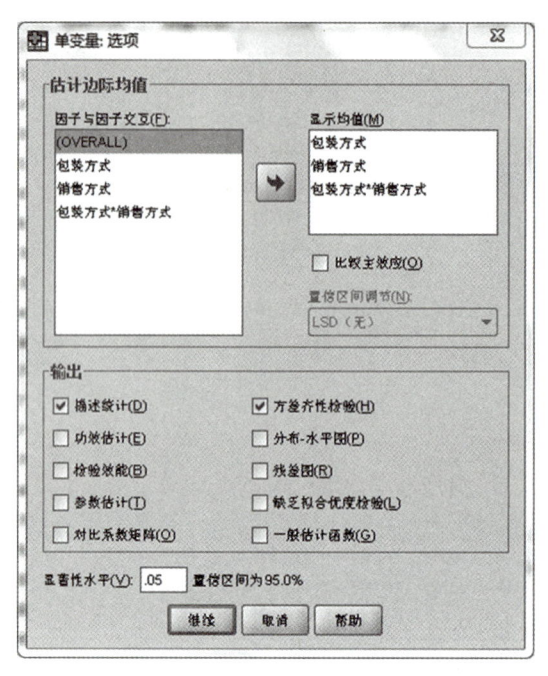

图 3-6-4　方差分析选项设计

4. 运行该程序

```
UNIANOVA 销售量 BY 包装方式 销售方式
    /METHOD=SSTYPE(3)
    /INTERCEPT=INCLUDE
    /POSTHOC=包装方式 销售方式(LSD)
    /EMMEANS=TABLES(包装方式)
    /EMMEANS=TABLES(销售方式)
    /EMMEANS=TABLES(包装方式*销售方式)
    /PRINT=HOMOGENEITY DESCRIPTIVE
    /CRITERIA=ALPHA(.05)
    /DESIGN=包装方式 销售方式 包装方式*销售方式.
```

五、实训结果

1. 方差齐性检验（见表 3-6-2）

表 3-6-2　方差齐性检验

F	df_1	df_2	sig.
.	11	12	.

检验零假设，即在所有组中因变量的误差方差均相等

a. 设计：截距 + 包装方式 + 销售方式 + 包装方式 * 销售方式

由上面的计算结果可知，在多因素方差分析中方差齐性。但是在实际工作中，这种检验往往价值可以忽略不做。

2. 描述统计分析（见表3-6-3）

表3-6-3 描述性统计量（因变量：销售量）

包装方式	销售方式	均值	标准偏差	N
简单包装	直销	552.50	3.536	2
	代销	526.50	7.778	2
	渠道销售	538.00	4.243	2
	网络销售	554.00	1.414	2
	总计	542.75	12.590	8
中等包装	直销	563.50	2.121	2
	代销	535.50	0.707	2
	渠道销售	545.00	1.414	2
	网络销售	673.50	4.950	2
	总计	579.38	59.122	8
高级包装	直销	675.50	3.536	2
	代销	539.50	0.707	2
	渠道销售	654.00	5.657	2
	网络销售	686.50	2.121	2
	总计	638.88	62.652	8
总计	直销	597.17	60.924	6
	代销	533.83	6.911	6
	渠道销售	579.00	58.268	6
	网络销售	638.00	65.373	6
	总计	587.00	62.801	24

根据表3-6-3，不同包装方式的销售量有较大不同，由简单包装、中等包装到高级包装，销售量呈现上升趋势。同时，由直销、代销、渠道销售到网络销售，销售量也有增加态势。具体差异是否具有统计意义还要看以下的分析和检验。

3. 方差分析表（见表3-6-4）

表3-6-4 主体间效应的检验（因变量：销售量）

源	Ⅲ型平方和	df	均方	F	sig.
校正模型	90 538.000[a]	11	8 230.727	567.636	0.000
截距	8 269 656.000	1	8 269 656.000	570 321.103	0.000
包装方式	37 657.750	2	18 828.875	1 298.543	0.000
销售方式	33 570.333	3	11 190.111	771.732	0.000

续表

源	Ⅲ型平方和	df	均方	F	sig.
包装方式 * 销售方式	19 309.917	6	3 218.319	221.953	0.000
误差	174.000	12	14.500		
总计	8 360 368.000	24			
校正的总计	90 712.000	23			

a. $R^2=0.998$（调整 $R^2=0.996$）

第 2 行显示对所用方差分析模型的检验结果 90 538.000，在数值上等于包装方式、销售方式以及二者的交互效应共同影响，是线性模型整体对销售额变差解释的部分，计算结果说明模型对销售额有一定的解释能力。

第 3 行为方差分析模型中常数项是否为 0 的检验，显然它在分析中无实际意义，一般可以忽略。同时，$R^2=0.998$，调整 $R^2=0.996$，说明该模型对数据的拟合程度比较理想，它们从另一个角度说明包装方式和销售方式对销售量产生了较大的影响。

第 4、5、6 行显示对主效应与交互效应进行的检验结果，显然包装方式、销售方式及其交互项的相伴概率均小于显著性水平 0.05，均拒绝原假设，表示对销售都有显著影响。

第 7 行显示其他因素（即误差项）对销售的影响。

4. 包装方式因素影响的比较分析（见表 3-6-5）

表 3-6-5　包装方式因素影响的比较分析（销售量 LSD）

（I）包装方式	（J）包装方式	均值差值（$I-J$）	标准误差	sig.	95% 置信区间 下限	95% 置信区间 上限
简单包装	中等包装	-36.63*	1.904	0.000	-40.77	-32.48
简单包装	高级包装	-96.13*	1.904	0.000	-100.27	-91.98
中等包装	简单包装	36.63*	1.904	0.000	32.48	40.77
中等包装	高级包装	-59.50*	1.904	0.000	-63.65	-55.35
高级包装	简单包装	96.13*	1.904	0.000	91.98	100.27
高级包装	中等包装	59.50*	1.904	0.000	55.35	63.65

基于观测到的均值。
误差项为均值方（错误）= 14.500
*. 均值差值在 0.05 级别上较显著

多重均值比较按照双因素分别进行。首先进行包装方式的多个比较。在简单包装、中等包装、高级包装之下的销售量，所有的相伴概率都小于显著性水平 0.05，拒绝原假设，说明包装方式因素对销售量具有显著影响。

5. 销售方式因素影响的比较分析（见表3-6-6）

表3-6-6 销售方式因素影响的比较分析（销售量LSD）

（I）销售方式	（J）销售方式	均值差值（I-J）	标准误差	sig.	95% 置信区间 下限	95% 置信区间 上限
直销	代销	63.33*	2.198	0.000	58.54	68.12
直销	渠道销售	18.17*	2.198	0.000	13.38	22.96
直销	网络销售	-40.83*	2.198	0.000	-45.62	-36.04
代销	直销	-63.33*	2.198	0.000	-68.12	-58.54
代销	渠道销售	-45.17*	2.198	0.000	-49.96	-40.38
代销	网络销售	-104.17*	2.198	0.000	-108.96	-99.38
渠道销售	直销	-18.17*	2.198	0.000	-22.96	-13.38
渠道销售	代销	45.17*	2.198	0.000	40.38	49.96
渠道销售	网络销售	-59.00*	2.198	0.000	-63.79	-54.21
网络销售	直销	40.83*	2.198	0.000	36.04	45.62
网络销售	代销	104.17*	2.198	0.000	99.38	108.96
网络销售	渠道销售	59.00*	2.198	0.000	54.21	63.79

基于观测到的均值。
误差项为均值方（错误）= 14.500
*. 均值差值在0.05级别上较显著

在直销、代销、渠道销售、网络销售之下的销售量的两两相互对比中，所有对比的相伴概率小于显著性水平0.05，都拒绝原假设，说明销售方式这个因素对销售量的影响显著。

6. 包装方式下销售量的均值折线图（见图3-6-5）

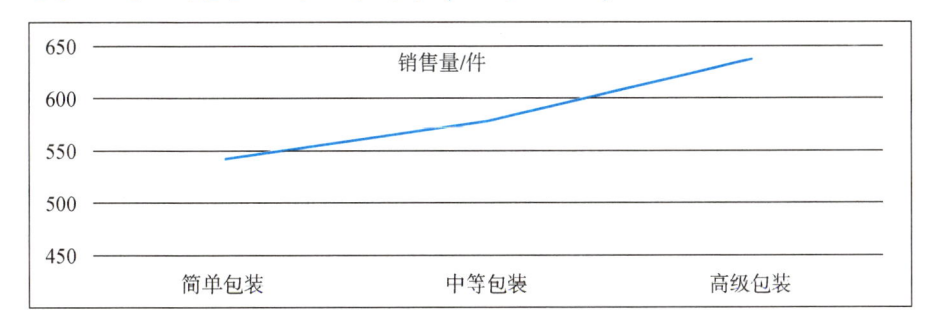

图3-6-5 包装方式下销售量的均值折线图

由图3-6-5可见，三种包装方式下的销售量差别非常显著，高级包装方式更加受到消费者喜欢，销售量也最大，促销效果也最为显著。

7. 销售方式下销售量的均值折线图（见图 3-6-6）

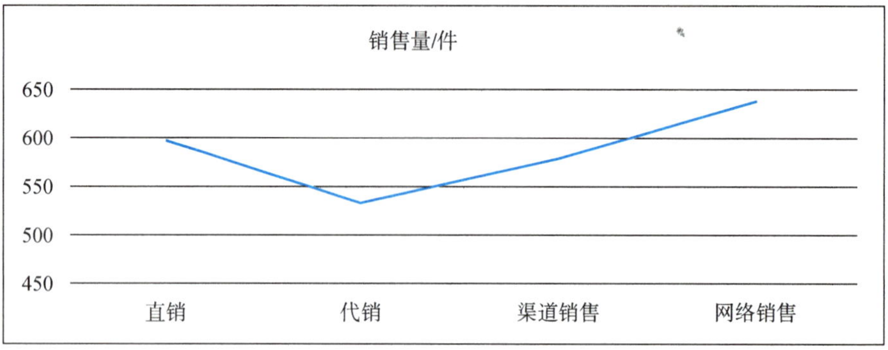

图 3-6-6　销售方式下销售量的均值折线图

由图 3-6-6 可见，四种销售方式下的销售量差别非常显著，网络销售方式更加受到消费者喜欢，销售量也最大，促销效果也最为显著。

实训 7　多元线性回归分析

一、实训目的

社会经济问题之间的关系，按照统计学理论包括函数关系和相关关系两种类型。社会经济现象之间关系当中，不确定性的相关关系非常普遍。利用现象间的相关关系，可以研究自变量对因变量的影响方向和影响程度。

通过本实训，学生可以理解多元线性回归分析基本理论，掌握使用统计软件进行多元线性回归分析的过程与方法，形成拟定研究问题、确定样本并收集数据、建立并检验模型多元线性回归分析模型有效性的基本能力。

二、实训原理

1. 相关关系

相关关系是指社会经济现象之间的不确定性关系，包括线性相关和非线性相关，单相关和复相关，高度相关、中等相关和低相关。当然，广义的相关关系还包括完全相关和 0 相关。相关关系的程度可以通过相关图来反映，量化的方法一般用相关系数表示。在多元先生回归分析中，相关分析是其基础和前提。一般程序是按照一定理论与实践拟定变量，然后使用相关关系理论测定相关程度，最后选择相关程度较高的变量作为自变量进行多元线性回归分析。

2. 多元线性回归模型

设因变量（解释变量）为 y，k 个自变量（解释变量）为 x。则多元线性回归模型为

$$y = \beta_0 + \beta_1 x_1 + \beta_2 x_2 + \cdots + \beta_k x_k + u$$

简化的模型形式 $Y = XB + U$，式中的各个变量都由矩阵形式表示。

3. 多元线性回归模型的理论假定

随机误差的期望值为零，随机误差项的方差相同，随机误差项服从正态分布。

4. 多元线性回归模型的参数估计

多元线性回归模型的参数采用最小二乘估计（OLS）。多元线性回归方程的参数估计与一元线性回归方程的参数估计原理一样，仍然可以采用普通最小平方法进行参数估计。根据微分极值原理，直接整理得到

$$\hat{B} = (X^T X)^{-1} X^T Y$$

5. 模型的有效性检验

多元线性回归模型有效性检验包括以下检验：

(1) 拟合优度检验（R 检验）。

①什么是拟合优度检验？

拟合优度是自变量与因变量之间的相关程度，也称为复可决系数，常用 R 方表示。该系数的取值范围为开区间 0~1，复可决系数越大，说明拟合程度越高，反之越低。

②拟合优度检验的方式方法。

拟合优度检验一般通过离差分解、在计算总离差中回归离差的占比来进行。由于与模型中的解释变量个数有关，即如果观测值不变，复可决系数将随解释变量的数目增大而增大，因而需进行调整。该检验的基础是各种类型的离差，因此进行拟合优度检验首先要进行离差的分解。

(2) 模型整体有效性检验（F 检验）。

模型整体有效性检验即 F 检验。其检验步骤为

①提出假设。

假设包括原假设和备选假设。

②计算统计量（F）。

计算统计量是关键。统计量的计算过程：进行离差分解，计算离差平方和，确定自由度包括组间离差、组内离差、总离差的自由度，计算方差包括组间方差和组内方差，计算统计量 F（等于组间方差除以组内方差）。

$$F = \frac{\text{MSA}}{\text{MSE}}$$

③确定临界值。

临界值包括绝对值形式和小概率相似。前者，在显著性水平基础上通过查表得到；后者一般直接使用显著性水平（0.01、0.05、0.10）直接得到。

④得出检验结论。

检验结论包括根据相伴概率得出和根据统计量得出两种类型：若统计量大于临界值，拒绝原假设，接受备择假设，则认为在显著性水平下，被解释变量（因变量）与解释变量（自变量）之间的线性关系显著即回归方程显著；否则，接受，则认为被解释变量（因变

量）与解释变量（自变量）之间的线性相关关系不显著，即回归方程不显著。实践中，也可以与显著性水平比较，做出决策。其判别标准是：当相伴概率大于显著性水平时，不能拒绝原假设；否则拒绝原假设。

（3）模型参数有效性检验（t 检验）。

模型参数即回归系数的显著性检验用 t 检验进行，是对个别参数的检验。t 检验的思路和步骤为：模型参数有效性实质是该模型参数所对应的自变量是否有效，当模型参数有效时该自变量有效，否则该自变量无效。

模型参数有效性检验的过程为：提出假设，计算统计量，拟定临界值，得出检验结论。其中，计算统计量是关键：

$$t_j = \frac{b_j}{\sqrt{\mathrm{Var}(b_j)}} \sim t(n-m)$$

此外，检验结论包括根据相伴概率和统计量两种类型：若统计量大于临界值，拒绝原假设，认为模式参数有效即该自变量有效；否则模式参数无效即该自变量无效。实践中，也可以根据相伴概率与显著性水平比较，做出决策。其判别标准是：当相伴概率大于显著性水平时，不能拒绝原假设；否则拒绝原假设。

（4）模型序列自相关检验（DW 检验）。

①什么是模型序列自相关？

所谓模型序列自相关，是指模型中的变量存在自身一阶、二阶或者多阶自身相关。模型序列自相关采用 DW 检验进行。

②模型序列自相关的危害。

研究问题若存在序列自相关，将产生严重后果：估计标准误差可能严重低估总体离差；样本方差可能严重低估总体方差；估计回归系数可能歪曲总体回归系数；通常的 F 检验和 t 检验的结果可能无效；据此做出的预测可能失效。

③模型序列自相关的原因。

产生序列自相关的原因可能是忽略了某些重要因素；样本规模偏小；错误地选择了模型参数的估计方法。补救措施包括重新研究自变量；检验数据的正确性；改变模型参数估计方法；扩大样本规模。

④模型自相关的 DW 检验方法。

自相关检验方法包括定性检验和定量检验两大类型，以定量检验为主。定量检验中，DW 检验方法更加常用。检验过程为：提出假设，计算 DW 统计量，确定临界值，得出检验结论。其中，计算统计量是关键环节。DW 检验的基本公式为

$$DW = \frac{\sum_{i=2}^{n}(e_i - e_{i-1})^2}{\sum_{i=1}^{n} e_i^2}$$

DW 取值在 0 与 4 之间。DW≈2（1−ρ），不存在序列自相关；DW = 4，残差序列为完全负自相关；DW =（2，4），残差序列为负自相关；DW = 2，残差序列无自相关；DW =（0，2），残差序列为正自相关；DW = 0，残差序列为完全正自相关。

（5）多重共线性检验（VIF 检验）。

①什么是多重共线性？

多元线性回归分析模型要求自变量与因变量之间具有较高的线性关系即较高的拟合优度。但是，许多时候自变量之间也存在某种相关关系。多重共线性是指自变量之间存在线性相关关系。

②多重共线性的表现。

多重共线性存在的原因较为多样，这也是复杂问题常见的一种现象，其表现形式主要有：整个模型的方差分析结果与各个自变量的回归系数的检验结果不一致；专业判断有统计学意义的自变量检验结果却无意义；自变量的系数或符号与实际情况严重不符等。

③多重共线性的检验方法。

与自相关检验类似，多重共线性检验同样包括定性检验和定量检验。

多重共线性的检验方法主要有容忍度和方差膨胀系数（Variance Inflation Factor，VIF）。其中最常用的是 VIF，计算公式为

$$\text{VIF} = \frac{1}{1 - R_i^2}$$

VIF 的取值范围为 1 到正无穷大。VIF 值越接近于 1，多重共线性越轻，反之越重。当超过 10 时，多重共线性非常严重。当多重共线性严重时，应采取适当的方法进行调整。

（6）其他检验。

除了上述检验，还有特异值检验、正态性检验以及方差齐性检验等。在此不再一一详细阐述。

6. 自变量进入模型的方法

在进行多元回归分析时，需要选择解释变量。目前常用的四种方法包括前进法、后退法、逐步回归法以及强行进入法。

三、实训问题

1. 背景

客户满意度是对企业提供的产品或服务满足客户情况的反馈，是权衡客户满意度水平的数量指标。从客户满意理念的角度来看，客户满意度是指客户对企业的产品满意、服务满意、理念满意。客户满意度不是一个绝对的静止的指标，它因人而异，也会随时间、地点的变化而变化。从本质上讲，客户客满意度是将客户满意这一主观感知的量化。研究目的为获取银行客户满意度的一手数据，了解消费者的满意度现状；通过实地调查，获取银行客户满意度的一手数据，为本次调查分析提供数据支持，对所收集的数据进行整理分析，了解客户满意度现状。

2. 样本与变量

本实训中，因变量为银行总体满意度 y，自变量分别为银行品牌形象和知名度 x_1，业务种类齐全程度 x_2，理财产品的多样性 x_3，理财产品或信用卡办理的便捷程度 x_4，银行工作人员服务态度 x_5，银行人员办理业务的效率 x_6，银行收取手续费的合理程度 x_7，银行营业环境 x_8，银行或 ATM 位置便利性 x_9（见表 3-7-1）。

表 3-7-1　银行客户满意度调查数据表

t	y	x_1	x_2	x_3	x_4	x_5	x_6	x_7	x_8	x_9
1	2	3	3	2	2	2	1	2	3	2
2	3	4	4	3	3	4	4	3	5	2
3	4	4	5	5	3	3	4	3	3	3
4	2	3	2	2	2	3	1	4	3	3
5	2	3	3	3	1	1	3	2	2	4
6	3	3	3	3	3	2	2	2	2	3
7	1	4	2	2	2	3	1	1	2	1
8	4	5	4	4	4	3	1	4	2	4
9	3	3	3	3	3	4	2	2	3	3
10	2	3	3	3	2	2	2	3	2	3
11	3	3	2	2	3	3	3	4	4	2
12	2	3	2	3	2	2	2	3	4	2
13	2	4	4	3	2	3	2	3	3	1
14	2	2	4	4	2	2	2	1	4	3
15	1	3	4	4	3	2	3	3	3	2
16	2	4	4	3	2	3	3	3	3	3
17	2	3	3	3	2	2	2	3	3	3
18	2	3	2	2	3	3	3	4	4	2
19	2	3	2	3	2	2	2	3	4	2
20	3	4	4	3	3	2	2	3	3	1
21	5	4	4	4	3	3	5	5	4	3
22	2	3	3	3	1	1	3	2	2	4
23	2	3	3	3	3	2	2	2	2	3
24	1	4	2	2	2	3	1	1	2	1
25	3	5	4	4	4	3	1	4	2	4
26	3	3	3	3	3	4	2	2	3	3
27	2	3	3	3	2	2	2	3	2	3
28	2	3	2	2	3	3	3	4	4	2
29	5	4	4	5	4	5	3	3	3	4
30	3	5	4	4	4	3	1	4	2	4
31	3	3	3	3	3	4	2	2	3	3
32	2	3	3	3	2	2	2	3	2	3

续表

t	y	x_1	x_2	x_3	x_4	x_5	x_6	x_7	x_8	x_9
33	3	3	2	2	3	3	3	4	4	2
34	4	4	4	5	4	5	3	3	3	4
35	5	4	4	5	4	5	3	3	3	4
36	5	4	4	5	4	5	3	3	3	4
37	1	2	4	4	2	2	2	1	4	3
38	2	3	4	4	3	2	3	3	3	2
39	3	4	4	3	2	3	3	3	3	3
40	2	3	3	3	2	2	2	3	2	3
41	2	3	2	2	3	3	3	4	4	2
42	2	3	2	3	2	2	2	3	4	2
43	3	4	4	3	3	2	2	3	3	1
44	3	4	4	4	3	3	5	5	4	3
45	2	3	3	3	1	1	3	2	2	4
46	2	3	3	3	3	2	2	2	2	3
47	3	4	2	2	2	3	1	1	2	1
48	2	3	2	3	2	2	2	3	4	2
49	3	4	4	3	3	2	2	3	3	1
50	4	4	4	4	3	3	5	5	4	3
51	2	3	3	3	1	1	3	2	2	4
52	3	3	3	3	3	2	2	2	2	3
53	1	4	2	2	2	3	1	1	2	1
54	2	3	2	3	1	3	2	3	4	3
55	3	3	2	3	1	3	2	3	4	3
56	3	3	2	3	1	3	2	3	4	3
57	3	4	5	5	4	3	3	2	3	4
58	3	2	4	4	2	2	2	1	4	3
59	3	3	4	4	3	2	3	3	3	2
60	3	4	4	3	2	3	3	3	3	3
61	2	3	3	3	2	2	2	3	2	3
62	3	3	2	2	3	3	3	4	4	2
63	3	3	2	3	2	2	2	3	4	2
64	3	4	4	3	3	2	2	3	3	1

续表

t	y	x_1	x_2	x_3	x_4	x_5	x_6	x_7	x_8	x_9
65	4	4	4	4	3	3	5	5	4	3
66	3	4	5	5	3	3	4	3	3	3
67	1	3	2	2	2	3	1	4	3	3
68	2	3	3	3	1	1	3	2	2	4
69	2	3	2	2	3	3	3	4	4	2
70	2	4	4	5	4	5	3	3	3	4
71	4	4	4	5	4	5	3	3	3	4
72	4	4	4	5	4	5	3	3	3	4
73	3	2	4	4	2	2	2	1	4	3
74	3	3	4	4	3	2	3	3	3	2
75	3	4	4	3	2	3	3	3	3	3
76	2	3	3	3	2	2	2	3	2	3
77	2	3	2	2	3	3	3	4	4	2
78	2	3	2	3	2	2	2	3	4	2
79	3	4	4	3	3	2	2	3	3	1
80	4	4	4	4	3	3	5	5	4	3
81	1	3	3	3	1	1	3	2	2	4
82	2	3	3	3	3	2	2	2	2	3
83	1	4	2	2	2	3	1	1	2	1
84	2	3	2	3	2	2	2	3	4	2
85	2	4	4	3	3	2	2	3	3	1
86	3	4	4	4	3	3	5	5	4	3
87	2	3	3	3	1	1	3	2	2	4
88	2	3	3	3	3	2	2	2	2	3
89	1	4	2	2	2	3	1	1	2	1
90	2	3	2	3	1	3	2	3	4	3
91	2	3	2	3	1	3	2	3	4	3
92	3	3	2	3	1	3	2	3	4	3
93	3	4	5	5	4	3	3	2	3	4
94	3	2	4	4	2	2	2	1	4	3
95	2	3	3	3	2	2	2	3	2	3
96	3	3	2	2	3	3	3	4	4	2

续表

t	y	x_1	x_2	x_3	x_4	x_5	x_6	x_7	x_8	x_9
97	2	3	2	3	2	2	2	3	4	2
98	3	4	4	3	3	2	2	3	3	1
99	3	4	4	4	3	3	5	5	4	3
100	1	3	3	3	1	1	3	2	2	4
101	2	3	3	3	3	2	2	2	2	3
102	1	4	2	2	2	3	1	1	2	1
103	2	3	2	3	2	2	2	3	4	2
104	3	4	4	3	3	2	2	3	3	1
105	5	4	4	4	3	3	5	5	4	3
106	2	3	3	3	1	1	3	2	2	4
107	2	3	3	3	3	2	2	2	2	3
108	1	4	2	2	2	3	1	1	2	1
109	2	3	2	3	1	3	2	3	4	3
110	2	3	2	3	1	3	2	3	4	3
111	2	3	2	3	1	3	2	3	4	3
112	4	4	5	5	4	3	3	2	3	4
113	3	2	4	4	2	2	2	1	4	3
114	4	3	4	4	3	2	3	3	3	2
115	4	4	4	3	2	3	3	3	3	3
116	3	3	3	3	2	2	2	3	2	3
117	3	3	2	2	3	3	3	4	4	2
118	3	3	2	3	2	2	2	3	4	2
119	3	4	4	3	3	2	2	3	3	1
120	4	4	4	4	3	3	5	5	4	3
121	4	4	5	5	3	3	4	3	3	3
122	2	3	2	2	2	3	1	4	3	3
123	2	3	3	3	1	1	3	2	2	4
124	2	3	2	2	3	3	3	4	4	2
125	5	4	4	5	4	5	3	3	3	4
126	2	3	3	3	2	1	1	3	4	3
127	3	3	2	2	2	3	1	4	3	3
128	2	3	3	3	1	1	3	2	2	4

续表

t	y	x_1	x_2	x_3	x_4	x_5	x_6	x_7	x_8	x_9
129	3	3	3	3	3	2	2	2	2	3
130	2	4	2	2	2	3	1	1	2	1
131	4	5	4	4	4	3	1	4	2	4
132	3	3	2	2	2	3	1	4	3	3
133	2	3	3	3	1	1	3	2	2	4
134	3	3	3	3	3	2	2	2	2	3
135	1	4	2	2	2	3	1	1	2	1
136	4	5	4	4	4	3	1	4	2	4
137	3	3	2	3	2	2	2	3	4	2
138	3	4	4	3	3	2	2	3	3	1
139	5	4	4	4	3	3	5	5	4	3
140	5	4	5	5	3	3	4	3	3	3
141	3	3	2	2	2	3	1	4	3	3
142	2	3	3	3	1	1	3	2	2	4
143	3	3	2	2	3	3	3	4	4	2
144	4	4	4	5	4	5	3	3	3	4
145	3	3	3	3	2	1	1	3	4	3
146	3	3	2	3	2	2	2	3	4	2
147	3	4	4	3	3	2	2	3	3	1
148	4	4	4	4	3	3	5	5	4	3
149	4	4	5	5	3	3	4	3	3	3
150	3	3	2	2	2	3	1	4	3	3
151	3	3	3	3	1	1	3	2	2	4
152	3	3	2	2	3	3	3	4	4	2
153	3	4	4	5	4	5	3	3	3	4
154	2	3	3	3	2	1	1	3	4	3
155	3	4	4	4	3	3	5	5	4	3
156	3	3	3	3	1	1	3	2	2	4
157	2	3	3	3	3	2	2	2	2	3
158	2	4	2	2	2	3	1	1	2	1
159	3	3	2	3	2	2	2	3	4	2
160	3	4	4	3	3	2	2	3	3	1

续表

t	y	x_1	x_2	x_3	x_4	x_5	x_6	x_7	x_8	x_9
161	4	4	4	4	3	3	5	5	4	3
162	3	3	3	3	1	1	3	2	2	4
163	3	3	3	3	3	2	2	2	2	3
164	3	4	2	2	2	3	1	1	2	1
165	3	3	2	3	1	3	2	3	4	3
166	2	3	2	3	1	3	2	3	4	3
167	2	3	2	3	1	3	2	3	4	3
168	4	4	5	5	4	3	3	2	3	4
169	3	2	4	4	2	2	2	1	4	3
170	2	3	3	3	2	2	2	3	2	3
171	2	3	2	2	3	3	3	4	4	2
172	2	3	2	3	2	2	2	3	4	2
173	3	4	4	3	3	2	2	3	3	1
174	3	4	4	4	3	3	5	5	4	3
175	3	4	4	4	3	3	5	5	4	3
176	2	3	3	3	1	1	3	2	2	4
177	2	3	3	3	3	2	2	2	2	3
178	2	4	2	2	2	3	1	1	2	1
179	3	3	2	3	2	2	2	3	4	2
180	3	4	4	3	3	2	2	3	3	1
181	4	4	4	4	3	3	5	5	4	3
182	2	3	3	3	1	1	3	2	2	4
183	2	3	3	3	3	2	2	2	2	3
184	2	4	2	2	2	3	1	1	2	1
185	3	3	2	3	1	3	2	3	4	3
186	3	3	2	3	1	3	2	3	4	3
187	3	3	2	3	1	3	2	3	4	3
188	4	4	5	5	4	3	3	2	3	4
189	3	2	4	4	2	2	2	1	4	3
190	2	3	3	3	2	2	2	3	2	3
191	3	3	2	2	3	3	3	4	4	2
192	2	3	2	3	2	2	2	3	4	2

续表

t	y	x_1	x_2	x_3	x_4	x_5	x_6	x_7	x_8	x_9
193	3	4	4	3	3	2	2	3	3	1
194	4	4	4	4	3	3	5	5	4	3
195	4	4	4	5	3	3	4	3	2	3
196	2	3	2	3	1	3	2	3	4	3
197	3	4	5	5	4	3	3	2	3	4
198	2	2	4	4	2	2	2	1	4	3
199	3	4	5	5	4	3	3	2	3	4
200	2	3	3	3	1	1	3	2	2	4
201	2	3	3	3	3	2	2	2	2	3
202	2	4	2	2	2	3	1	1	2	1
203	2	3	2	3	2	2	2	3	4	2
204	3	4	4	3	3	2	2	3	3	1
205	3	4	4	4	3	3	5	5	4	3
206	1	3	3	3	1	1	3	2	2	4
207	2	3	3	3	3	2	2	2	2	3
208	1	4	2	2	2	3	1	1	2	1
209	1	3	3	3	1	1	3	2	2	4
210	2	3	3	3	3	2	2	2	2	3
211	1	4	2	2	2	3	1	1	2	1
212	2	3	2	3	2	2	2	3	4	2
213	3	4	4	3	3	2	2	3	3	1
214	4	4	4	4	3	3	5	5	4	3
215	3	3	3	3	1	1	3	2	2	4
216	3	3	3	3	3	2	2	2	2	3
217	2	4	2	2	2	3	1	1	2	1
218	2	4	2	2	2	3	1	1	2	1
219	3	5	4	4	4	3	1	4	2	4
220	3	3	2	3	2	2	2	3	4	2
221	3	4	4	3	3	2	2	3	3	1
222	4	4	4	4	3	3	5	5	4	3
223	4	4	5	5	3	3	4	3	3	3
224	2	3	2	2	2	3	1	4	3	3

续表

t	y	x_1	x_2	x_3	x_4	x_5	x_6	x_7	x_8	x_9
225	2	3	3	3	1	1	3	2	2	4
226	3	3	2	2	3	3	3	4	4	2
227	3	4	4	5	4	5	3	3	3	4
228	3	3	3	3	2	1	1	3	4	3
229	3	3	2	3	2	2	2	3	4	2
230	3	4	4	3	3	2	2	3	3	1
231	4	4	4	4	3	3	5	5	4	3
232	4	4	5	5	3	3	4	3	3	3
233	3	3	2	2	2	3	1	4	3	3
234	3	4	4	4	3	3	5	5	4	3
235	3	3	3	3	1	1	3	2	2	4
236	3	3	3	3	3	2	2	2	2	3
237	3	4	2	2	2	3	1	1	2	1
238	2	3	2	3	2	2	2	3	4	2
239	3	4	4	3	3	2	2	3	3	1
240	5	4	4	4	3	3	5	5	4	3
241	2	3	3	3	1	1	3	2	2	4
242	2	3	3	3	3	2	2	2	2	3
243	2	4	2	2	2	3	1	1	2	1
244	3	3	2	3	1	3	2	3	4	3
245	3	3	2	3	1	3	2	3	4	3
246	3	3	2	3	1	3	2	3	4	3
247	4	4	5	5	4	3	3	2	3	4
248	2	2	4	4	2	2	2	1	4	3
249	2	3	3	3	2	2	2	3	2	3
250	2	3	2	2	3	3	3	4	4	2
251	2	3	2	3	2	2	2	3	4	2
252	4	4	4	4	3	3	5	5	4	3
253	3	3	3	3	1	1	3	2	2	4
254	3	3	3	3	3	2	2	2	2	3
255	2	4	2	2	2	3	1	1	2	1
256	2	3	2	3	2	2	2	3	4	2

续表

t	y	x_1	x_2	x_3	x_4	x_5	x_6	x_7	x_8	x_9
257	3	4	4	3	3	2	2	3	3	1
258	5	4	4	4	3	3	5	5	4	3
259	3	3	3	3	1	1	3	2	2	4
260	3	3	3	3	3	2	2	2	2	3
261	3	4	2	2	2	3	1	1	2	1
262	3	3	2	3	1	3	2	3	4	3
263	3	3	2	3	1	3	2	3	4	3
264	3	3	2	3	1	3	2	3	4	3
265	4	4	5	5	4	3	3	2	3	4
266	3	2	4	4	2	2	2	1	4	3
267	3	3	3	3	2	2	2	3	2	3
268	3	3	2	2	3	3	3	4	4	2
269	2	3	2	3	2	2	2	3	4	2
270	2	3	3	3	1	1	3	2	2	4
271	3	3	3	3	3	2	2	2	2	3
272	3	4	2	2	2	3	1	1	2	1
273	2	3	2	3	1	3	2	3	4	3
274	3	3	2	3	1	3	2	3	4	3
275	3	3	2	3	1	3	2	3	4	3
276	3	4	5	5	4	3	3	2	3	4
277	2	3	3	3	1	1	3	2	2	4
278	2	3	3	3	3	2	2	2	2	3
279	2	4	2	2	2	3	1	1	2	1
280	2	3	2	3	1	3	2	3	4	3
281	3	3	2	3	1	3	2	3	4	3
282	3	3	2	3	1	3	2	3	4	3
283	3	4	5	5	4	3	3	2	3	4
284	2	3	2	3	2	2	2	3	4	2
285	3	4	4	3	3	2	2	3	3	1
286	3	4	4	4	3	3	5	5	4	3
287	3	4	4	4	3	3	5	5	4	3
288	2	3	3	3	1	1	3	2	2	4

续表

t	y	x_1	x_2	x_3	x_4	x_5	x_6	x_7	x_8	x_9
289	3	3	3	3	3	2	2	2	2	3
290	3	4	2	2	2	3	1	1	2	1
291	3	3	2	3	2	2	2	3	4	2
292	3	4	4	3	3	2	2	3	3	1
293	3	4	4	4	3	3	5	5	4	3
294	3	4	4	4	3	3	5	5	4	3
295	3	3	3	3	1	1	3	2	2	4
296	3	3	3	3	3	2	2	2	2	3
297	2	4	2	2	2	3	1	1	2	1
298	4	4	4	4	3	3	5	5	4	3
299	2	3	3	3	1	1	3	2	2	4
300	2	4	2	2	2	3	1	1	2	1

数据来源：银行市场开发部

四、实训过程

1. 调出多元线性回归分析主程序

分析→回归→线性回归。

2. 主对话框的设计

（1）选择"y"调入"因变量"框，选择"$x_1 \sim x_9$"调入"自变量"框。

（2）选择自变量进入模型的方法，选择强行进入法；在本级对话框中，如"选择变量""个案标签"等一般不需设置（见图3-7-1）。

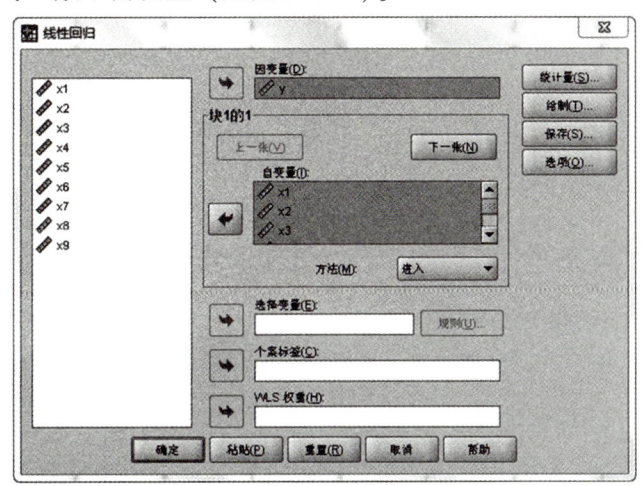

图3-7-1　多元线性回归主对话框设计

3. 二级对话框的设计

(1) 单击"统计量"按钮进入"线性回归：统计量"二级对话框（见图 3-7-2），选择输出模型参数及 t 检验，输出 F 检验与 R 检验，进行多重共线性检验，进行序列自相关检验。之后返回上级对话框。

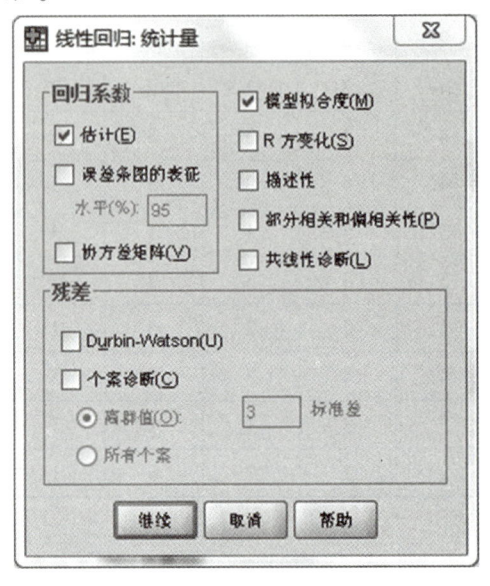

图 3-7-2　线性回归：统计量设计

(2) 单击"绘制"按钮进入"线性回归：图"二级对话框（见图 3-7-3），选择做正态概率图（Normal Probability），单击"ZPRED"进入"Y"轴、"ZRESID"进入"X"轴（做方差齐性检验），之后返回上级对话框。

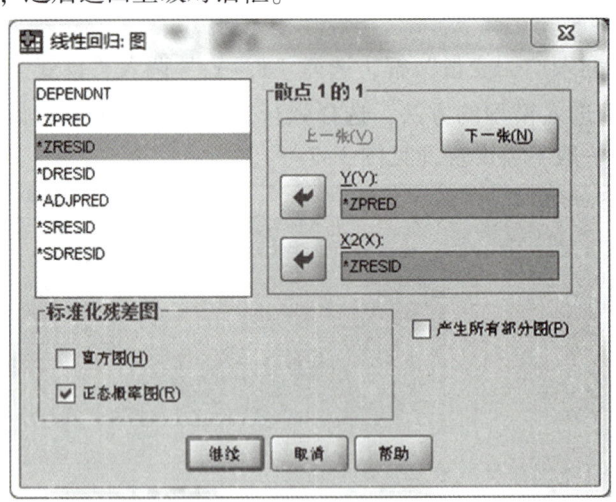

图 3-7-3　线性回归：图设计

(3) 单击"保存"按钮进入"线性回归：保存"二级对话框（见图 3-7-4），主要选择"标准化"预测值、"学生化"残差、"删除"残差、"Cook 距离"、"均值"与"单值"预测区间。之后返回上级对话框。

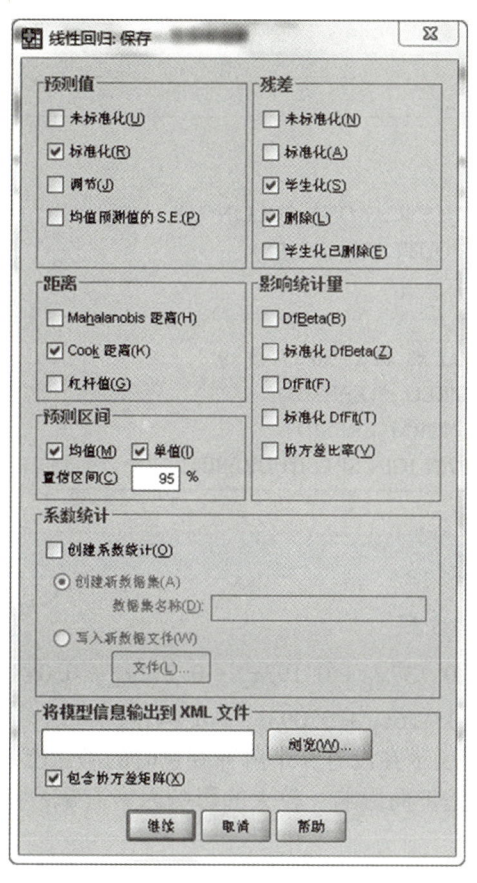

图 3-7-4　线性回归：保存设计

（4）单击"选项"按钮进入"线性回归：选项"二级对话框（见图 3-7-5），查看自变量进入模型或被剔除出模型的条件（也可修改软件给定的条件）。

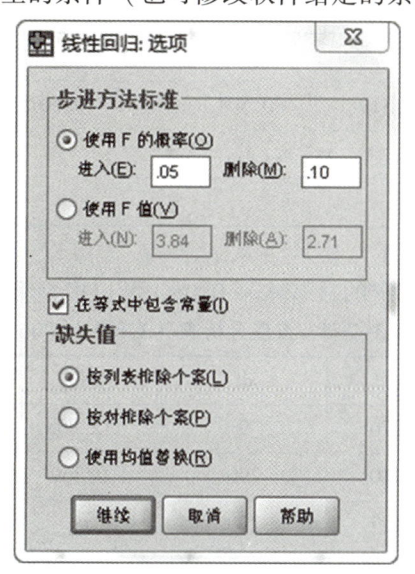

图 3-7-5　线性回归：选项设计

4. 运行该程序

附：运行程序

```
REGRESSION
  /MISSING LISTWISE
  /STATISTICS COEFF OUTS R ANOVA COLLIN TOL
  /CRITERIA=PIN(.05) POUT(.10) CIN(95)
  /NOORIGIN
  /DEPENDENT y
  /METHOD=ENTER x1 x2 x3 x4 x5 x6 x7 x8 x9
  /SCATTERPLOT=(* ZPRED ,* ZRESID)
  /RESIDUALS DURBIN NORM(ZRESID)
  /SAVE PRED COOK MCIN ICIN SRESID DRESID.
```

五、实训结果

1. 写出多元线性回归方程

$$\hat{y} = -0.483 + 0.137x_1 + 0.193x_2 + 0.212x_3 + 0.048x_4 + 0.177x_5 + 0.028x_6 + 0.156x_7 + 0.093x_8 + 0.041x_9$$

模型中常数项 -0.483 表示在没有9个解释变量时的满意度。所有系数都大于0，表示各个影响因素对满意度都是正向影响。较大的影响因素有 x_2、x_3、x_5，较小的影响因素有 x_4、x_6、x_8、x_9。

2. 模型有效性的检验

（1）拟合优度（R）检验与序列自相关（DW）检验。从表3-7-2可以发现，变量之间的可拟程度较高，可以据此进行回归分析；序列自相关基本不存在，模型有效。

表3-7-2 模型汇总 b

模型	R	R^2	调整 R^2	标准估计的误差	Durbin-Watson
1	0.720[a]	0.519	0.504	0.607	1.438

a. 预测变量：（常量）x_9, x_5, x_8, x_2, x_7, x_6, x_4, x_1, x_3

b. 因变量：y

（2）模型整体有效性（F）检验。从表3-7-3可以发现，F统计量非常大，达到34.744，相伴概率 sig 小于给定的显著水平0.05，所以模型整体有效。

表3-7-3 方差分析表（ANOVA（b））

模型		平方和	df	均方	F	sig.
1	回归	115.276	9	12.808	34.744	0.000[a]
	残差	106.910	290	0.369		
	总计	222.187	299			

a. 预测变量：（常量）x_9, x_5, x_8, x_2, x_7, x_6, x_4, x_1, x_3

b. 因变量：y

（3）回归系数有效性与多重共线性（t）检验及（VIF）检验。从回归系数的相伴概率来看，sig 多数小于 0.05，故选择的自变量基本有效，常数项的略大，但可以忽略不计。多重共线性检验中 VIF 都小于 10，说明自变量之间的多重共线性很轻（见表 3-7-4）。

表 3-7-4　系数（Coefficients（a））

模型		非标准化系数		标准系数	t	sig.	共线性统计量	
		B	标准误差	试用版			容差	VIF
1	（常量）	-0.483	0.400		-1.206	0.229		
	x_1	0.137	0.107	0.094	1.276	0.203	0.304	3.285
	x_2	0.193	0.093	0.214	2.080	0.038	0.157	6.375
	x_3	0.212	0.110	0.210	1.931	0.054	0.140	7.134
	x_4	0.048	0.069	0.051	0.700	0.484	0.319	3.133
	x_5	0.177	0.066	0.176	2.676	0.008	0.383	2.610
	x_6	0.028	0.052	0.037	0.551	0.582	0.377	2.653
	x_7	0.156	0.060	0.202	2.587	0.010	0.272	3.675
	x_8	0.093	0.080	0.094	1.169	0.243	0.255	3.922
	x_9	0.041	0.067	0.047	1.614	0.540	0.287	3.484

a. 因变量：y

（4）异常值检验。

根据"删除"残差、"学生化"残差、"Cook 距离"，原始数据中没有异常值。

（5）正态性检验与方差齐性检验。

根据 P-P 概率图，可以发现模型基本服从正态分布；在由标准化预测值与标准化残差组成的残差散点图中，25 个散点有 24 个落在由 ±2 组成的区域横轴附近且没有周期特点，因此满足方差齐性的条件（见图 3-7-6）。

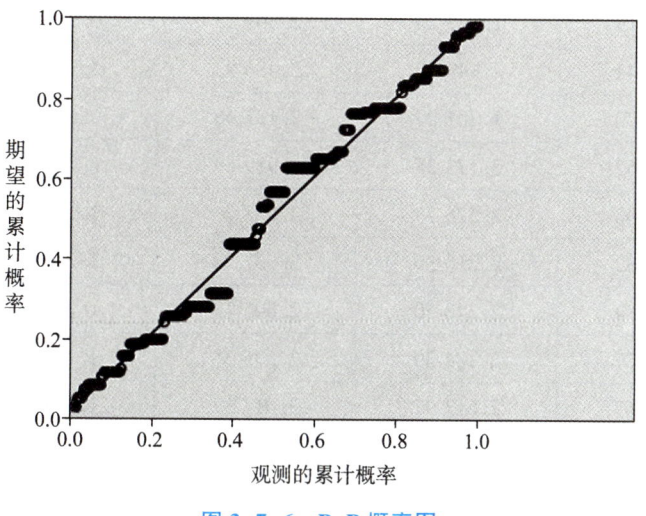

图 3-7-6　P-P 概率图

至此，模型有效性检验结束。一系列检验，证明该模型是有效的，是可以应用的（见图 3-7-7）。

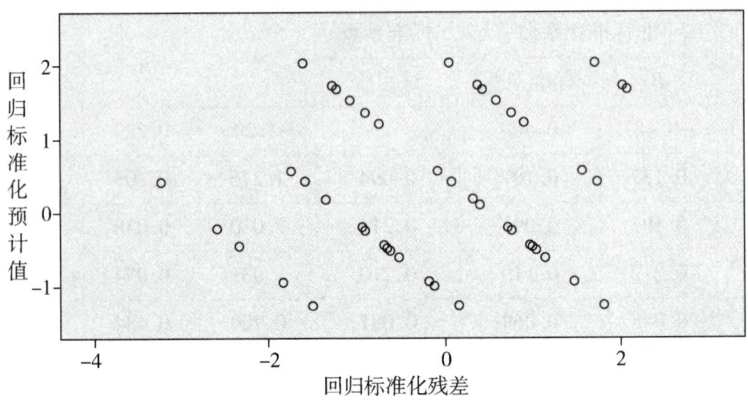

散点图
因变量：y

图 3-7-7　P-P 概率图

3. 预测值

预测结果如表 3-7-5 所示。

表 3-7-5　预测结果

样本	点预测值	y 期望值预测区间下限	y 期望值预测区间上限	y 值预测区间下限	y 值预测区间上限
1	2.082 15	1.843 80	2.320 50	0.863 59	3.300 71
2	3.453 34	3.043 73	3.862 95	2.190 07	4.716 61
3	3.748 46	3.534 63	3.962 28	2.534 46	4.962 46
4	2.419 59	2.154 85	2.684 33	1.195 60	3.643 59
5	2.115 19	1.922 24	2.308 13	0.904 69	3.325 68
6	2.318 44	2.149 96	2.486 93	1.111 60	3.525 28
7	1.911 70	1.701 94	2.121 46	0.698 41	3.124 99
8	3.546 52	3.173 35	3.919 69	2.294 59	4.798 45
9	2.765 00	2.526 73	3.003 26	1.546 46	3.983 54
10	2.426 82	2.216 39	2.637 24	1.213 41	3.640 22
11	2.576 84	2.348 50	2.805 17	1.360 20	3.793 47
12	2.379 87	2.184 39	2.575 35	1.168 97	3.590 77
13	2.815 67	2.613 97	3.017 37	1.603 75	4.027 60
14	2.569 56	2.279 25	2.859 87	1.339 78	3.799 34
15	2.960 86	2.713 49	3.208 24	1.740 51	4.181 22
16	3.054 51	2.793 86	3.315 15	1.831 39	4.277 62

续表

样本	点预测值	y 期望值预测区间下限	y 期望值预测区间上限	y 值预测区间下限	y 值预测区间上限
17	2.426 82	2.216 39	2.637 24	1.213 41	3.640 22
18	2.576 84	2.348 50	2.805 17	1.360 20	3.793 47
19	2.379 87	2.184 39	2.575 35	1.168 97	3.590 77
20	2.815 67	2.613 97	3.017 37	1.603 75	4.027 60

4. 实训小结

（1）按照模型参数，自变量对因变量的影响程度分为 2 类：x_2、x_3、x_5 影响程度较大，x_4、x_6、x_8、x_9 影响程度较小。

（2）DW 检验本软件不能直接给出结论，还需要借助其他手段完成检验。

（3）对于研究问题的选择也很重要。一方面要注意选择的自变量，另一方面要注意样本规模。

（4）对于模型的应用也要慎重。

（5）模型检验若未通过，原因的查找与再检验是十分必要的。

实训 8　统计质量控制

一、实训目的

ISO 质量管理，需要统计理论与统计技术加以保障，期间重要的方法就是质量控制图。质量控制图在社会经济组织过程的均衡性、稳定性、可控性等方面作用显著。质量控制图技术是利用统计理论和统计软件进行质量控制的重要手段和方法。

通过本实训，学生可以了解质量控制基本理论和方法，熟悉质量控制图类型，掌握统计软件的质量控制图技术和研读，能够独立进行某种产品或者服务的统计质量管理，形成针对具体社会经济质量问题的统计质量控制图技术的数据处理与数据分析的基本能力。

二、实训原理

1. 质量的含义

国际标准化组织将质量定义为：产品的一组固有特性满足要求的程度，由技术特性、安全特性、时间特性、心理特性、社会特性等五个方面组成；或者魅力特性、必须特性、线性特性。质量管理实践中，质量主要受到人、机、料、法、环五大因素影响，具有动态特性。

2. 统计质量控制相关理论

统计质量控制理论主要包括鱼刺图技术、帕累图技术、质量控制图技术、过程能力技术。其中，质量控制图技术最为常用和复杂。1924 年美国贝尔实验室休哈特博士发明质量控制图，其理论基础是小概率事件原理。质量控制图主要由中心线、上控制限、下控制限、横轴及纵轴等 5 部分组成。主要理论有概率基础、均值理论、极差理论、估计理论、抽样理论、调查理论等。常有以下两大类型：

（1）计量值控制图。

计量值控制图包括单值控制图和中位数控制图。计量值控制图以连续型变量为控制对象，是使用连续型变量进行测量、计算、绘制而成的质量控制图。

（2）计数值控制图。

计数值控制图包括不良品数控制图、不良品率控制图、缺陷数控制图和单位缺陷数控制图。计数值控制图以频数为控制对象，是使用频数型变量进行测量、计算、绘制而成的质量控制图。

3. 实施统计质量控制企业应具备的条件

（1）企业实施 ISO 国际标准化制度。
（2）企业统计制度健全、规范，质量管理基础工作扎实。
（3）企业生产经营过程稳定、均衡、可控、正常。
（4）企业质量管理机构健全，人员编制、员工素质、工作岗位、管理制度到位。

4. 统计质量管理结论研判准则

统计质量管理研判主要依据是质量控制图。研判基础主要是"点子"的位置及分布规律。质量工作存在问题的具体情形有：

（1）点子超出控制限，包括上控制限或者下控制限。
（2）点子接近控制限，范围是 3δ 以内、2δ 以外区域。包括连续 3 个点子中至少有 2 个点子接近控制限，连续 7 个点子中至少有 3 个点子接近控制限，连续 10 个点子中至少有 4 个点子接近控制限。
（3）点子排列形成"链状"，指点子过多地在中心线一侧出现。具体为：连续 7 个点子、连续 11 个点子至少有 10 个点子、连续 14 个点子至少有 12 个点子、连续 17 个点子至少有 14 个点子、连续 20 个点子至少有 16 个点子在中心线一侧。
（4）点子排列形成"单调"，指点子呈现趋势性特征出现。判断准则为不少于 7 个点子有连续上升或者连续下降的趋势时。
（5）点子排列呈现"周期状"，指点子以一定的时间间隔做相同的上升或者下降的重复性排列。

5. 统计质量管理研判结论的处理

（1）质量控制图一旦出现异常，应立即组织质控人员、管理人员、技术人员进行问题类型与原因的分析和研判。
（2）质量问题轻微，可以边生产、边研判、边改进。
（3）质量问题严重，立即停产，查找原因，立即改进。

6. 均值-标准差控制图理论与实践

作为计量值控制图，均值-标准差控制图非常重要。其理论主要有控制图的中心线、上下控制限。具体如下：

（1）均值控制图。

根据质量控制的基本标准和要求，可以较容易地确定均值控制图的中心线和控制限如下：

因为控制上限 UCL $= \bar{\bar{x}} + 3\sigma_{\bar{x}}$，中心线 CL $= \bar{\bar{x}}$，控制下限 LCL $= \bar{\bar{x}} - 3\sigma_{\bar{x}}$

此时，$\sigma = \dfrac{\bar{s}}{C_4}$，$\sigma_{\bar{x}} = \dfrac{\sigma}{\sqrt{n}}$。

代入 UCL 公式，得 UCL $= \bar{\bar{x}} + 3\dfrac{\sigma}{\sqrt{n}} = \bar{\bar{x}} + 3\dfrac{\bar{s}}{C_4\sqrt{n}}$。

A_3 作为常数项，采用以下公式计算得到：$3\dfrac{1}{C_4\sqrt{n}}$。

所以控制上限 UCL $= \bar{\bar{x}} + 3\sigma_{\bar{x}} = \bar{\bar{x}} + A_3\bar{s}$，中心线 CL $= \bar{\bar{x}}$，控制下限 LCL $= \bar{\bar{x}} - 3\sigma_{\bar{x}} = \bar{\bar{x}} - A_3\bar{s}$。

(2) 标准差控制图。

因为控制上限 UCL $= \bar{s} + 3\sigma_s$，中心线 CL $= \bar{s}$，控制下限 LCL $= \bar{s} - 3\sigma_s$

公式中的 $\sigma_s = C_5\sigma$。

由 $\bar{s} = C_4\sigma$ 可知 $\sigma = \dfrac{\bar{s}}{C_4}$。

代入控制限的公式，得

$$\text{UCL} = \bar{s} + 3\dfrac{C_5}{C_4}\bar{s} = \left(1 + 3\dfrac{C_5}{C_4}\right)\bar{s}$$

令

$$B_4 = 1 + 3\dfrac{C_5}{C_4}, \quad B_3 = 1 - 3\dfrac{C_5}{C_4}$$

所以控制上限 UCL $= B_4\bar{s}$，中心线 CL $= \bar{s}$，控制下限 LCL $= B_3\bar{s}$。

统计质量管理实践中，标准差控制图的控制下限不予控制，所以往往忽略不计。

均值和标准差控制图的绘制实践中，控制限的计算系数如表 3-8-1 所示。

表 3-8-1 计量控制图控制限的计算系数表

n	控制限系数											中心线系数			
	均值控制图			标准差控制图				极差控制图				标准差控制图		极差控制图	
	A_1	A_2	A_3	B_3	B_4	B_5	B_6	D_1	D_2	D_3	D_4	c_4	$1/c_4$	d_2	$1/d_2$
1	2.121	1.88	2.659	0	3.267	0	2.606	0	3.686	0	3.267	0.798	1.253	1.128	0.887
2	1.732	1.023	1.954	0	2.568	0	2.276	0	4.358	0	2.574	0.886	1.128	1.693	0.591
3	1.5	0.729	1.628	0	2.266	0	2.088	0	4.698	0	2.282	0.921	1.085	2.059	0.486
4	1.342	0.577	1.427	0	2.089	0	1.964	0	4.918	0	2.114	0.94	1.064	2.326	0.43
5	1.225	0.483	1.287	0.03	1.97	0.029	1.874	0	5.078	0	2.004	0.952	1.051	2.534	0.395
6	1.134	0.419	1.182	0.118	1.882	0.113	1.806	0.204	5.204	0.076	1.924	0.959	1.042	2.704	0.37
7	1.061	0.373	1.099	0.185	1.815	0.179	1.751	0.388	5.306	0.136	1.864	0.965	1.036	2.847	0.351
8	1	0.337	1.032	0.239	1.761	0.232	1.707	0.547	5.393	0.184	1.816	0.969	1.032	2.97	0.337
9	0.949	0.308	0.97	0.284	1.716	0.276	1.669	0.687	5.469	0.223	1.777	0.973	1.028	3.078	0.325
10	0.905	0.285	0.927	0.321	1.679	0.313	1.637	0.811	5.535	0.256	1.744	0.975	1.025	3.173	0.315
11	0.866	0.266	0.886	0.354	1.646	0.346	1.61	0.922	5.594	0.283	1.717	0.978	1.023	3.258	0.307

续表

| n | 控制限系数 ||||||||||| 中心线系数 ||||
| | 均值控制图 ||| 标准差控制图 |||| 极差控制图 |||| 标准差控制图 || 极差控制图 ||
	A_1	A_2	A_3	B_3	B_4	B_5	B_6	D_1	D_2	D_3	D_4	c_4	$1/c_4$	d_2	$1/d_2$
12	0.832	0.249	0.85	0.382	1.618	0.374	1.585	1.025	5.647	0.307	1.693	0.979	1.021	3.336	0.3
13	0.802	0.235	0.817	0.406	1.594	0.399	1.563	1.118	5.696	0.328	1.672	0.981	1.019	3.407	0.294
14	0.775	0.223	0.789	0.428	1.572	0.421	1.544	1.203	5.741	0.347	1.653	0.982	1.018	3.472	0.288
15	0.75	0.212	0.763	0.448	1.552	0.44	1.526	1.282	5.782	0.363	1.637	0.984	1.017	3.532	0.283
16	0.728	0.203	0.739	0.466	1.534	0.458	1.511	1.356	5.82	0.378	1.622	0.985	1.016	3.588	0.279
17	0.707	0.194	0.718	0.482	1.518	0.475	1.496	1.424	5.856	0.391	1.608	0.985	1.015	3.64	0.275
18	0.688	0.187	0.698	0.497	1.503	0.49	1.483	1.487	5.891	0.403	1.597	0.986	1.014	3.689	0.271
19	0.671	0.18	0.68	0.51	1.49	0.504	1.47	1.549	5.921	0.415	1.585	0.987	1.013	3.735	0.268
20	0.655	0.173	0.663	0.523	1.477	0.516	1.459	1.605	5.951	0.425	1.575	0.988	1.013	3.778	0.265
21	0.64	0.167	0.647	0.534	1.466	0.528	1.448	1.659	5.979	0.434	1.566	0.988	1.012	3.819	0.262
22	0.626	0.162	0.633	0.545	1.455	0.539	1.438	1.71	6.006	0.443	1.557	0.989	1.011	3.858	0.259
23	0.612	0.157	0.619	0.555	1.445	0.549	1.429	1.759	6.031	0.451	1.548	0.989	1.011	3.895	0.257
24	0.6	0.153	0.606	0.565	1.435	0.559	1.42	1.806	6.056	0.459	1.541	0.99	1.011	3.931	0.254

三、实训问题

某企业生产某种大型设备的配件。21世纪初通过了ISO国际质量管理体系认证。企业十分重视产品质量，确保向每一个客户提供的产品都符合国家质量标准和客户要求。

近期，该公司签订一份大批量订单，为保证按时向顾客供货，在保证及时供货前提下，公司要求机加工车间生产工人加工零件的精度为质量控制标准 $\phi 45 \pm 1 (\text{mm})$。绘制工人加工零件的均值-标准差质量控制图。抽样方式为系统抽样，样本容量为125件产品，抽样间隔为每周周一抽检1组、每组5件产品，连续抽取5周共计125件产品。

要求：绘制这零件精度（单位：mm）的均值-标准差质量控制图，并做分析。

四、实训过程

1. 根据工厂"零件精度"（单位：mm）的质量抽检数据，建立数据文件

2. 调用质量控制图命令

分析→质量控制→控制图，调出控制图程序。

3. 控制图主对话框与"定义"的二级对话框设计

（1）定义变量图表-选择均值-标准差控制图。

（2）在数据组织中，选择"个案为子组"（见图3-8-1）。

（3）选择"x_1、x_2、x_3、x_4、x_5"至"样本"，同时确定分类轴t（见图3-8-2）。

图 3-8-1 控制图设计

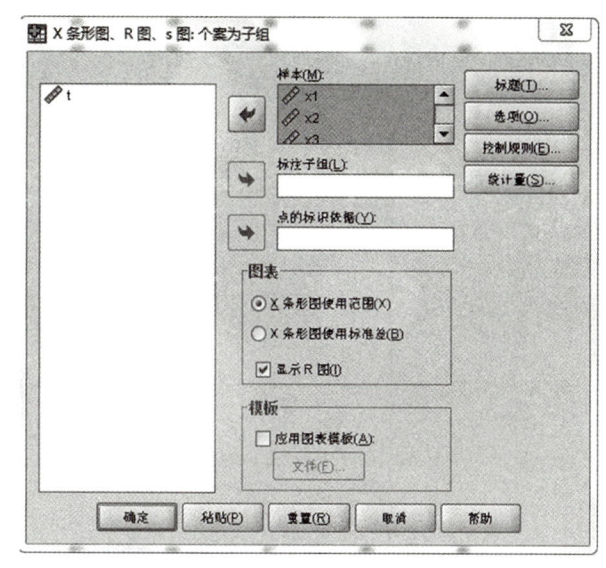

图 3-8-2 控制图二级对话框的变量设计

4. 控制图主对话框 2 设计

拟定控制图标题与资料来源。"前盖．孔直径"（单位：mm）的质量控制图，数据来源：某机械厂质检部 2010.09.25（见图 3-8-3），指定控制图的控制标准是 3 倍标准差。

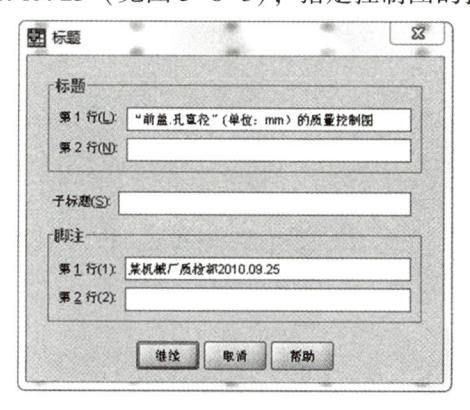

图 3-8-3 控制图三级对话框的相关设计

5. 运行该程序

附：运行程序

```
SPCHART
  /XS=x1 x2 x3 x4 x5 BY t
  /RULES=All
  /CAPSIGMA=SBAR
  /SIGMAS=3
  /MINSAMPLE=2
  /TITLE=' 零件精度(mm)控制图'
  /FOOTNOTE=' 资料来源:公司品质部与生产部'.
```

五、实训结果

1. 质量控制图之均值控制图（见图 3-8-4）

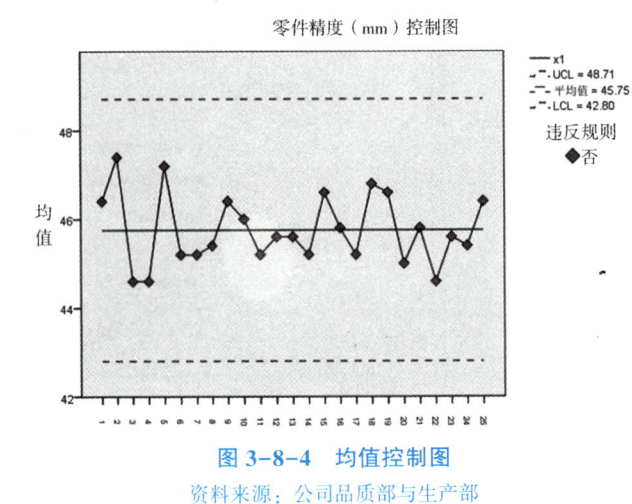

图 3-8-4　均值控制图
资料来源：公司品质部与生产部

2. 质量控制图之标准差控制图（见图 3-8-5）

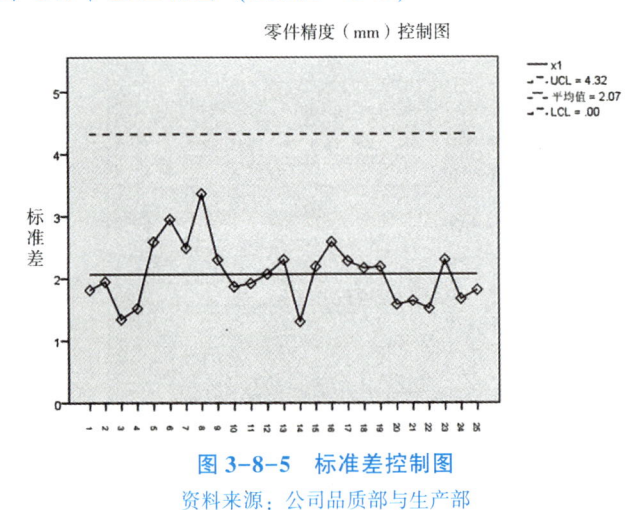

图 3-8-5　标准差控制图
资料来源：公司品质部与生产部

3. 质量控制图的研判

（1）两张质量控制图的三条线如表 3-8-2 所示。

表 3-8-2　质量控制图的控制限

项目	UCL 控制限	Average 中心线	LCL 控制限
均值控制图	48.71	45.75	42.80
标准差控制图	4.32	2.07	0.00

（2）控制限的研判。

零件精度（单位：mm）的质量控制标准为 $\phi 45\pm 1$（mm）。从抽检产品的实际数据看都在控制标准之内，所以总体上看符合质量标准。

（3）产品质量特性研判。

从上述的质量控制图可以发现，25 组、125 件产品的精度（单位：mm）没有"同侧链""单调链""周期链""接近链"等情况发生。说明该工厂的车间工人出勤与工作时间可控、稳定，只有随机因素起微小可忽略的影响；同时，也说明工厂该状态下的质量管理工作可信。

（4）综合结论。

第一，公司的生产工人工作质量可控，生产过程和生产秩序稳定、可靠。

第二，公司的劳动工人的责任心较强、劳动技能符合工厂要求；工序设计合理、衔接紧密，企业生产设备的加工精度较高；材料与加工用的零部件质量、规格符合工厂加工要求，质量有保证；工厂的质量控制制度与工作方法有效、可行；工厂及其附近的环境较好，没有大的环境障碍以及地面震动。

第三，企业可以继续实施现有的质量控制标准和控制办法，加强日常管理，使企业的生产过程可控可靠。

思考题

1. 什么是假设检验？怎样理解假设检验的作用？
2. 在社会经济实践中，怎样理解单样本 t 检验？
3. 单样本 t 检验的统计软件处理过程怎样？
4. 单样本 t 检验统计量的计算公式如何？
5. 请自拟研究问题，设计样本与变量，建立数据文件。根据收集到的数据进行单样本 t 检验并总结假设检验的结论，提出相应的建议。
6. 怎样理解独立样本？怎样计算 t 统计量？
7. 两个独立样本 t 检验的统计软件处理过程如何？
8. 简述两个独立样本与两个配对样本的区别主要是什么。
9. 请自拟研究问题，使用辽宁省上市公司有关数据，建立两个独立样本 t 检验的数据文件。根据收集到的数据检验，总结假设检验的结论并提出相应的建议。
10. 怎样理解配对样本 t 检验？
11. 怎样计算配对样本 t 检验的统计量？
12. 配对样本 t 检验的统计软件处理过程如何？
13. 简述两个独立样本与两个配对样本的主要区别。
14. 请自拟研究问题，设计调查方案进行市场调查收集数据，建立数据文件，进行两个配对样本 t 检验。
15. 怎样理解随机性？举例说明。
16. 什么是游程？举例说明。
17. 什么是游程检验？
18. 游程检验统计量怎样获得？

19. 游程的均值、方差怎样计算？

20. 游程检验的应用领域有哪些？具体举例说明。

21. 某专业学生共有 300 人，为了解学生对大学生实践活动参加质量及其影响因素，特进行市场调查。设计样本规模为 75 人，男生与女生符号为 1/0。使用简单随机抽样抽取出如下不同性别的学生：

100111001100001111111101001110101010000000010110011101010001001010100000。

问题：若显著性水平为 0.05，那么该组信号是否具有随机性？

22. 什么是方差分析？方差分析与假设检验的关系怎样？

23. 简要说明方差分析有哪些作用以及方差分析的应用范围。

24. 在方差分析中，什么是因素？什么是水平？分别举例说明。

25. 简要回答单因素方差分析中统计量的计算过程。

26. 什么是多重均值比较？为什么要进行多重均值比较？怎样总结多重均值比较的结论？

27. 请自拟研究问题和研究目的，并据此收集研究数据，进行单因素方差分析。

28. 怎样理解单因素方差分析与双因素方差分析的异同？

29. 多因素方差分析的主变量和交互变量怎样确定？

30. 怎样理解双因素方差分析的饱和模型与非饱和模型？

31. 使用统计软件怎样进行双因素方差分析？

32. 某公司年末进行职工绩效考核，为发放年终奖提供依据。在确定的职工绩效水平（合格品产量）之下，节选公司职工的技术职称和文化程度两个方面，进行双因素方差分析。假定职工技术职称分为高级职称、中级职称、初级职称 3 级，文化程度分为研究生、大学、中学、小学以下 4 级。公司的绩效用职工创造的销售量表示（单位：箱）。请进行多因素方差分析。具体数据如表 3-8-3 所示。

表 3-8-3 公司职工的文化程度与技术职称的频数统计表

技术职称	文化程度			
	研究生	大学	中学	小学及以下
高级职称	90，85	88，80	77，78	70，76
中级职称	85，86	80，71	65，62	60，60
初级职称	80，72	76，68	51，58	45，50

34. 什么是回归分析？回归分析有哪些类型？

35. 回归分析与相关分析的关系怎样？

36. 怎样判断自变量是否能够进入模型？

37. 回归分析模型中的自变量，按照哪些原则进行选择？

38. 使用矩阵怎样计算多元线性回归模型参数？

39. 如何进行有关经济增长要素对国家或者某地区的经济增长的多元线性回归分析？

40. 多元线性回归分析中，需要进行哪些方面的有效性检验？

41. 多重共线性的危害有哪些方面？如何识别回归模型中是否存在多重共线性？

42. 序列自相关的危害有哪些方面？如何识别回归模型中是否存在序列自相关？

43. 回归分析的自变量中，怎样识别异常值？

44. 如何进行上市公司有关的财务因素对公司业绩增长的影响分析。

45. 什么是质量？怎样理解质量特性？

46. 怎么理解与质量有关的如管理、过程、产品等含义？

47. 简述质量控制图的类型及研读规则。

48. 请自行拟定研究问题，确定研究对象和质量特性，收集相关数据，进行质量分析（考虑各种有关类型的质量控制图）。

第4部分　多元统计分析

在社会经济各级各类组织以及科学研究中，经常面临复杂的问题。许多社会经济问题具有非常复杂的数量特点，如规模大、变量多、关系错综复杂等。对这些问题的研究往往也比较复杂，但是随着数学、统计学、计算机技术、统计软件技术的日益发展，这些复杂问题也能得到较好的解决。本部分主要包括 Q 型聚类分析，R 型聚类分析，K 型聚类分析，因子分析，对应分析，逻辑回归分析，典型相关分析等七个实训。

实训 1　Q 型聚类分析

一、实训目的

Q 型聚类分析是多元统计分析理论中研究分类问题特别重要和常用的方法。Q 型聚类分析主要是针对样本进行的聚类分析，比如市场细分的研究、客户满意度的研究、上市公司财务能力的研究、企业的发展潜力研究，以及大学生实践能力的分析、创新实践中数据能力的分析等。通过 Q 型聚类分析，实现研究样本并进而得到研究总体的类的划分，以及各个类的社会经济属性与特征，发现和把握市场机会，有利于做好新产品开发和新市场开拓，有利于提升营销决策能力，赢得更多更好的市场机会。聚类分析为类型的划分提供了行之有效的方法。

通过本实训，学生可以进一步理解聚类分析的基本含义、Q 型聚类分析的作用和应用、Q 型聚类分析的过程，掌握统计软件 Q 型聚类分析的方法，形成针对具体社会经济问题的 Q 型聚类分析的数据处理和数据分析的核心能力。

二、实训原理

1. 个体之间连续型变量时 Q 型聚类分析的距离

(1) 欧氏距离（Euclidean Distance）。

欧氏距离是一种很常用的个体之间距离的计算方法。两个个体之间的欧氏距离是两个个体 k 变量数值之差的平方和的平方根，它是计算连续型变量的距离的基本方法。计算公式为

$$\text{EUCLID} = \sqrt{\sum_{i=1}^{k}(x_i - y_i)^2}$$

式中，x_i 是个体 x 的第 i 个变量的取值；y_i 是个体 y 的第 i 个变量的取值。欧氏距离的特点是与各个变量的量纲有关系，不考虑变量之间的相关性，也不考虑变量的方差的异同。所以，如果量纲相同，可以选择欧氏距离；如果量纲不同，最好不要使用欧氏距离。

(2) 欧氏距离平方（Squared Euclidean Distance）。

欧氏距离平方是一种最常用的距离计算方法。两个个体之间的欧氏距离平方是两个个体 k 个变量数值之差的平方和，是欧氏距离的平方。在 SPSS 统计软件中，默认的距离就是欧氏距离平方，也是最常选择的距离。计算公式为

$$\text{SEUCLID} = \sum_{i=1}^{k}(x_i - y_i)^2$$

(3) 切比雪夫距离（Chebychev Distance）。

两个个体之间的切比雪夫距离是两个个体 k 个变量数值之差的绝对值中的最大值，这是一种通过绝对值计算距离的方法。公式为

$$\text{CHEBYCHEV}(x, y) = \text{Max}|x_i - y_i|$$

(4) 绝对距离（Block Distance）。

两个个体之间的绝对距离是两个个体 k 个变量数值之差的绝对值的总和，在各种计算方法中，它是最简单的计算方法。计算公式为

$$\text{BLOCK}(x, y) = \sum_{i=1}^{k}|x_i - y_i|$$

(5) 明氏距离（Minkowski Distance）。

两个个体之间的名氏距离是两个个体 k 个变量数值之差的绝对值的 p 次方的总和的 p 次方根（p 由读者根据研究需要自行指定）。当 $p=1$ 时，叫绝对距离；当 $p=2$ 时，叫欧氏距离。明氏距离对数据的量纲及数据大小的差异有较高的要求。计算公式为

$$\text{MINKOWSKI}(x, y) = \sqrt[p]{\sum_{i=1}^{k}|x_i - y_i|^p}$$

(6) 自定义距离（Customized Distance）。

两个个体之间的自定义距离是两个个体 k 个变量数值之差的绝对值的 p 次方的总和的 q 次方根（p、q 由读者根据研究需要自行指定）。自定义距离的特点是离差的幂与开方的次数不同，如果相同，它就成了明氏距离了。计算公式为

$$\text{CUSTOMIZED}(x, y) = \sqrt[q]{\sum_{i=1}^{k}|x_i - y_i|^p}$$

(7) 余弦函数距离（Cosine Distance）。

两个个体之间的余弦函数距离是两个个体 k 个变量数值乘积的总和与平方的总和的乘积

的平方根的比值，用于变量之间的数值关系有一定的变化角度时。夹角余弦距离越接近于 1，表示 x 与 y 之间的关系越密切；越接近于 0，说明 x 与 y 之间的关系越松散。计算公式为

$$\text{COSINE} = \frac{\sum_{i=1}^{k} x_i y_i}{\sqrt{\left(\sum_{i=1}^{k} x_i^2\right)\left(\sum_{i=1}^{k} y_i^2\right)}}$$

(8) 相关系数距离。

相关系数距离反映两个个体之间关系的亲疏程度，也可以用来衡量个体之间的距离的大小。这是一种非常特殊的距离，不用空间距离表示而是用两个个体之间的相关程度来计量。用积差法计算，r 的取值范围在 ±1 之间。r 越大，表示关系越密切；r 越小，表示关系越松散。计算公式为

$$r = \frac{\sum_{ia=1}^{k}(x_i - \bar{x}_i)(y_i - \bar{y}_i)}{\sqrt{\sum_{i=1}^{k}(x_i - \bar{x}_i)^2 \sum_{i=1}^{k}(y_i - \bar{y}_i)^2}}$$

2. 个体之间离散型变量时 Q 型聚类分析的距离

(1) 卡方距离（x^2 距离）(Chi-Square Measure)。

$$\text{CHISQ}(x, y) = \sqrt{\frac{\sum_{i=1}^{k}[x_i - E(x_i)]^2}{E(x_i)} + \frac{\sum_{i=1}^{k}[y_i - E(y_i)]^2}{E(y_i)}}$$

(2) Phi 方距离（y^2 距离）(Phi-Square Measure)。

$$\text{PHISQ}(x, y) = \sqrt{\frac{\frac{\sum_{i=1}^{k}[x_i - E(x_i)]^2}{E(x_i)} + \frac{\sum_{i=1}^{k}[y_i - E(y_i)]^2}{E(y_i)}}{n}}$$

3. 个体之间二元型变量时 Q 型聚类分析的距离

该种类型的变量之间的距离的计算方法有很多，如简单匹配系数、雅克比系数等，读者需酌情研究。需要注意的是，以上两种距离的计算方法，都需要将两个个体在该变量上的表现划分为发生与不发生两种情形，它们之间的组合共有同时发生、同时不发生、前者发生后者不发生、前者不发生后者发生等四种状态，然后再计算。

4. 个体与类之间、类与类之间的距离

个体与类之间距离包括最近距离、最远距离。类间距离包括类间平均连锁距离、类内平均连锁距离、重心距离和离差平方和距离。

5. 聚类分析对变量和数据的要求

(1) 聚类分析对变量的要求。

聚类分析对聚类变量的选择很严格，具体要求有以下几个方面：一是变量应该能够反映聚类的特征；二是变量要能满足研究目的的需要；三是变量的数据应该比较容易获取，四是变量应该具有系统性特征。

(2) 聚类分析对数据的要求。

聚类中应观察数据的量纲是否相同，若一个样本包含不同量纲的数据，很可能会影响聚类分析的结果及其可靠性。此时，应先对数据进行标准化处理，再做聚类分析。聚类分析中，进行数据标准化的方法很多，比如 Z Scores 法、Range −1 to 1 法、Range 0 to 1 法、Maximum magnitude of 1 法、Mean of 1 法以及 Standard deviation of 1 法。

6. 聚类数的确定

(1) 树状图与冰柱图。

聚类分析的目的就是要对研究对象进行聚类分析，所以划定聚类的类数无疑是聚类分析中极其重要的。但是，聚类中的凝聚状态表以及树状图和冰柱图，都难以直接给出聚类的类数。鉴于多方面的原因，目前还给不出理论上和实践上都可行的结论。德穆曼给出了确定聚类数的参考准则：各类间重心的距离应该较大，各类包含的元素不应过少或过多，类数划分应符合研究目的并为之服务。根据上述聚类数准则，使用树状图与冰柱图，再结合研究目的和实际情况，给出最终的聚类结果。

(2) 碎石图。

聚类分析的实践中，聚类数的划分常采用聚类系数进行，即以聚类系数为纵轴、以聚类数为横轴绘制一个折线图，当聚类系数不再明显降低、聚类数变化平缓时，类数作为最后的聚类数。

(3) 研讨确定。

聚类实践中，还可以采用小组座谈法或者专家意见法集体讨论、确定聚类的类数。

三、实训问题

1. 背景

改革开放以来，我国的证券市场获得长足发展。辽宁省上市公司在公司数量、上市规模、公司能力等方面也取得了巨大成绩。但在发展过程中，上市公司也出现一些业务上的或者管理上的问题。为此，需要对上述公式进行调查研究，以发现问题与原因，给出有针对性的建议，实现上市公司的健康可持续发展。

2. 样本与变量

现选取近些年来辽宁省上市公司以下 8 个方面的数据，进行上市公司财务方面的聚类分析。变量编码如下：x_1 为资产负债率，x_2 为流动比率，x_3 为速动比率，x_4 为营业利润增长率，x_5 为净利润增长率，x_6 为固定资产周转率，x_7 为存货周转率，x_8 为净利润，对辽宁省上市公司进行 Q 型聚类分析。

四、实训过程

1. 调查 Q 型聚类分析主程序

调查 Q 型聚类分析主程序：分析→分类→系统聚类。

2. 主对话框的设计

（1）分别单击 8 个指标，调入"变量"框中。

（2）单击"公司名称"调入"标注个案"框中。

（3）在"分群"框中选择"个案"，表示进行 Q 型聚类。

（4）在"输出"框中选中"统计量"和"图"。

Q 型聚类分析主对话框的设计如图 4-1-1 所示。

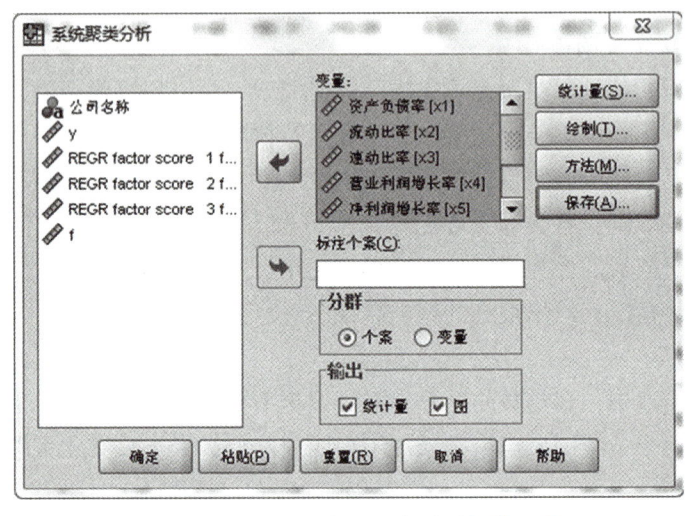

图 4-1-1　Q 型聚类分析主对话框的设计

3. 二级对话框的设置

（1）单击"统计量"按钮，指定输出的项目，主要选择"合并进程表"（见图 4-1-2）。

（2）单击"绘制"按钮，指定输出的图形，选择"树状图"，同时按照默认的设置选择输出冰柱图（见图 4-1-3）。

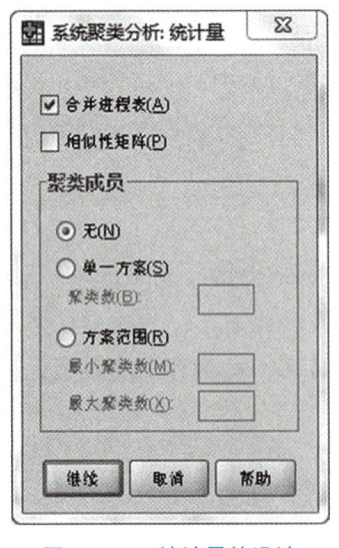

图 4-1-2　统计量的设计 　　　　图 4-1-3　图的设计

（3）单击"方法"按钮，指定距离的计算方法。

在"度量标准"框中，选择"区间"的"平方 Euclidean 距离"计算方法。在"聚类方法"框中，选择"组间连接"距离计算方法（见图 4-1-4）。在"转换值"框中，由于各个变量的量纲相同，因此不用进行标准化。

（4）保存选项可以忽略（见图 4-1-5）。

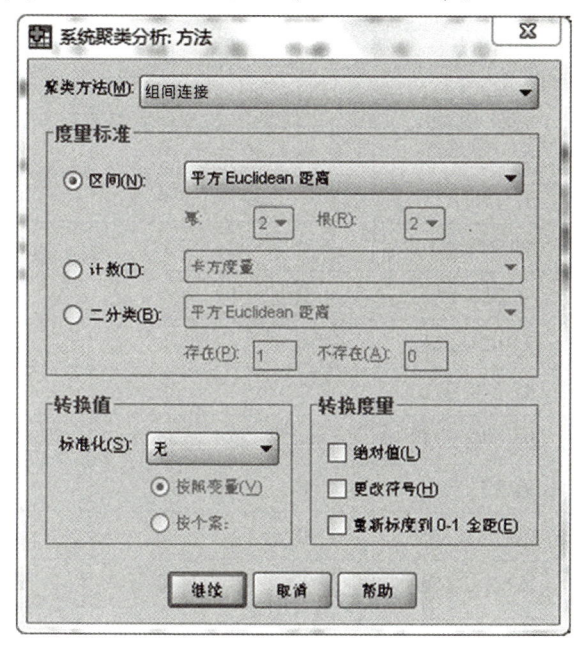

图 4-1-4　聚类方法的设计 　　　　　图 4-1-5　保存的设计

4. 运行该程序

附：运行程序

```
CLUSTER   x1 x2 x3 x4 x5 x6 x7 x8
  /METHOD BAVERAGE
  /MEASURE=SEUCLID
  /PRINT SCHEDULE
  /PLOT DENDROGRAM VICICLE.
```

五、实训结果

1. 聚类表如表 4-1-1 所示

表 4-1-1　聚类表

阶	群集组合		系数	首次出现阶群集		下一阶
	群集 1	群集 2		群集 1	群集 2	
1	14	57	5 121.868	0	0	8
2	37	59	16 422.914	0	0	6

续表

阶	群集组合 群集1	群集组合 群集2	系数	首次出现阶群集 群集1	首次出现阶群集 群集2	下一阶
3	8	20	25 034.430	0	0	4
4	8	22	26 899.726	3	0	13
5	31	34	32 052.715	0	0	10
6	13	37	34 774.248	0	2	11
7	39	58	37 059.863	0	0	22
8	14	49	47 298.675	1	0	14
9	30	52	47 906.448	0	0	30
10	10	31	48 712.893	0	5	18
11	13	60	72 624.127	6	0	28
12	4	9	87 278.663	0	0	29
13	8	50	96 340.952	4	0	32
14	14	23	97 933.368	8	0	20
15	6	55	103 443.835	0	0	30
16	3	35	142 213.631	0	0	23
17	53	54	159 281.736	0	0	26
18	10	15	162 302.492	10	0	19
19	7	10	195 412.490	0	18	25
20	14	29	202 405.943	14	0	35
21	28	47	312 485.132	0	0	33
22	39	51	393 688.876	7	0	26
23	3	32	468 388.610	16	0	28
24	26	48	491 270.963	0	0	33
25	7	12	551 295.162	19	0	32
26	39	53	792 784.241	22	17	40
27	27	45	1 022 655.493	0	0	48
28	3	13	1 047 393.632	23	11	35
29	4	56	1 063 580.294	12	0	41
30	6	30	1 196 873.297	15	9	39
31	11	43	1 275 613.399	0	0	36
32	7	8	1 400 496.507	25	13	38
33	26	28	1 938 569.035	24	21	39

续表

阶	群集组合 群集1	群集组合 群集2	系数	首次出现阶群集 群集1	首次出现阶群集 群集2	下一阶
34	1	17	2 175 127.316	0	0	38
35	3	14	3 045 909.733	28	20	40
36	11	38	3 437 927.138	31	0	41
37	36	46	3 439 064.804	0	0	42
38	1	7	7 566 607.380	34	32	43
39	6	26	8 856 181.452	30	33	44
40	3	39	1.026×10^7	35	26	43
41	4	11	1.578×10^7	29	36	44
42	5	36	1.700×10^7	0	37	48
43	1	3	2.289×10^7	38	40	45
44	4	6	5.028×10^7	41	39	47
45	1	18	6.483×10^7	43	0	47
46	19	33	8.836×10^7	0	0	51
47	1	4	1.682×10^8	45	44	53
48	5	27	2.182×10^8	42	27	51
49	21	42	3.287×10^8	0	0	52
50	16	40	3.415×10^8	0	0	55
51	5	19	7.709×10^8	48	46	53
52	21	41	1.140×10^9	49	0	56
53	1	5	1.392×10^9	47	51	55
54	24	44	2.110×10^9	0	0	57
55	1	16	3.909×10^9	53	50	56
56	1	21	1.172×10^{10}	55	52	57
57	1	24	4.650×10^{10}	56	54	0

表4-1-1中数据的含义分别是：第1列，表示聚类的步骤；第2列和第3列，表示本步骤聚类中是哪两个样本或者小类聚成一类；第4列，表示距离过程产生的距离（聚合系数）；第5列和第6列，表示在本步骤的聚类中，参与聚类的是个体还是小类，其中"0"表示个体、非"0"的具体数据表示小类；第7列，表示本步骤的聚类结果在以后的哪一步中用到了。

2. 冰柱图（见图 4-1-6）

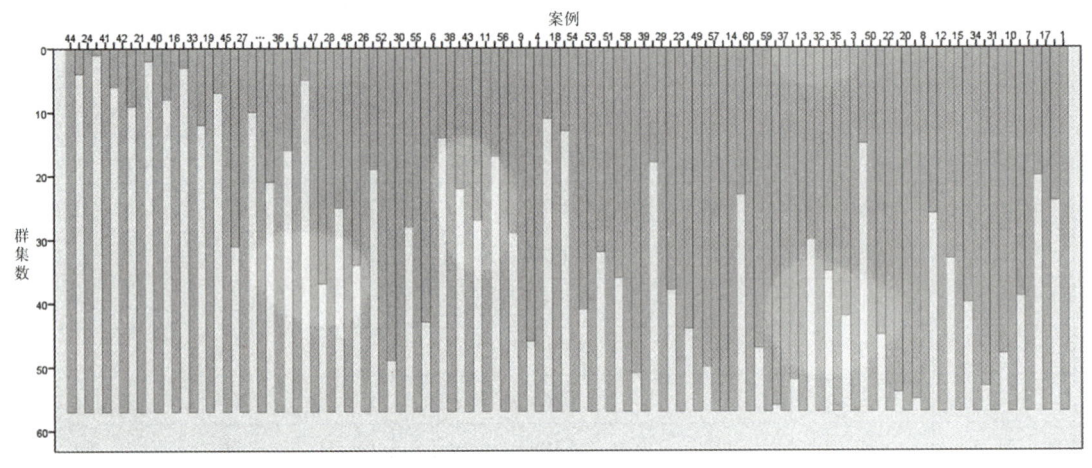

图 4-1-6　聚类分析的冰柱图

冰柱图的读法应是从下向上，聚类对象用深色背景表示，两个聚类对象间是空白，若这种用深色背景连接，表示聚类对象已经聚成一类了。

分类数的确定。根据冰柱图，本题聚类数在 3 类为宜。

3. 树状图

从树状图看到，本题分为 3 类更合适（见图 4-1-7）。

综合考虑多种因素，本题的分析结果分为 3 类。各类包含的样本是：

第 1 类：国电电力，鞍钢股份。

第 2 类：辽宁成大，本钢股份，ST 化工。

第 3 类：百科集团，铁龙物流，联美控股，锦州港，凌钢股份，大杨创世，时代万恒，美罗药业，曙光股份，商业城，营口港，大橡塑，金山股份，抚顺特钢，大连圣亚，大商股份，*ST 松辽，东软集团，大连热电，大连控股，红阳能源，大连港，出版传媒，辽通化工，沈阳机床，大冷股份，东北电气，东北制药，亿城股份，st 合金，万方地产，大连友谊，惠天热电，沈阳化工，中兴商业，大连国际，獐子岛，荣信股份，华锐铸钢，天宝股份，奥维通信，科冕木业，壹桥苗业，大金重工，大连电瓷，大连三垒，机器人，奥克股份，智云股份，易世达，聚龙股份，森远股份，ST 金杯，锌业股份，其他所有上市公司。

将这 3 类公司的 8 个指标综合计算（根据国家统计局 2005 年全国 1% 人口抽样调查样本数据，抽样比为 1.325% 的数据计算得到。）得到表 4-1-2。

表 4-1-2　聚类分析的结果

项目	x_1	x_2	x_3	x_4	x_5	x_6	x_7	x_8
第 1 类公司	60.63	0.52	0.33	1 971.17	527.05	1.06	10.40	226 795.21
第 2 类公司	35.91	1.09	0.70	93.61	135.16	3.75	9.51	114 220.62
第 3 类公司	50.32	2.37	1.79	50.91	−1.79	9.16	8.33	8 507.29

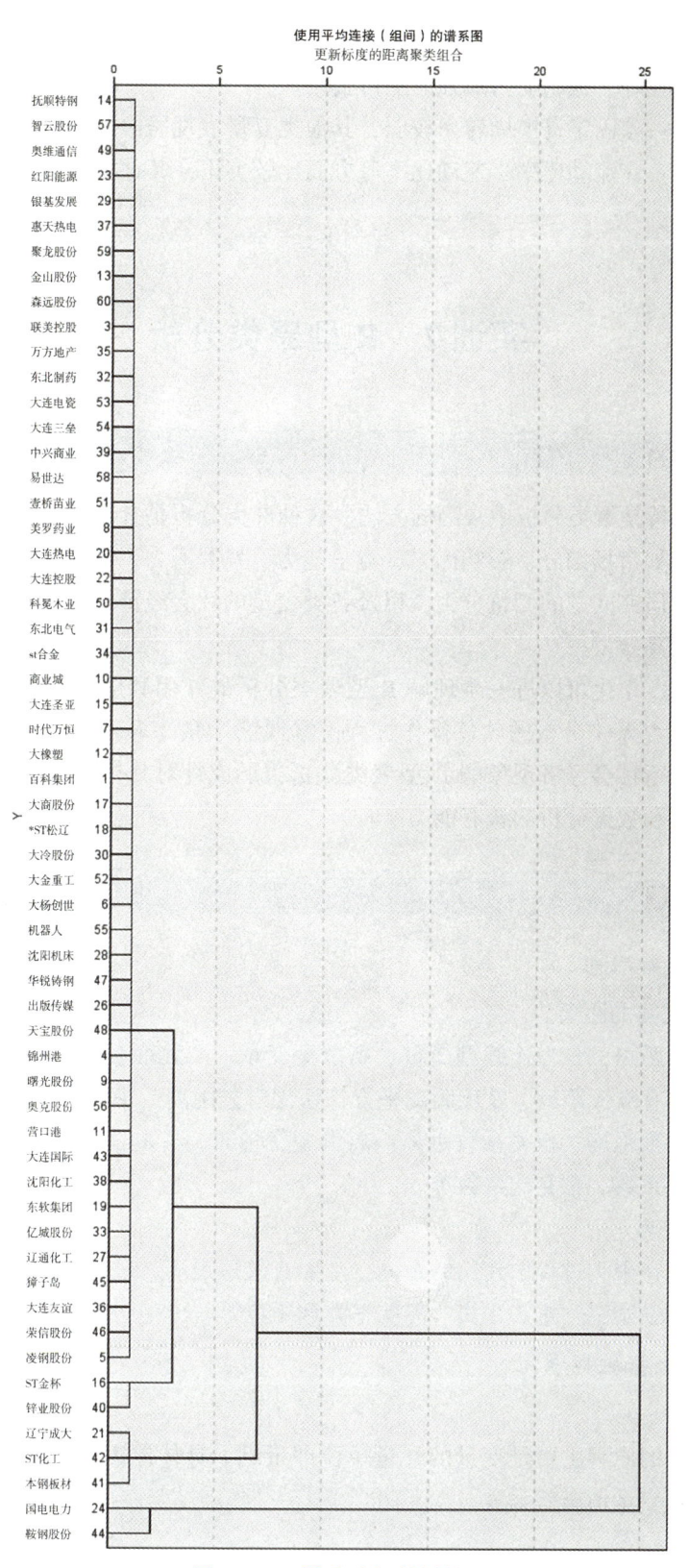

图 4-1-7　聚类分析的树状图

第 1 类公司：营业利润增长率、净利润增长率、存货周转率、净利润水平最高，属于资产的使用状况较好、盈利能力最强的上市公司。

第 2 类公司：除固定资产周转率较弱，其他类变量表现居中。

第 3 类公司：在流动比率、速动比率等方面比较突出，其他方面较弱，主要特征为短期偿债能力较强。

实训 2 R 型聚类分析

一、实训目的

R 型聚类分析是聚类分析中常用的方法。这种聚类分析是针对社会经济问题变量进行的聚类分析，比如市场细分、影响因素、竞争能力、发展潜力、满意度问题等。通过 R 型聚类分析，实现研究问题的变量分类，以及各类变量的社会经济属性与特征，发现和把握市场机会，实现高效发展。

通过本实训，学生可以进一步理解 R 型聚类分析的作用和应用及其与 Q 型聚类分析的关系，熟悉 R 型聚类分析的软件操作过程，掌握统计软件 R 型聚类分析的聚类数的确定，能够独立进行社会经济现象的 R 型聚类分析，形成针对具体社会经济问题 R 型聚类分析的数据处理和数据分析的核心能力。

二、实训原理

1. R 型聚类标准−距离

（1）个体之间的距离。

个体之间的距离，分为连续型变量、离散型变量、二元变量等三种类型，下面给出。连续型变量时，有欧氏距离、欧氏距离平方、切比雪夫距离、绝对距离、自定义距离、明氏距离、余弦函数距离、相关系数距离；离散型变量时，有 χ^2 距离、φ^2 距离；二元变量时，有简单匹配系数、雅克比系数等。

（2）类间距离。

类间距离是在聚类过程中使用的距离，主要有最短距离、最长距离、类间平均连锁距离、类内平均连锁距离、重心距离、离差平方和距离等。

2. 变量及数据的标准化

（1）原因。

进行标准化的原因主要是变量的计量单位即量纲。具体原因：一是变量的量纲不同；二是相同量纲的变量值离差太大。

（2）方法。

标准化的方法有很多，常见的有 Z 分数法、极差标准化法、最大值标准化法、均值标准化法、标准差标准化法等。

3. 聚类数原则

R 型聚类分析的最终结论，主要通过树状图得出。实践中，遵循的原则是：明确的原则、类规模大小适中的原则、符合研究目的的原则、符合实际的原则。读图的规则是：由右到左，上下画出一条竖线，其交叉点即为聚类数。这样的竖线会有许多条，所以要根据研究问题的客观实际结合研究目的。如果研究问题比较复杂，可以召开规模适当的小组座谈会或用头脑风暴法综合确定聚类结果。

三、实训问题

1. 研究背景与目的

随着国家房地产调控政策的不断实施，某房地产开发公司更加重视房地产项目的实施和管理。近期，公司即将向市场推出 3 块房地产项目，它们位置不同、户型不同、环境不同、规模不同。为保证项目的顺利推出，快速回笼资金，实现开发目标，公司拟进行市场调查，研究购房者的需求与消费特征，为该项目的市场定位提供依据。

2. 样本与变量

为进行以上研究，公司在 2—4 月举行了 3 次潜在客户观摩会，共计有 1 200 多人次到场观摩。公司市场部为此次调查研究专门成立了一个项目组，项目人员收集了到会观摩人员的联系方式。利用 3 次观摩会共向咨询看房顾客发放 200 份调查问卷，回收 188 份，合格 160 份。

调查问题主要包括以下 16 个方面，使用 10 点量表组织实施调查（见表 4-2-1）。

表 4-2-1　R 型聚类分析的变量

问题序号	调查问题	\multicolumn{10}{c}{打分}
		1	2	3	4	5	6	7	8	9	10
q1	购房意愿										
q2	公司品牌										
q3	所属学区										
q4	物业管理										
q5	小区规模										
q6	房屋质量										
q7	所属社区										
q8	户型结构										
q9	配套设施										
q10	周边环境										
q11	房屋价格										

续表

问题序号	调查问题	打分									
		1	2	3	4	5	6	7	8	9	10
q12	小区位置										
q13	是否实用										
q14	首付意见										
q15	首付比例										
q16	升值空间										

数据来源：公司市场部进行的客户调查

四、实训过程

1. 调出 R 型聚类分析主程序

调出 R 型聚类分析主程序：分析→分类→系统聚类。

2. 主对话框的设计

（1）分别单击 16 个指标，调入"变量"框中。

（2）单击"t"调入"标注个案"框中。

（3）在"分群"框中选择"变量"，表示进行 R 型聚类。

（4）在"输出"框中选中"统计量"和"图"。

R 型聚类分析主对话框的设计如图 4-2-1 所示。

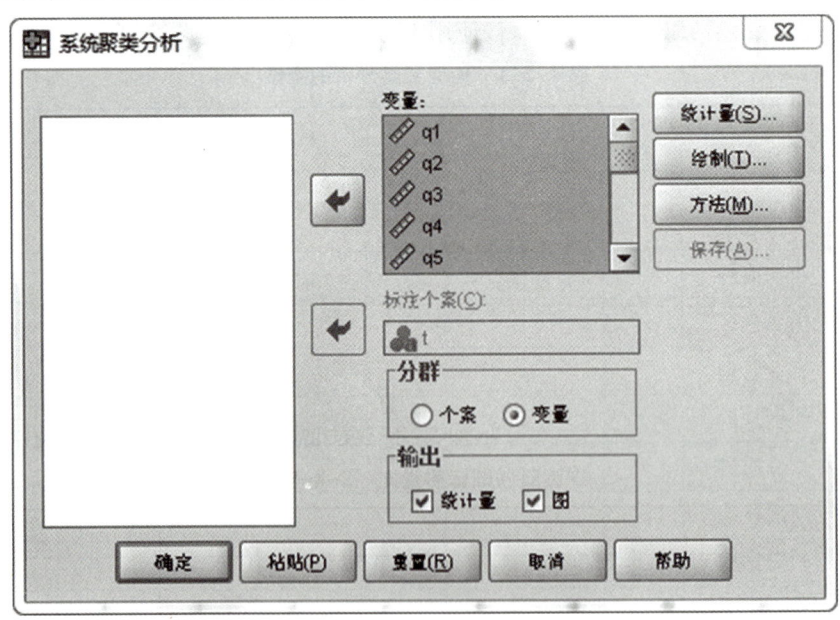

图 4-2-1　R 型聚类分析主对话框的设计

3. 二级对话框的设置

（1）单击"统计量"按钮，指定输出的项目，选择"合并进程表"（见图4-2-2）。

（2）单击"绘制"按钮，指定输出的图形，选择"树状图"，同时按照默认的设置选择输出冰柱图（见图4-2-3）。

图 4-2-2　R 型聚类分析统计量的设计

图 4-2-3　R 型聚类分析树形图的设计

（3）单击"方法"按钮，指定距离的计算方法。

在"度量标准"框中，选择"区间"的"平方 Euclidean 距离"计算方法。在"聚类方法"框中，选择"组间连接"距离计算方法（见图4-2-4）。在"转换值"框中，由于各个变量的量纲相同，因此不用进行标准化。

（4）保存选项可以忽略（见图4-2-5）。

图 4-2-4　R 型聚类分析距离的设计

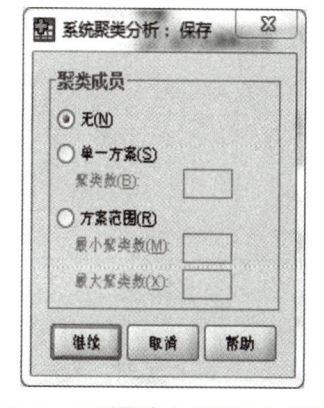

图 4-2-5　R 型聚类分析保持内容的设计

141

4. 运行该程序

附：运行程序

```
PROXIMITIES  q1 q2 q3 q4 q5 q6 q7 q8 q9 q10 q11 q12 q13 q14 q15 q16
    /MATRIX OUT('C:\Users\ADMINI~1\AppData\Local\Temp\spss632\spssclus.tmp')
    /VIEW=VARIABLE
    /MEASURE=SEUCLID
    /PRINT NONE
    /STANDARDIZE=VARIABLE NONE.
```

五、实训结果

1. 凝聚状态表（见表4-2-2）

表4-2-2 R型聚类分析凝聚状态表

阶	群集组合 群集1	群集组合 群集2	系数	首次出现阶群集 群集1	首次出现阶群集 群集2	下一阶
1	6	9	740	0	0	4
2	7	10	753	0	0	11
3	4	5	833	0	0	5
4	6	8	839	1	0	5
5	4	6	1 067.833	3	4	11
6	14	15	1 159	0	0	10
7	11	12	1 273	0	0	9
8	2	3	1 363	0	0	13
9	1	11	1 426.5	0	7	10
10	1	14	1 482.833	9	6	12
11	4	7	1 665.7	5	2	14
12	1	13	1 763.2	10	0	15
13	2	16	1 945.5	8	0	14
14	2	4	2 234.952	13	11	15
15	1	2	2 837.067	12	14	0

表4-2-2中数据的含义分别是：第1列，表示聚类的步骤；第2列和第3列，表示本步骤聚类中是哪两个样本或者小类聚成一类；第4列，表示距离过程产生的距离（聚合系数）；第5列和第6列，表示在本步骤的聚类中，参与聚类的是个体还是小类，其中"0"表示个体、非"0"的具体数据表示小类；第7列，表示本步骤的聚类结果在以后的哪一步中用到了。

2. 冰柱图（见图 4-2-6）

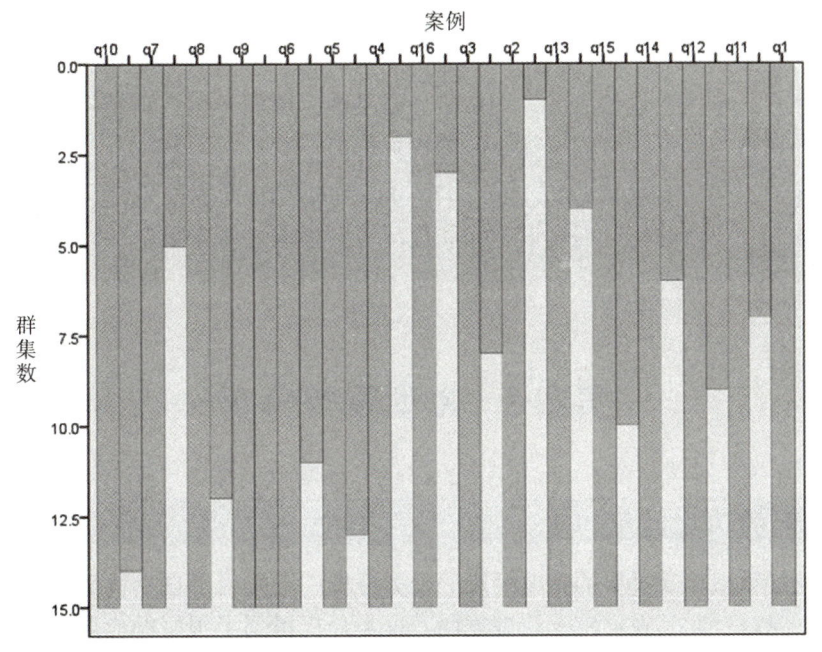

图 4-2-6　R 型聚类分析冰柱图

3. 树状图（见图 4-2-7）

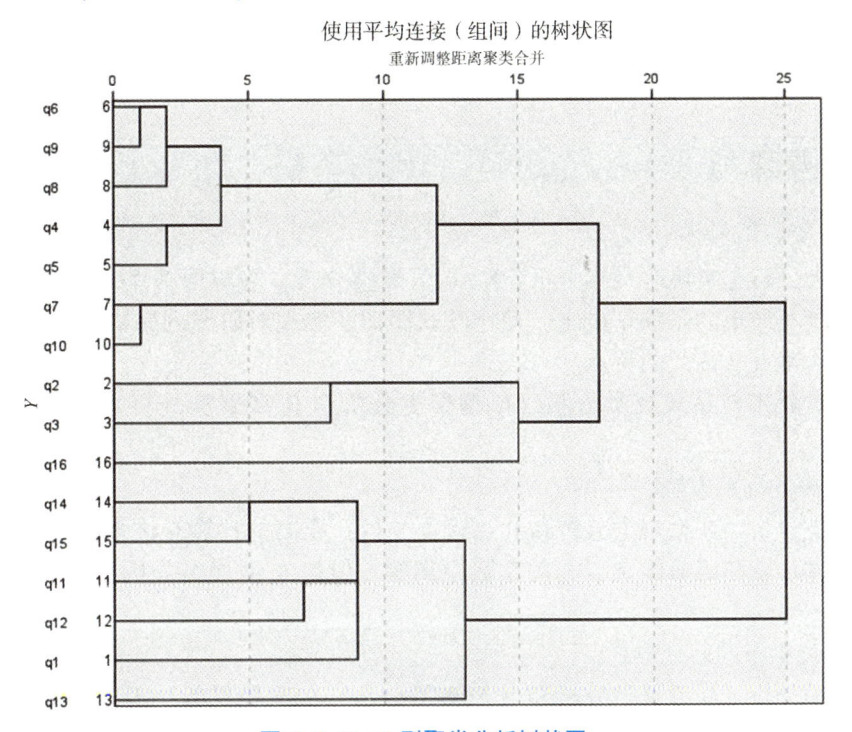

图 4-2-7　R 型聚类分析树状图

第一类客户，包括变量q1、q11、q12、q13、q14、q15即购房意愿、房屋价格、小区位置、是否实用、首付意见、首付比例，根据这些变量，可以将第一类变量概括为小区的购买价格。

第二类客户，包括变量q2、q3、q16即公司品牌、所属学区、升值空间，按照以上3个变量的共同属性与特点，可以概括小区的投资价值。

第三类客户，包括变量q4、q5、q6、q7、q8、q9、q10即物业管理、小区规模、房屋质量、所属社区、户型结构、配套设施、周边环境，根据这些变量，可以将第三类变量概括为物业管理。

实训 3　K 型聚类分析

一、实训目的

分类是人类认识客观世界的重要手段。聚类分析广泛应用于自然科学、社会科学和生产实践的各个领域，尤其在经济、管理方面，聚类分析得到了很好的应用。K型聚类分析具有计算原理简单、计算过程简洁、聚类迅速、聚类结果简明等优点。

通过本实训，学生可以理解K型聚类分析的特点及其与Q型聚类分析、R型聚类分析的区别，熟悉使用统计软件进行K型聚类分析的过程，掌握统计软件K型聚类分析的技巧与方法，能够独立进行社会经济现象的K型聚类分析，形成针对具体社会经济问题K型聚类分析的数据处理与数据分析的核心能力。

二、实训原理

1. 统计学上的定义

K型聚类分析也叫快速聚类分析、K-均值聚类分析，它应用K均值分类法，在实现指定类数、聚类结束的条件基础上，使用欧式距离，实现对研究问题的聚类；具有简单、明了、迅速、准确、高效的特点。

K型聚类分析与系统聚类分析（Q型聚类分析和R型聚类分析）的区别有许多方面，如：

（1）距离的计算方法。

系统聚类分析（Q型聚类分析和R型聚类分析）距离的计算有许多公式如欧氏距离、欧氏距离平方、余弦函数距离、相关系数距离等，但是K型聚类分析只有欧氏距离一种方法。

（2）聚类结果的表现形式。

系统聚类分析（Q型聚类分析和R型聚类分析）的聚类结果一般通过树状图或冰柱图的研判得出，但是K型聚类分析的聚类数必须在进行聚类分析之前给出，至于进行聚类分析之前聚类数的来源尽管较多，但这是另一个问题了。（注：聚类数的来源主要有：一是本问题以前进行过聚类分析，有聚类数；二是本问题以前没有进行过聚类分析，但类似问题进行过聚类分析并有聚类数；三是本问题以前没有进行过聚类分析也没有类似问题的聚类分析，但可以通过小型试验得到聚类数。)

核心工作过程主要包括事先确定聚类数、指定初始类中心、选择聚类距离、聚类的迭代过程。

2. 聚类数

首先确定聚类数 k。工作方法主要包括以下三种：

（1）已知聚类数。

该问题以前进行过类似研究，拥有聚类数。同时，该问题近年来发展变化不大，相对比较平稳，故以前的聚类数现在可以使用。

（2）类似问题的聚类数。

以前没有本问题的研究，也没有聚类数，但是拥有类似问题的研究，可以借用类似问题的聚类数。

（3）小样本的试验聚类数。

没有该问题，也没有类似问题的研究及其相应的聚类数，但是可以通过小范围的试验调查，获得一个聚类数。由此，可以解决 K 型聚类分析的聚类数问题。

3. 初始类中心

确定类中心是 K 型聚类分析核心工作过程的第二步。工作方法主要包括以下三种：

（1）已知类中心。

该问题以前进行过类似研究，拥有类中心；同时，该问题本年变化不大，相对比较平稳，所以以前的聚类数现在可以使用。

（2）类似问题的类中心。

以前没有本问题的研究，也没有类中心，但是拥有类似问题的研究，可以借用类似问题的类中心。

（3）小样本的试验类中心。

没有该问题，也没有类似问题的研究及其相应的类中心，但是可以通过小范围的试验调查，获得一个类中心。由此，可以解决 K 型聚类分析的类中心问题。

4. 距离

K 型聚类分析中的距离的计算，有以下两个问题：一是相比 Q 型聚类分析和 R 型聚类分析要简单，只有欧氏距离。二是参与 K 型聚类分析的所有变量有进行 F 检验，以判断它们的有效性。

5. 过程

按照组成每一类的变量计算各变量的均值，每一类的 n 个均值在 n 维空间中又形成 k 个点，即第二次迭代的类中心；这样，一直迭代下去，直到达到事先指定的迭代条件，聚类过程结束。

三、实训问题

伴随改革开放政策深入实施，辽宁省各地区的城镇居民消费水平持续提高。按照我国统计制度，城镇居民消费支出包括食品消费支出、衣着消费支出、居住消费支出、家庭设备及用品消费支出、医疗保健消费支出、交通通信消费支出、文教娱乐消费支出、其他消费支出。

1. 样本

辽宁省共有 14 个地区，因此本问题的研究样本规模为 14 个地区，分别是沈阳、大连、鞍山、抚顺、本溪、丹东、锦州、营口、阜新、辽阳、盘锦、铁岭、朝阳、葫芦岛。

2. 变量

按照国家统计局给出的定义，8 个变量的符号和含义分别是：x_1 表示城镇居民家庭平均每人食品消费支出；x_2 表示城镇居民家庭平均每人衣着消费支出；x_3 表示城镇居民家庭平均每人居住消费支出；x_4 表示城镇居民家庭平均每人家庭设备及用品消费支出；x_5 表示城镇居民家庭平均每人交通通信消费支出；x_6 表示文教娱乐消费支出，指城镇住户用于文化、教育、娱乐方面的支出；x_7 表示城镇居民家庭平均每人医疗保健消费支出；x_8 表示城镇居民家庭平均每人其他消费支出。针对上述问题和变量，进行 K 型聚类分析，研究辽宁省城镇居民消费支出的类型与特点，为辽宁省及各地区采取有效措施，提高居民消费水平提供政策依据。

3. 数据来源（见表 4-3-1）

表 4-3-1　辽宁省各地区的城镇居民消费支出数据表（单位：元）

t	地区	x_1	x_2	x_3	x_4	x_5	x_6	x_7	x_8
1	沈阳	5 384.84	2 139.66	1 364.94	1 031.96	1 447.89	2 428.25	2 359.29	804.61
2	大连	6 145.16	1 676.02	1 741.57	994.76	1 128.17	2 519.59	1 741.83	632.6
3	鞍山	4 671.37	1 490.84	1 572.19	719.78	1 080.94	2 095.52	1 374.66	704.38
4	抚顺	4 041.09	975.74	900.56	473.12	895.41	1 196.69	1 090.15	433.77
5	本溪	4 779.83	1 583.47	907.69	712.85	976.64	1 321.39	1 291.63	545.89
6	丹东	4 470.28	1 118.55	1 402.41	675.85	1 129.93	1 110.79	1 032.78	382.08
7	锦州	4 190.91	1 457.63	1 460.61	560.65	1 061.29	1 356.56	1 305.38	408.48
8	营口	4 511.31	1 528.39	1 409.16	819.48	953.63	1 074.38	1 159.72	767.2
9	阜新	3 462.71	1 274.15	820.77	594.92	759.04	795.41	1 046.84	293.51
10	辽阳	4 202.15	1 284.45	1 056.24	718.88	766.79	1 623.99	959.92	458.22
11	盘锦	4 358.14	2 034.89	995.77	878.5	1 450.51	1 963.21	1 661.43	580.54
12	铁岭	3 566.73	1 321.45	1 815.12	805	717.75	939.89	850.19	306.43
13	朝阳	3 478.87	1 121.3	1 006.27	487.73	892.56	1 238.56	745.35	347.48
14	葫芦岛	3 771.72	1 131.73	1 065.14	619.71	671.03	2 071.31	1 136.06	502.69

数据来源：辽宁省统计年鉴

四、实训过程

1. 调出 K 型聚类分析主程序

调出 K 型聚类分析主程序：分析→分类→K-均值聚类分析。

2. 主对话框的设计

（1）K 型聚类分析变量。

在主对话框中的左侧，分别选择 8 个变量"x1 至 x8"，调入右侧的"变量"框中。

（2）聚类对象（标签）。

选择字符型变量"地区"，调入"个案标志依据"框中。

（3）聚类数。

在"聚类数"框中指定分类数，此处设置为"3"（这个过程非常重要，一般要经过多次的尝试才可完成，一定要十分慎重）。

（4）聚类中心。

聚类中心的设置有两种方式：查找已有的类中心，单击左侧的"类中心"，可以调出查找已有类中心的对话框，通过查找已有的 SPSS 数据文件（类中心）作为本次聚类分析的类中心。后者的前提是以前做过类似的聚类分析而有类中心；以前有过类似的聚类分析而有类中心。计算指定类中心若以前没有做过本问题的聚类分析，也没有过类似的聚类分析，则由计算机（SPSS 统计软件）代替用户而自动指定类中心。

（5）设置聚类分析的方式。

在方法框下选中迭代与分类，表示以初始类中心开始，经过一定的迭代过程，直到得到最后的类中心，聚类分析完毕（见图 4-3-1）。

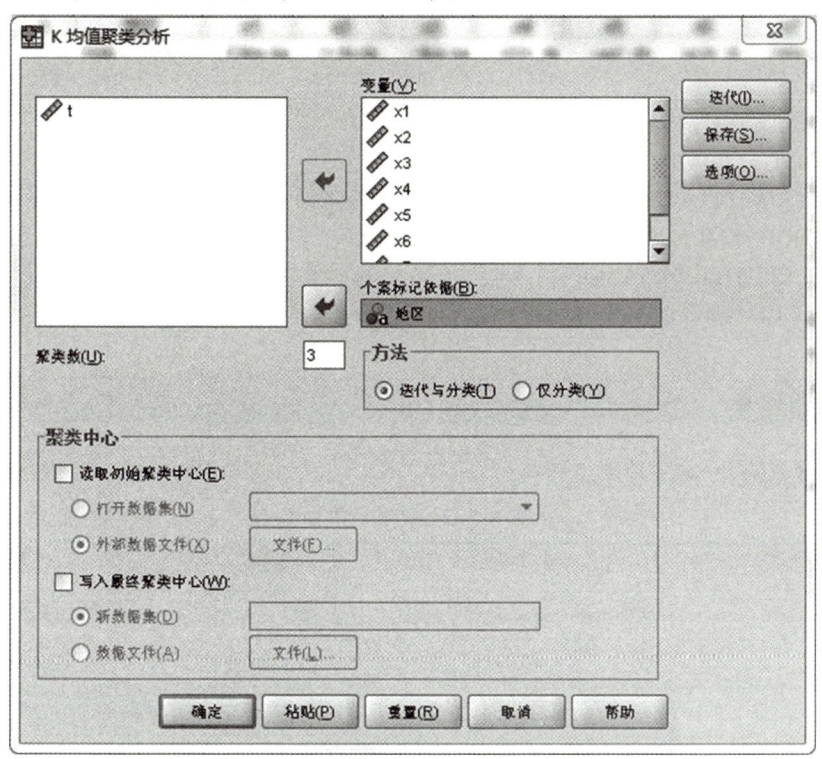

图 4-3-1　K 型聚类中心主对话框的设计

3. 二级对话框的设计

（1）单击"迭代"按钮，按照默认的选项进行，用来设置程序终止的条件。具体包括"最大迭代次数"(默认 10 次)、"与聚类中心的距离"(默认 0.02)(见图 4-3-2)。

(2) 单击"保存"按钮,选择 2 个备选项,保存聚类分析的结果。具体包括聚类成员和与聚类中心的距离。

(3) 单击"选项"按钮,选中"初始聚类中心"和"ANOVA 表"2 个选项(见图 4-3-2)。

图 4-3-2 K 型聚类中心二级对话框的设计

4. 运行该程序

附:运行程序

```
QUICK CLUSTER x1 x2 x3 x4 x5 x6 x7 x8
   /MISSING=LISTWISE
   /CRITERIA=CLUSTER(3) MXITER(10) CONVERGE(0)
   /METHOD=KMEANS(NOUPDATE)
   /SAVE CLUSTER DISTANCE
   /PRINT ID(地区) INITIAL ANOVA.
```

五、实训结果

1. 初始聚类中心(见表 4-3-2)

表 4-3-2 初始聚类中心

项目	聚类		
	1	2	3
x_1	3 566.73	6 145.16	4 358.14
x_2	1 321.45	1 676.02	2 034.89
x_3	1 815.12	1 741.57	995.77
x_4	805.00	994.76	878.50
x_5	717.75	1 128.17	1 450.51

续表

项目	聚类		
	1	2	3
x_6	939.89	2 519.59	1 963.21
x_7	850.19	1 741.83	1 661.43
x_8	306.43	632.60	580.54

这是计算机自动检索的类中心。在这份数据中，很明显是第 2 类的类中心的数据最优、第 3 类次之、第 1 类最差。

2. 迭代历史记录（见表 4-3-3）

表 4-3-3 迭代历史记录

迭代	聚类中心内的更改		
	1	2	3
1	857.017	603.674	604.133
2	0.000	0.000	0.000

a. 由于聚类中心内没有改动或改动较小而达到收敛。任何中心的最大绝对坐标更改为 0.000。当前迭代为 2。初始中心间的最小距离为 2 032.100

它反映了 3 个类中心每次迭代是偏移的情况。经过第 1 次、第 2 次迭代，3 个类的类中心有明显的变化，第 2 次迭代（几乎）没有发生变化，所以聚类分析到此结束。

3. 最终聚类中心（见表 4-3-4）

表 4-3-4 最终聚类中心

项目	聚类		
	1	2	3
x_1	3 966.20	5 765.00	4 603.11
x_2	1 245.93	1 907.84	1 703.07
x_3	1 215.14	1 553.26	1 158.55
x_4	639.48	1 013.36	770.38
x_5	871.94	1 288.03	1 169.36
x_6	1 267.51	2 473.92	1 793.37
x_7	1 036.27	2 050.56	1 442.57
x_8	433.32	718.61	610.27

表 4-3-4 中数据显示的是聚类分析的最终类中心。数据显示，第 2 类各项指标的数值最好，第 3 类次之，第 1 类最差。以上的类中心的计算结果与计算机指定的初始类中心的变动方向相同。

4. 方差分析表（见表4-3-5）

表4-3-5 方差分析表

项目	聚类 均方	df	误差 均方	df	F	sig.
x_1	2 760 545.079	2	157 850.132	11	17.488	0.000
x_2	492 143.869	2	47 937.983	11	10.266	0.003
x_3	109 963.896	2	106 387.336	11	1.034	0.388
x_4	119 034.595	2	13 179.114	11	9.032	0.005
x_5	199 620.978	2	33 919.883	11	5.885	0.018
x_6	1 301 534.450	2	138 736.946	11	9.381	0.004
x_7	899 767.391	2	44 696.128	11	20.131	0.000
x_8	85 030.129	2	17 440.574	11	4.875	0.030

F检验应仅用于描述性目的，因为选中的聚类将被用来最大化不同聚类中的案例间的差别。观测到的显著性水平并未据此进行更正，因此无法将其解释为是对聚类均值相等这一假设的检验

表4-3-5中数据反映各个指数在不同类的均值的比较情况。由方差分析表的 F 值和 sig 值可知，用于聚类分析的8个指标（第3个变量略差）都是有效的。这样的方差分析结论，说明用来进行 K 型聚类分析的变量是有效的，由此得到的聚类结果也是可靠的。

5. 聚类分析的最终结论（见表4-3-6）

表4-3-6 辽宁省各地区所属的类号及其与类中心的距离

地区	x_1	x_2	x_3	x_4	x_5	x_6	x_7	x_8	Qcl-1	Qcl-2
沈阳	5 384.84	2 139.66	1 364.94	1 031.96	1 447.89	2 428.25	2 359.29	804.61	2	603.674 32
大连	6 145.16	1 676.02	1 741.57	994.76	1 128.17	2 519.59	1 741.83	632.60	2	603.674 32
鞍山	4 671.37	1 490.84	1 572.19	719.78	1 080.94	2 095.52	1 374.66	704.38	3	579.601 08
抚顺	4 041.09	975.74	900.56	473.12	895.41	1 196.69	1 090.15	433.77	1	462.299 97
本溪	4 779.83	1 583.47	907.69	712.85	976.64	1 321.39	1 291.63	545.89	3	631.356 81
丹东	4 470.28	1 118.55	1 402.41	675.85	1 129.93	1 110.79	1 032.78	382.08	1	632.832 44
锦州	4 190.91	1 457.63	1 460.61	560.65	1 061.29	1 356.56	1 305.38	408.48	1	527.830 72
营口	4 511.31	1 528.39	1 409.16	819.48	953.63	1 074.38	1 159.72	767.20	1	785.915 99
阜新	3 462.71	1 274.15	820.77	594.92	759.04	795.41	1 046.84	293.51	1	816.756 61
辽阳	4 202.15	1 284.45	1 056.24	718.88	766.79	1 623.99	959.92	458.22	1	483.006 09
盘锦	4 358.14	2 034.89	995.77	878.50	1 450.51	1 963.21	1 661.43	580.54	3	604.133 01
铁岭	3 566.73	1 321.45	1 815.12	805.00	717.75	939.89	850.19	306.43	1	857.017 10
朝阳	3 478.87	1 121.30	1 006.27	487.73	892.56	1 238.56	745.35	347.48	1	642.604 20
葫芦岛	3 771.72	1 131.73	1 065.14	619.71	671.03	2 071.31	1 136.06	502.69	1	880.332 94

6. 聚类分析各类包含的地区数量（见表4-3-7）

表4-3-7 每个聚类中的案例数

聚类	1	9.000
	2	2.000
	3	3.000
有效		14.000
缺失		0.000

在所分的3个类中，第2类包含的地区数最少，只有2个城市，结合表4-3-7数据，该类只有沈阳和大连，消费水平最高；第3类包含3个城市，即鞍山、本溪、盘锦，居民消费水平居中；第1类包含9个地区，即抚顺、丹东、锦州、营口、阜新、辽阳、铁岭、朝阳、葫芦岛，居民的消费水平最低。

如图4-3-3所示，x_3表示城镇居民家庭平均每人居住消费支出，x_4表示城镇居民家庭平均每人家庭设备及用品消费支出，x_5表示城镇居民家庭平均每人交通通信消费支出，x_8表示城镇居民家庭平均每人其他消费支出。

如果结合方差分析，辽宁省3类地区的城镇居民消费支出的差异性特征会更加清晰、明了，此处略去。

辽宁省各地区城镇居民消费支出类别

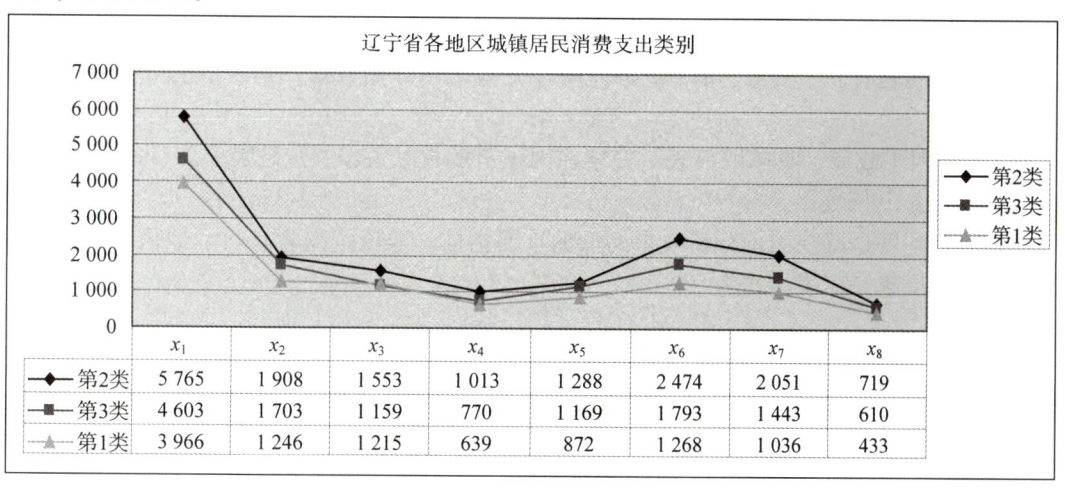

	x_1	x_2	x_3	x_4	x_5	x_6	x_7	x_8
第2类	5 765	1 908	1 553	1 013	1 288	2 474	2 051	719
第3类	4 603	1 703	1 159	770	1 169	1 793	1 443	610
第1类	3 966	1 246	1 215	639	872	1 268	1 036	433

图4-3-3 辽宁省各地区城镇居民消费支出类别图

实训4 因子分析

一、实训目的

在大数据、信息化时代背景下，许多社会经济问题会产生以下四个方面问题：一是样本大；二是变量多；三是变量间关系错综复杂；四是研究方法复杂，即复杂问题。因子分析是专门研究复杂问题的科学有效的理论和方法。因子分析是利用降维思想，通过复杂问题简单化，实现对社会经济问题的全面认识。伴随软件技术发展，因子分析在社会、经济、管理、体育、医学、药学等许多领域应用广泛。

通过本实训，学生可以掌握因子分析的基本理论和方法，熟悉统计软件的因子分析模块功能与应用过程，根据特定研究目的，针对具体问题，能够应用统计软件进行因子分析，得出研究结论，形成针对具体社会经济问题因子分析的数据处理和数据分析的核心能力。

二、实训原理

1. 因子分析功能

因子分析是专门研究复杂问题有效的理论和方法，主要功能包括以下两个方面：一是聚类的功能，通过因子提取及因子命名实现；二是综合评价的功能，通过单项因子得分及综合因子得分实现。

2. 因子分析含义

所谓因子分析，就是利用降维思想，使用数学方法在纷繁复杂的原始变量中提取有效的因子，并通过因子命名、因子得分实现对复杂问题的研究。

3. 因子分析中的几个重要概念

（1）因子模型。

设研究问题有 p 个变量、n 个个案，用 X 矩阵表示原始数据。则因子模型为

$$X = AF + \varepsilon$$

式中，A 叫因子载荷，具体取值表示变量在因子上的贡献大小；F 是因子。

（2）变量共同度。

变量共同度是反映因子分析效果高低的重要指标，取值范围为 0~1。数值越大表示因子分析的效果越好。表达式为

$$h_i^2 = a_{i1}^2 + a_{i2}^2 + \cdots + a_{ip}^2$$

（3）因子载荷。

因子模型中，模型系数叫因子载荷，是原始变量与公共因子的协方差或者相关系数。因子载荷采用主成分法进行计算。即首先通过特征值和特征向量，进行主成分分析；然后，按照特征值的平方根乘上特征向量计算得到因子载荷，即实现因子分析。因子载荷的取值范围为 0~1，优劣标准为越向两极分化越好，越趋近于 0.5 越差。

$$a_{ij} = u_{ij}\sqrt{\lambda_j}$$

4. 因子旋转

在因子分析中，一般使用因子载荷进行因子命名。但是当因子载荷趋近于 0.5 时，难以进行因子命名，此时可以通过因子旋转得到较好的因子载荷。因子旋转方法一般使用方差最大化正交旋转方法。

5. 因子分析基本过程

（1）因子分析前提条件。

因子分析条件就是原始变量间高度相关。与普通相关性不同的是，因子分析中的高度

相关标准大致是相关系数在 0.3 左右。检验方法有：

①相关系数矩阵。计算原始变量间的单相关系数矩阵，矩阵中部分相关系数达到 0.30 即可进行因子分析。

②KMO（Kaiser-Meyer-Olkin）检验。KMO 检验是判断变量间的单相关系数平方和与单相关系数平方和再加上变量间偏相关系数平方和的总和的比值是否达到某种标准的一种检验方法。计算公式为

$$\mathrm{KMO} = \sum\sum_{i\neq j} r_{ij}^2 / (\sum\sum_{i\neq j} r_{ij}^2 + \sum\sum_{i\neq j} p_{ij}^2)$$

KMO 取值范围为 0~1，分为：0~0.5 间不适合因子分析，0.5~0.7 间比较适合因子分析，0.7~1 间非常适合因子分析。

③巴特利特球形度检验（Bartlett Test of Sphericity）。零假设是原始变量相关矩阵为单位阵。检验结论是比较 sig（相伴概率）与 α（显著性水平）大小，若 sig 小于 α，则拒绝零假设，认为原始变量间的相关矩阵不是单位阵，即研究问题适合因子分析。

（2）因子提取。

①因子提取方法。因子提取方法有许多种，常用的为主成分法，即利用特征值和特征向量实现因子提取。

②因子提取依据。因子提取依据包括相关系数矩阵和协方差矩阵，常用的依据为相关系数矩阵。

③因子提取标准。因子提取标准为特征值大于 1，以及累计方差贡献率 85%。如果二者结果不一致，具体要看研究结论与研究目的之间的关系，以及实际情况综合确定。

（3）因子命名。

①因子命名标准。因子命名标准是因子载荷。具体是根据较大的因子载荷所对应原始变量综合命名。此时，较大的因子载荷就是 0.5~1 的因子载荷。在因子载荷矩阵中，观察因子（即列标题），找出较大的因子载荷，横向查看其左侧所对应的原始变量（名称或序号），然后根据左侧的原始变量给提取的因子进行命名。依次进行，直到最后全部完成。

②因子旋转。当因子载荷质量较低时，需要进行因子旋转来得到质量较高的因子载荷，然后根据这样的因子载荷进行因子命名。

（4）因子得分。因子得分是实现因子分析的综合评价功能的重要依据，包括单项得分和综合得分两种类型。单项得分按照软件计算出的因子得分系数直接给出，综合得分是以单项得分为平均对象、以特征值比重为权数计算得到的加权平均数。

三、实训问题

1. 背景

中国的高新技术产业发展较晚，主要表现形式是以高新技术产业开发区为主。而位于大连的高新技术产业开发区是国家首批的高新技术产业园区，其成立于 1993 年，是整个东北的高新技术科技创新和产业集聚的平台。把大连高新技术产业园区作为研究对象，对

影响高新技术产业集聚程度的因素进行探究，再丰富和完善产业集聚的主要理论，并为高新技术产业集聚的发展提供一定的指导作用。而大连高新区作为首批国家级高新技术产业园区，为大连市乃至辽宁省的经济发展均做出了巨大贡献。因此其研究结论相比之下具有代表性。

2. 样本与变量

所用数据均来自《国家统计年鉴》《中国火炬统计年鉴》（2008—2016 年），辽宁科技信息网以及大连高新区等相关网站发布的相关报道和数据资料。采用因子分析与回归分析进行实证分析，数据时间跨度为 2007—2015 年。变量如表 4-4-1 所示。

表 4-4-1 变量一览表

符号	指标	数据选取及处理
y	产业产值	大连市各年高新技术产业产值
x_1	企业数	大连市各年高新技术企业数
x_2	科技活动人员数	大连市各年高新技术产业科技活动人员数
x_3	专利申请量	大连市各年高新技术产业专利申请量
x_4	实际利用外资金额	大连市各年实际利用外资金额
x_5	邮电业务总量	大连市各年邮电业务总量
x_6	政府投入	大连市各年高新技术产业投资中政府投入的金额

四、实训过程

1. 调出因子分析程序

调出因子分析程序：分析→降维→因子分析。

2. 主对话框设计

在主对话框中，分别单击 6 个指标，调入"变量"框中（见图 4-4-1）。

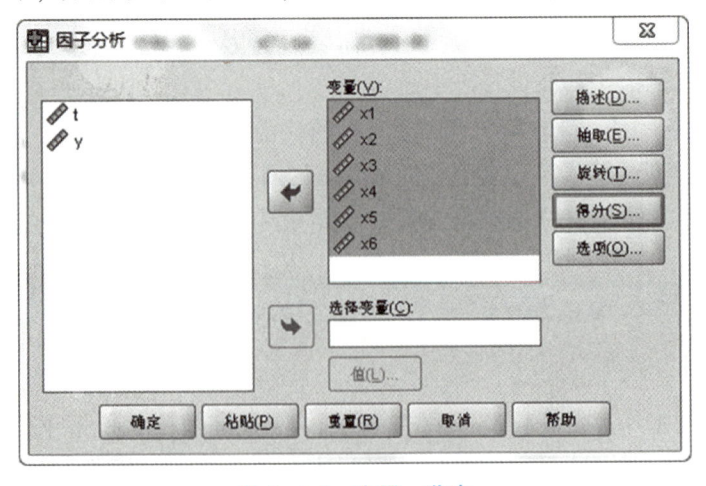

图 4-4-1 变量一览表

3. 二级对话框设计

在二级对话框中进行如下设置：

（1）因子分析前提条件。

单击"描述"按钮，在统计量框中，选择输出"原始分析结果"。在"相关矩阵"框中选择"系数""KMO 和 Bartlett 的球形度检验"（见图 4-4-2）。

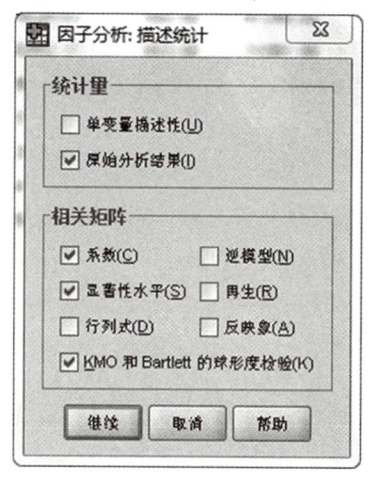

图 4-4-2　因子分析前提条件设计

（2）因子提取。

单击"抽取"按钮：在"方法"下拉框中，选择默认选项按照"主成分法"提取因子。在"分析"框中设置提取因子的依据，选中"相关性矩阵"（依据相关系数矩阵计算主成分）。抽取用于指定因子个数的标准，指定特征值大于等于 1（备选项是认为指定保留因子的个数）。在"输出"框选择与因子提取有关的信息，具体输出"未旋转的因子解"。"最大收敛性迭代次数"框用于设置因子分析收敛的最大迭代次数（25 次）（见图 4-4-3）。

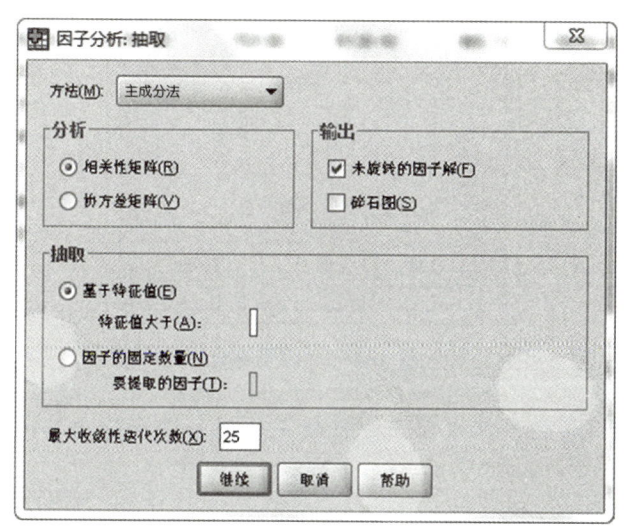

图 4-4-3　因子提取

（3）因子命名。

单击"旋转"按钮，在"方法"框中选中"最大方差法"（见图4-4-4）。在"显示"框中选中输出旋转后的因子载荷，输出载荷散点图。

图 4-4-4　因子命名

（4）因子得分。

单击"得分"按钮，选中"保存为变量"，选中"显示因子得分系数矩阵"（见图4-4-5）。

图 4-4-5　因子得分

4. 单击"旋转"按钮，指定因子分析缺失值的处理和输出其他结果

5. 运行该程序

附：运行程序

```
FACTOR
    /VARIABLES x1 x2 x3 x4 x5 x6
    /MISSING LISTWISE
    /ANALYSIS x1 x2 x3 x4 x5 x6
    /PRINT INITIAL CORRELATION SIG KMO EXTRACTION ROTATION FSCORE
    /PLOT EIGEN
    /CRITERIA MINEIGEN(1) ITERATE(25)
    /EXTRACTION PC
    /CRITERIA ITERATE(25)
    /ROTATION VARIMAX
    /SAVE REG(ALL)
    /METHOD=CORRELATION.
```

五、实训结果

1. 因子分析前提条件

(1) 相关系数矩阵（见表 4-4-2）

表 4-4-2 相关系数矩阵

项目	符号	x_1	x_2	x_3	x_4	x_5	x_6
相关	x_1	1.000	0.447	0.993	0.984	−0.252	0.981
	x_2	0.447	1.000	0.434	0.464	0.199	0.340
	x_3	0.993	0.434	1.000	0.993	−0.252	0.988
	x_4	0.984	0.464	0.993	1.000	−0.315	0.981
	x_5	−0.252	0.199	−0.252	−0.315	1.000	−0.360
	x_6	0.981	0.340	0.988	0.981	−0.360	1.000
sig.（单侧）	x_1		0.114	0.000	0.000	0.257	0.000
	x_2	0.114		0.122	0.104	0.304	0.185
	x_3	0.000	0.122		0.000	0.257	0.000
	x_4	0.000	0.104	0.000		0.205	0.000
	x_5	0.257	0.304	0.257	0.205		0.170
	x_6	0.000	0.185	0.000	0.000	0.170	

观察相关系数矩阵，多数相关系数大于 0.30；同时相关系数检验的相伴概率 sig 多数小于显著性水平 0.05，说明相关系数有效。原始变量与数据适合因子分析。

（2）巴特利特球形度检验（KMO and Bartlett's Test）（见表 4-4-3）

表 4-4-3　因子分析前提条件检验（KMO and Bartlett's Test）

抽样充分性测量 KMO 值		0.612
巴特利特球形度检验	x^2	77.775
	df	15
	sig.	0.000

由表 4-4-3 可知，巴特利特球形度检验值为 77.775，相伴概率 sig=0.000<0.05。可知原始数据可以进行因子分析。同时，原始数据的 KMO 值为 0.612>0.5，即可以判断出变量也适合进行因子分析。

2. 因子提取（见表 4-4-4）

表 4-4-4　因子提取

序号	初始特征值			平方负载的提取和			载荷平方和的旋转和		
	特征值	特征值的百分比/%	特征值累计百分比/%	特征值	特征值的百分比/%	特征值累计百分比/%	特征值	特征值的百分比/%	特征值累计百分比/%
1	4.266	71.095	71.095	4.266	71.095	71.095	4.266	71.094	71.094
2	1.205	20.091	91.186	1.205	20.091	91.186	1.206	20.093	91.186
3	0.507	8.434	99.620						
4	0.013	0.222	99.842						
5	0.008	0.141	99.984						
6	0.001	0.016	100.00						

表 4-4-4 中：

第 1 列是因子编号。

第 2 列描述了初始解的特征值，分别是 4.266、1.205、0.507、0.013、0.008、0.001。其中前 2 个大于 1，总和为 6，均值为 1。

第 3 列反映了特征值的方差贡献率，分别是 71.095%、20.091%、8.434%、0.222%、0.141%、0.016%。

第 4 列反映了特征值的累计方差贡献率分别为 71.095%、91.186%、99.620%、99.842%、99.984%、100.00%，当累积到前 2 个特征值贡献率时，累计方差贡献率达到了 91.186%，超过了 85%。

如表 4-4-4 所示，能够提取 2 个因子。

（1）特征值大于 1 的标准。

按照特征值大于 1 的标准，4.266、1.205 以后的各个特征值都小于 1，因此提取 2 个因子。

（2）累计方差贡献率大于85%的标准。

按照方差贡献率大于85%的标准，前2个因子方差累计贡献率达到91.186%，说明这2个因子可以充分表达原数据的信息，因子分析效果很好，因此提取2个因子。

（3）碎石图标准（见图4-4-6）。

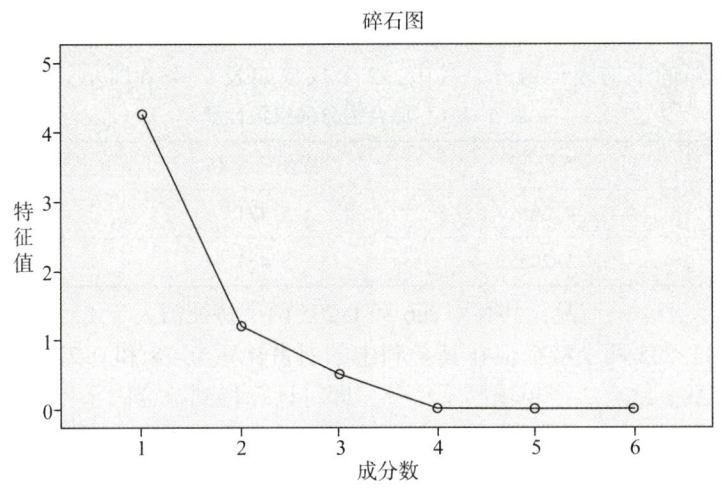

图4-4-6　因子分析碎石图（特征值折线图）

图4-4-6中的横坐标是公共因子数，纵坐标是公共因子的特征值。观察碎石图可见，前2个公共因子的特征值较大且变化迅速，在成分数2的位置折现变化非常明显，而以后的各个成分数变化平缓。因此提取2个因子。

3. 因子命名

由表4-4-5可知，第一个因子在变量x_4、变量x_3、变量x_1、变量x_6的负荷程度较大，分别为0.996、0.991、0.989、0.984，将其命名为知识投入因子；第二个因子在变量x_5和变量x_2存在较大负荷，命名为人力资本因子。

表4-4-5　旋转成分矩阵a（Rotated Component Matrix（a））

项目	成分	
	1	2
x_1	0.989	0.033
x_2	0.487	0.707
x_3	0.991	0.024
x_4	0.996	0.000
x_5	-0.332	0.832
x_6	0.984	-0.107
提取方法：主成分分析法。 旋转法：具有Kaiser标准化的正交旋转法		
a. 旋转在3次迭代后收敛		

4. 因子得分

（1）单项得分。

根据因子得分系数矩阵，可以计算得到单项因子得分。

（2）综合得分。

由于提取2个因子，因此综合因子得分就是2个单项因子得分以2个最大的特征值所占比重为权数计算的平均因子得分。其中，2个权数如表4-4-6所示。

表 4-4-6　综合得分的权数计算

序号	特征值	特征值总和	权数
1	4.266	5.471	0.78
2	1.205	5.471	0.22

按照特征值大于1的情况，共有4.266和1.205两个特征值大于1，其总和为5.471。此时计算4.266和1.205两个特征值在其总和中的所占比重0.78和0.22，即可得到综合因子得分的2个权数。结合2个单项因子得分，即可计算得到综合因子得分（见图4-4-7）。

图 4-4-7　综合因子得分

具体方法：在软件的"转换"菜单中，选择"计算"二级菜单，进入"计算变量"对话框。在该对话框中，按照图4-4-7所示即可完成计算。

2007—2015年综合得分的权数计算如表4-4-7所示。

表 4-4-7　2007—2015年综合得分的权数计算

年别	y	x_1	x_2	x_3	x_4	x_5	x_6	fac1-1	fac2-1	F
2007	11 347.28	557	33 296	583	8 035.2	706.37	16 246.9	−1.023 59	−0.227 21	−0.85
2008	14 079.06	578	34 273	691	8 121.5	826.71	17 417.8	−0.861 27	0.223 72	−0.62

续表

年别	y	x_1	x_2	x_3	x_4	x_5	x_6	fac1-1	fac2-1	F
2009	13 529.03	592	41 290	703	8 128.5	965.11	18 153.8	-0.705 84	1.295 58	-0.27
2010	16 253.17	603	31 081	785	8 501.4	1 171.63	19 009.8	-0.803 21	0.968 41	-0.41
2011	18 832.74	625	21 369	867	9 096.5	472.64	22 365.9	-0.401 24	-2.138 79	-0.78
2012	20 721.99	648	36 589	995	10 503.1	516.07	23 106.9	0.174 8	-0.587 97	0.01
2013	22 841.49	711	39 349	1 165	11 377.9	582.21	25 031.5	0.657 32	-0.137 53	0.48
2014	24 163.76	746	39 476	1 476	13 312.1	647.21	29 286.6	1.317 64	0.018 47	1.03
2015	25 947.52	803	40 351	1 624	13 974.2	804.47	30 402.3	1.645 4	0.585 32	1.41

根据因子得分，单项因子得分和综合因子得分都呈现随着时间延续而上升的态势。

5. 因子分析效果（变量共同度的提取）（见表4-4-8）

表4-4-8 公因子方差

符号	初始	提取
x_1	1.000	0.979
x_2	1.000	0.737
x_3	1.000	0.983
x_4	1.000	0.991
x_5	1.000	0.803
x_6	1.000	0.979

提取方法：主成分分析法

初始列的数据均为"1.000"，表示原始变量的信息是100%；提取列的数据都小于1.000，反映提取公共因子后每个变量保留下来的信息，都达到了0.9以上。从该列数据可以发现，变量保留的信息很充分，因子提取的效果是很理想的。

实训5　对应分析

一、实训目的

针对社会经济问题的总体特性，类型与结构是实现深刻认识的重要方法与手段。对应分析依据交叉列联分析、因子分析基本理论和方法，广泛应用于社会经济问题的类型、结构及其相互关系的研究与分析。

通过本实训，学生可以理解对应分析的特点，熟悉统计软件对应分析的过程，掌握统计软件对应分析的程序与方法，能够独立进行社会经济问题的对应分析，形成针对具体的社会经济问题进行对应分析的数据处理与数据分析的核心能力。

二、实训原理

1. 对应分析的基本定义

交叉列联分析是研究两个及多个分类变量关系及其影响的简单方法，对应分析的基础和来源是交叉列联表，其理论和方法已经非常成熟，在社会经济等诸多领域得到广泛应用。对应分析运用因子分析"降维"思想，以图形形式，来揭示两套分类变量相互之间的数量关系。

2. 对应分析基本方法

（1）频数交叉列联表。

针对对应分析的研究问题，设计两个分类变量，编制频数交叉列联表 n_{ij}。设行变量用 A 表示，有 r 个水平；列变量用 B 表示，有 k 个水平。

（2）频率交叉列联表。

根据频数交叉列联表，计算得到 rk 的频率交叉列联表 p_{ij}。

（3）对应分布图的横坐标、纵坐标。

①横坐标。根据频率交叉列联表，确定各点横坐标，用 z_{ij} 表示。

$$z_{ij} = \frac{p_{ij}}{\sqrt{\sum_{c=1}^{r} p_{ci} \sum_{c=1}^{k} p_{ic}}} (i = 1, 2, 3, \cdots, r; j = 1, 2, 3, \cdots, k)$$

②纵坐标。根据频率交叉列联表，确定各点纵坐标，用 z_{ij} 表示。

$$z_{ij} = \frac{p_{ij}}{\sqrt{\sum_{c=1}^{k} p_{ic} \sum_{c=1}^{r} p_{cj}}} (i = 1, 2, 3, \cdots, r; j = 1, 2, 3, \cdots, k)$$

（4）横变量和纵变量的因子分析。

针对横变量和纵变量进行因子分析，提取因子，确定因子载荷。这里只给出行变量的研究过程，纵变量参照进行。

一是计算得到频率矩阵的协方差矩阵，记为 A。

二是根据协方差矩阵 A，计算协方差矩阵 A 的特征值和特征向量。设特征值为 λ_i，λ_i 降次排列，其个数在 $0 \sim \min(r, k)$；特征向量为 μ_c。

三是根据累计方差贡献率确定提取的因子的个数（即特征值的个数）c。在对应分析中，c 通常为 2。

四是确定因子载荷。行变量的因子载荷矩阵是行变量的某分类（即水平）在某个因子上的载荷，反映二者之间的相关关系。因子载荷矩阵为 G_r，G_r 的表达式为

$$G_r = \mu_{ic}\sqrt{\lambda_c} (i = 1, 2, 3, \cdots, r; c = 1, 2)$$

（5）对应分布图。

根据上面的行变量和列变量的因子载荷，形成对应分布图，并详细解读该图，对研究问题进行分析，得出研究结论。

3. 对应分析的对应分布图

对应分析虽然可以通过数据计算得出结论，并绘制出对应分布图，但对应分析的最终结论也只有对应分布图，而没有给出分类变量内部及分类变量之间的具体的统计数据来度量它们的数量关系和数量特点。

4. 对应分析中特殊类别的处理

对应分析中的特殊类，包括频数太少、相似、数值异常两种情况。解决方法有删除、合并。

5. 对应分析的变量及其要求

对应分析主要是研究分类变量。但在研究实践中，数值型变量也可以进行对应分析。若是单变量，可以按照适当的标准将该变量进行分割，形成分类变量；若是多变量，则可以通过统计软件数据文件中的"值标签"来重新定义变量，实现变量转换来进行对应分析。

三、实训问题

1. 研究背景

伴随改革开放国策深入实施，辽宁省各地区的城镇居民消费水平持续提高，消费结构不断优化，居民生活有了显著改善。进行辽宁省各个地区的消费水平的研究，总结消费特点，为指导居民合理消费并进一步提高销售能力和消费水平提供参考意见。

2. 样本与变量

（1）样本。

由于辽宁省有 14 个地级市，故本问题选择辽宁省的全部地区进行研究。

（2）变量。

按照我国统计制度，城镇居民消费支出包括食品消费支出、衣着消费支出、居住消费支出、家庭设备及用品消费支出、交通通信消费支出、文教娱乐消费支出、医疗保健消费支出、其他消费支出，分别用 $x_1 \sim x_8$ 表示（见表 4-5-1）。

针对上述问题和变量，进行 K 型聚类分析，研究辽宁省城镇居民消费支出的类型与特点，为辽宁省及各地区采取有效措施以提高居民消费水平提供政策依据。

表 4-5-1 辽宁省各地区的城镇居民消费支出数据表

序号	地区	x_1	x_2	x_3	x_4	x_5	x_6	x_7	x_8
1	沈阳	5 384.84	2 139.66	1 364.94	1 031.96	1 447.89	2 428.25	2 359.29	804.61
2	大连	6 145.16	1 676.02	1 741.57	994.76	1 128.17	2 519.59	1 741.83	632.6
3	鞍山	4 671.37	1 490.84	1 572.19	719.78	1 080.94	2 095.52	1 374.66	704.38
4	抚顺	4 041.09	975.74	900.56	473.12	895.41	1 196.69	1 090.15	433.77
5	本溪	4 779.83	1 583.47	907.69	712.85	976.64	1 321.39	1 291.63	545.89
6	丹东	4 470.28	1 118.55	1 402.41	675.85	1 129.93	1 110.79	1 032.78	382.08

续表

序号	地区	x_1	x_2	x_3	x_4	x_5	x_6	x_7	x_8
7	锦州	4 190.91	1 457.63	1 460.61	560.65	1 061.29	1 356.56	1 305.38	408.48
8	营口	4 511.31	1 528.39	1 409.16	819.48	953.63	1 074.38	1 159.72	767.2
9	阜新	3 462.71	1 274.15	820.77	594.92	759.04	795.41	1 046.84	293.51
10	辽阳	4 202.15	1 284.45	1 056.24	718.88	766.79	1 623.99	959.92	458.22
11	盘锦	4 358.14	2 034.89	995.77	878.5	1 450.51	1 963.21	1 661.43	580.54
12	铁岭	3 566.73	1 321.45	1 815.12	805	717.75	939.89	850.19	306.43
13	朝阳	3 478.87	1 121.3	1 006.27	487.73	892.56	1 238.56	745.35	347.48
14	葫芦岛	3 771.72	1 131.73	1 065.14	619.71	671.03	2 071.31	1 136.06	502.69

资料来源：辽宁省统计年鉴

四、实训过程

（一）数据处理

本实训是数值型变量，而且是多变量情形，所以不能直接进行对应分析，需要进行以下数据处理：将原始数据进行重新编码，包括3个方面：地区变量的编码，收入变量的编码，收入变量的加权。这里只给出编码的基本要求和结果，具体的编码过程读者可以查找相关内容来解决。

1. 地区变量的编码

地区变量一般是字符型变量，但在对应分析中，应将沈阳、大连、鞍山、抚顺、本溪、丹东、锦州、营口、阜新、辽阳、盘锦、铁岭、朝阳、葫芦岛等辽宁省的14个地区变量通过值标签设置成"值""标签"。具体就是将14个地区分别按照1~14设置成"值""标签"（见图4-5-1），其中1代表"沈阳"、2代表"大连"，依次进行。

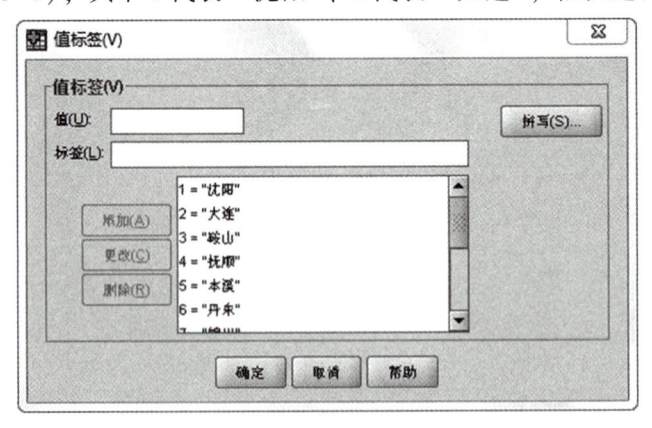

图4-5-1　辽宁省各地区编码

2. 收入变量的编码

各个收入变量一般是数值型变量，但对应分析不能直接对此进行研究，要将各个数值型变量食品消费支出、衣着消费支出、居住消费支出、家庭设备及用品消费支出、交通通信消费支出、文教娱乐消费支出、医疗保健消费支出、其他消费支出等 8 项支出通过值标签设置成"值""标签"。具体就是将 8 个消费支出变量分别按照 1~8 设置成"值""标签"（见图 4-5-2）。

图 4-5-2　辽宁省各项收入编码

3. 收入变量的加权

在对应分析中，为使数值型变量起到权数的作用，就需要将收入变量进行加权（见图 4-5-3）。

图 4-5-3　辽宁省消费支出加权

（二）数据分析

做好上述 3 个方面的准备，就可以对辽宁省城镇居民消费支出进行对应分析了。具体过程如下：

1. 调出对应分析主程序

调出对应分析主程序：分析→降维→对应分析。

2. 主对话框的设计

（1）行变量的设置。在主对话框中，单击左侧的行变量"地区"调入右侧的行中。

再单击行下面的"定义范围"按钮，设置行的范围。在行变量之下的"最小值"框中写上最小值"1"，在"最大值"框中写上最大值"14"，再单击"更新"按钮。单击"继续"按钮返回主对话框（见图 4-5-4）。

图 4-5-4　对应分析行变量的设计

（2）列变量的设置。在主对话框中，单击左侧的列变量"消费支出"调入右侧的列中，再单击行下面的"定义范围"按钮，设置列的范围。在行变量之下的"最小值"框中写上最小值"1"，在"最大值"框中写上最大值"8"，再单击"更新"按钮。之后，单击"继续"按钮返回主对话框（见图 4-5-5）。

在主对话框中，分别单击模型、统计量、绘制按钮进入 3 个二级对话框（见图 4-5-6~图 4-5-9）。

图 4-5-5　对应分析列变量的设计 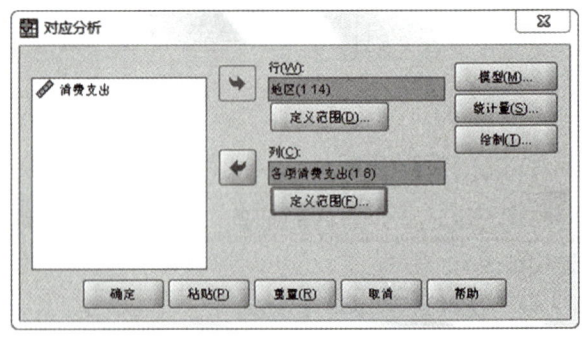　　　　图 4-5-6　对应分析主对话框的设计

3. 各个二级对话框的设计

(1) 模型参数设计。

在主对话框中，单击"模型"按钮，进入对应分析二级对话框"对应分析：模型"（见图4-5-7）。

①确定因子维数。在"解的维数"框中写上"2"，即提取2因子。这是对应分析默认选择方法。

②指定计算方法。在"距离度量"框中指定数值型变量距离计算方法"Euclidean"（欧氏距离）。

③指定标准化方法。选择"行和列均值已删除"为列数据被中心化，且确定中心前，令列边际都相等。

④指定正态化方法。在"正态化方法"框中指定数据标准化的方法。重点分析行、列变量各类别之间的关系时，一般选择"对称"。单击"继续"按钮返回到主对话框。

(2) 输出统计量设计。

在主对话框中，单击"统计量"按钮，进入输出统计量（见图4-5-8）。主要输出行变量、列变量的交叉列联表、因子载荷、方差贡献率及其百分比。

(3) 输出图形的设置。

在主对话框中，单击"绘制"按钮，进入对应分析二级对话框"对应分析：图"。其包括散点图和线图两种，具体输出行变量、列变量的散点图，行变量、列变量的因子载荷线图（见图4-5-9）。

图 4-5-7 对应分析：模型

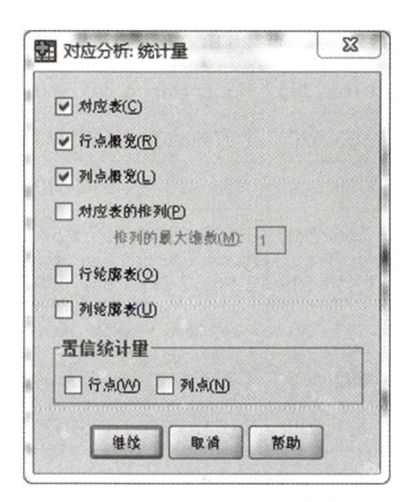

图 4-5-8 对应分析：统计量

图 4-5-9 对应分析：图

167

4. 运行该程序

```
CORRESPONDENCE TABLE=地区(1 14) BY 各项消费支出(1 8)
    /DIMENSIONS=2
    /MEASURE=EUCLID
    /STANDARDIZE=CSUM
    /NORMALIZATION=SYMMETRICAL
    /PRINT=TABLE RPOINTS CPOINTS
    /PLOT=NDIM(1,MAX) BIPLOT(20) RPOINTS(20) CPOINTS(20).
```

五、实训结果

1. 频数交叉列联表

在数值型变量的对应分析中，首先输出行变量和列变量的频数交叉列联表（见表 4-5-2）。

表 4-5-2　对应表

地区	食品消费支出	衣着消费支出	居住消费支出	家庭设备及用品消费支出	交通通信消费支出	文教娱乐消费支出	医疗保健消费支出	其他消费支出
沈阳	5 384.840	2 139.660	1 364.940	1 031.960	1 447.890	2 428.250	2 359.290	804.610
大连	6 145.160	1 676.020	1 741.570	994.760	1 128.170	2 519.590	1 741.830	632.600
鞍山	4 671.370	1 490.840	1 572.190	719.780	1 080.940	2 095.520	1 374.660	704.380
抚顺	4 041.090	975.740	900.560	473.120	895.410	1 196.690	1 090.150	433.770
本溪	4 779.830	1 583.470	907.690	712.850	976.640	1 321.390	1 291.630	545.890
丹东	4 470.280	1 118.550	1 402.410	675.850	1 129.930	1 110.790	1 032.780	382.080
锦州	4 190.910	1 457.630	1 460.610	560.650	1 061.290	1 356.560	1 305.380	408.480
营口	4 511.310	1 528.390	1 409.160	819.480	953.630	1 074.380	1 159.720	767.200
阜新	3 462.710	1 274.150	820.770	594.920	759.040	795.410	1 046.840	293.510
辽阳	4 202.150	1 284.450	1 056.240	718.880	766.790	1 623.990	959.920	458.220
盘锦	4 358.140	2 034.890	995.770	878.500	1 450.510	1 963.210	1 661.430	580.540
铁岭	3 566.730	1 321.450	1 815.120	805.000	717.750	939.890	850.190	306.430
朝阳	3 478.870	1 121.300	1 006.270	487.730	892.560	1 238.560	745.350	347.480
葫芦岛	3 771.720	1 131.730	1 065.140	619.710	671.030	2 071.310	1 136.060	502.690

调查的辽宁省城镇居民家庭收入共有沈阳、大连等14个地区，包括食品消费支出、衣着消费支出、居住消费支出、家庭设备及用品消费支出、交通通信消费支出、文教娱乐

消费支出、医疗保健消费支出、其他消费支出等8类消费支出。

2. 对应分析摘要（见表4-5-3）

表4-5-3 摘要

维数	奇异值	惯量	惯量比例		置信奇异值	
			解释	累计	标准差	相关.2
1	0.221	0.049	0.682	0.682	0.001	−0.025
2	0.090	0.008	0.113	0.795	0.001	
3	0.078	0.006	0.086	0.881		
4	0.064	0.004	0.058	0.939		
5	0.047	0.002	0.031	0.970		
6	0.034	0.001	0.017	0.986		
7	0.032	0.001	0.014	1.000		
总计		0.071	1.000	1.000		

第1列维数。依据对应分析基本理论，提取的特征值的个数为 min $\{r, k\}$ −1。本题中，"地区"有沈阳、大连、鞍山等14个（$r=14$），"消费支出"有食品消费支出、衣着消费支出、居住消费支出等8个水平（$k=8$）。所以提取的特征值的个数为 min $\{14, 8\}$ −1 = 7（个）。

第2列是奇异值。奇异值的平方为惯量。

第3列惯量即特征值。表4-5-3中列出了相应的特征值，并按降序排列。7个特征值分别是0.049、0.008、0.006、0.004、0.002、0.001、0.001，第1个特征值最大，说明它的地位最重要。特征值的总和为0.71。

3. 对应分布图坐标点

(1) 行变量的降维表（因子载荷矩阵）（见表4-5-4）。

表4-5-4 概述行点[a]

地区	质量	维中的得分		惯量	贡献				
					点对维惯量		维对点惯量		
		1	2		1	2	1	2	总计
沈阳	0.071	−1.067	−0.184	0.019	0.368	0.027	0.967	0.012	0.979
大连	0.071	−0.704	0.390	0.010	0.161	0.121	0.801	0.100	0.901
鞍山	0.071	−0.345	0.201	0.003	0.039	0.032	0.602	0.082	0.684
抚顺	0.071	0.405	−0.295	0.004	0.053	0.069	0.703	0.152	0.855
本溪	0.071	0.022	−0.290	0.001	0.000	0.067	0.007	0.494	0.501
丹东	0.071	0.272	0.185	0.002	0.024	0.027	0.489	0.092	0.581

续表

地区	质量	维中的得分 1	维中的得分 2	惯量	点对维惯量 1	点对维惯量 2	维对点惯量 1	维对点惯量 2	总计
锦州	0.071	0.122	0.097	0.001	0.005	0.008	0.186	0.048	0.234
营口	0.071	−0.077	0.209	0.004	0.002	0.035	0.027	0.080	0.107
阜新	0.071	0.570	−0.286	0.006	0.105	0.065	0.806	0.083	0.889
辽阳	0.071	0.206	−0.044	0.001	0.014	0.002	0.464	0.008	0.472
盘锦	0.071	−0.480	−0.410	0.006	0.075	0.134	0.622	0.184	0.806
铁岭	0.071	0.427	0.694	0.007	0.059	0.384	0.424	0.455	0.879
朝阳	0.071	0.532	−0.153	0.005	0.092	0.019	0.898	0.030	0.928
葫芦岛	0.071	0.119	−0.113	0.003	0.005	0.010	0.075	0.028	0.102
有效总计	1.000			0.071	1.000	1.000			

a. 对称标准化

第1列是行变量"地区"的具体情况，辽宁省共有沈阳、大连等14个地区。

第2列质量是行变量各水平（分类变量的类数）的百分比，均是0.071。

第3列、第4列是维中的得分，是各个地区在第1因子和第2因子上的因子载荷。这些因子载荷将成为在对应分析分布图上的数据点。

第5列惯量是特征值，合计为0.071。

第6列、第7列是点对维惯量，是各个地区对第1因子和第2因子值差异的影响程度。如沈阳对第1因子的影响最大，达到0.368；铁岭对第2因子的影响最大，达到0.384。

第8列、第9列、第10列是维对点惯量，是第1因子、第2因子对各个地区的解释程度。如行变量沈阳对第1因子解释0.967，对第2因子解释0.012，共解释0.979。

（2）列变量的降维表（因子载荷矩阵）（见表4-5-5）。

表4-5-5 概述列点[a]

各项消费支出	质量	维中的得分 1	维中的得分 2	惯量	点对维惯量 1	点对维惯量 2	维对点惯量 1	维对点惯量 2	总计
食品消费支出	0.125	−0.297	0.090	0.003	0.050	0.011	0.714	0.027	0.741
衣着消费支出	0.125	−0.422	−0.088	0.007	0.101	0.011	0.754	0.013	0.767
居住消费支出	0.125	−0.193	0.768	0.008	0.021	0.822	0.130	0.833	0.963
家庭设备及用品消费支出	0.125	−0.409	0.219	0.007	0.095	0.067	0.703	0.082	0.785

续表

各项消费支出	质量	维中的得分 1	维中的得分 2	惯量	点对维惯量 1	点对维惯量 2	维对点惯量 1	维对点惯量 2	总计
交通通信消费支出	0.125	−0.394	−0.165	0.007	0.088	0.038	0.615	0.044	0.658
文教娱乐消费支出	0.125	−0.634	−0.049	0.015	0.227	0.003	0.724	0.002	0.726
医疗保健消费支出	0.125	−0.640	−0.183	0.013	0.232	0.047	0.889	0.030	0.918
其他消费支出	0.125	−0.573	−0.024	0.012	0.186	0.001	0.736	0.001	0.736
有效总计	1.000			0.071	1.000	1.000			

a. 对称标准化

第1列是列变量"消费支出"的具体情况，辽宁省共有食品消费支出、衣着消费支出等8项。

第2列质量是列变量各水平（分类变量的类数）的百分比，均是0.125。

第3列、第4列是维中的得分，是各项消费支出在第1因子和第2因子上的因子载荷。这些因子载荷将成为在对应分析分布图上的数据点。

第5列惯量是特征值，合计为0.071。

第6列、第7列是点对维惯量，是各项消费支出对第1因子和第2因子值差异的影响程度。如医疗保健消费支出对第1因子的影响最大，达到0.232；居住消费支出对第2因子的影响最大，达到0.822。

第8列、第9列、第10列是维对点惯量，是第1因子、第2因子对各项消费支出的解释程度。如行变量食品消费支出对第1因子解释0.714，对第2因子解释0.027，共解释0.741。

4. 对应分布图

对应分布图是对应分析结论的核心依据。从对应分布图来看，辽宁省在社会经济发达地区，如沈阳以文教娱乐消费支出、交通通信消费支出为主，大连以居住消费支出、家庭设备及用品消费支出为主，盘锦以衣着消费支出、交通通信消费支出、医疗保健消费支出为主，其他的11个地区如鞍山、本溪、抚顺、铁岭、锦州、丹东、营口、阜新、朝阳、辽阳、葫芦岛地区的食品消费支出、衣着消费支出以及交通通信消费支出、家庭设备及用品消费支出为次。

从辽宁省各个地区的居民消费现状来看。不同地区呈现不同特点，其中尤以沈阳、大连、盘锦特色突出。对应分布图如图4-5-10所示。

图 4-5-10 对应分布图

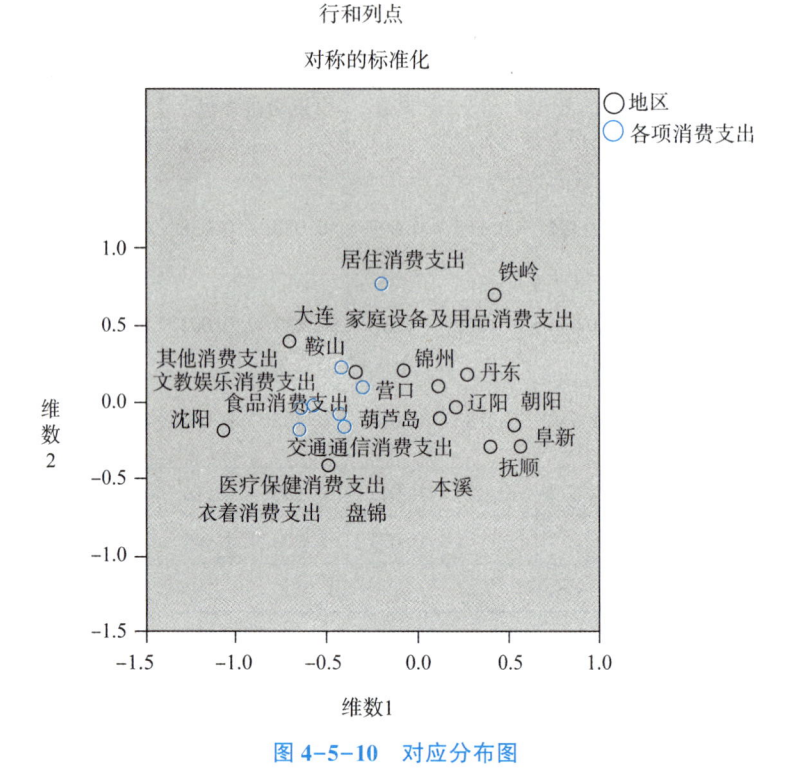

实训 6 逻辑回归分析

一、实训目的

社会经济问题之间通常存在一定的相关关系，自变量会对因变量产生一定方向和程度的影响。因变量取值范围固定，如 0~1，并常常以概率的形式表现出来；自变量没有特殊的要求，分类变量、虚拟变量、数值型变量都可以。此时可以使用逻辑回归理论进行现象间因果关系的研究。

通过本实训，学生可以理解逻辑回归分析的特点，熟悉使用统计软件进行逻辑回归分析的过程，掌握统计软件逻辑回归分析的方法与程序，形成针对具体的社会经济问题进行逻辑回归的数据处理与数据分析的基本能力。

二、实训原理

1. 逻辑回归模型的应用背景

当因变量是二元（或 0-1 型变量），并以概率形式表示、以（0, 1）为取值范围时，研究数值型、分类型等自变量对因变量影响方向和影响程度，常用逻辑回归模型。如公司人力资源部是否招聘某应聘者？消费者是否购买某种商品？消费者对某种商品的经销方式是否满意？旅行社旅游项目促销时客户态度如何？对于这类问题不应该选择多元线性回归模型，而应该选用逻辑回归模型进行研究。

2. 逻辑回归模型

$$\frac{p}{1-p} = e^{\beta_0 + \beta_1 x}$$

或者

$$p = \frac{e^{\beta_0 + \beta_1 x}}{1 + e^{\beta_0 + \beta_1 x}}$$

或者

$$p = \frac{1}{1 + e^{\beta_0 + \beta_1 x}}$$

以上是等效的逻辑回归模型。p 相当于因变量 y；x 为自变量。

3. 逻辑回归模型参数

(1) 逻辑回归模型参数的估计。

逻辑回归模型的特殊性，决定模型参数一般不采用普通的最小二乘法而是使用最大似然法（Maximum Likelihood Estimation，MLE）进行估计。

$$L = \prod_{i=1}^{n} p(y_i) = \prod_{i=1}^{n} \text{Logit}(p_i)^{y_i} [1 - \text{Logit}(p_i)]^{1-y_i}$$

将上述似然函数取对数，可得

$$\ln L = \sum_{i=1}^{n} \{y_i \ln \text{Logit}(p_i) + (1 - y_i) \ln [1 - \text{Logit}(p_i)]\}$$

$$= \sum_{i=1}^{n} \{y_i (\beta_0 + \beta_1 x_1 + \beta_2 x_2 + \cdots + \beta_i x_i) - \ln [1 + e^{(\beta_0 + \beta_1 x_1 + \beta_2 x_2 + \cdots + \beta_i) x_i}]\}$$

最大似然函数估计就是取使（对数）似然函数达到最大的参数值 β。方法是将对数似然函数计算求导并令其为 0，计算得到模型参数，即为二分类逻辑回归模型的参数。

(2) 逻辑回归模型参数的含义。

在逻辑回归模型中，人们关注的是自变量的变化所引起的该事件发生概率 p 的变化程度。虽然 p 与 Logit(p) 成正比，自变量 x 的变化也确实引起了 p 的变化，但是这种变化是非线性的。所以，应利用发生比进行解释。在进行逻辑回归分析的时候，将逻辑回归模型参数代入发生比 $= \frac{p}{1-p} = e^{(\beta_0 + \beta_1 x_1)} = \exp(\beta_0 + \beta_1 x_1)$。实践中，忽略其他条件，某自变量 x_i 增减变化 1 个单位时，因变量将增减变化 $\exp(\beta_i)$ 倍；若模型参数为负数，发生比将缩小。

4. 逻辑回归模型中自变量的选择方法

逻辑回归如同普通的多元线性回归，也需要进行自变量进入模型的选择问题。选择方法包括强行进入法，向前（条件：Forward：Conditional），向前（似然比 Forward：LR），向前（Wald：Forward：Wald），向后（条件：Backward：Conditional），向后（似然比 Backward：LR），向后（Wald：Backward：Wald）。以上选择方法，通过统计软件主对话框的"方法（M）→进入"进行设计与选择。

5. 逻辑回归分析中分类变量的设置

分类变量包括指示对比、简单对比、差别对比、赫尔默特对比、重复对比、多项式对比和离差对比。以上分类变量通过逻辑回归的"分类（定义分类变量）→选择分类变量→更改分类变量"来设计与实现。除了所规定的参照水平外，其他各个水平都与该变量的总体均值进行比较。

6. 逻辑回归模型有效性检验

逻辑回归同于多元线性回归，建立好模型后需要进行以下检验：模型参数显著性检验、模型拟合优度检验、模型参数的显著性检验。

(1) 模型参数显著性检验。

模型参数显著性使用对数似然函数进行检验，公式如下：

$$-\log\left(\frac{L_{x_i}}{L}\right)^2 = -2\log\left(\frac{L_{x_i}}{L}\right) = -2\log(L_{x_i}) - [-2\log(L)]$$

统计软件自动计算似然比卡方的统计量与相伴概率。按照统计量标准，对数似然函数越小，模型越好；反之模型越差。按照相伴概率来看标准，相伴概率大于等于显著性水平，不拒绝零假设，认为模型中各个参数同时为0，自变量不显著；相伴概率小于显著性水平，拒绝零假设，认为模型中各个参数不同时为0，自变量显著。

(2) 模型拟合优度检验。

在逻辑回归拟合优度检验中，有以下方法：

①分类表法。

分类表是直观检验方法，使用判错矩阵判断观测值与预测值之间的拟合情况。判错矩阵式样如表4-6-1所示。

表4-6-1 分类表

项目		预测值		
		0	1	正确率
观测值	0	n_{00}	n_{01}	f_0
	1	n_{10}	n_{11}	f_1
总体正确率				f

表4-6-1中，n的含义是频数，f值为正确率。f值越大模型拟合优度越高；反之，f值越小模型拟合优度越低。f值使用以下公式计算：

$$f_0 = \frac{n_{00}}{n_{00}+n_{01}} \times 100\%, \quad f_1 = \frac{n_{11}}{n_{10}+n_{11}} \times 100\%, \quad f = \frac{n_{00}+n_{11}}{n_{00}+n_{01}+n_{10}+n_{11}} \times 100\%$$

②Cox和Snell R^2 检验。

Cox和Snell R^2 的计算公式为

$$\text{Cox 和 Snell} R^2 = 1 - \left(\frac{L_0}{L}\right)^{\frac{2}{n}}$$

式中，n为社会经济问题的样本规模；L_0为模型中只包括常数项时对数似然函数值；L为正常的模型对数似然函数值。由于该统计量无明确的取值范围，因此应用较少。

③Nagelkerke R^2 检验。

作为 Cox 和 SnellR^2 检验的修正值，NagelkerkeR^2 的计算公式为

$$\text{Nagelkerke}R^2 = \frac{\text{Cox}\wp\text{Snell}R^2}{1-(L_0)^{\frac{2}{n}}}$$

NagelkerkeR^2 统计量的取值范围在开区间 0~1。NagelkerkeR^2 统计量越小说明模型拟合优度越低；NagelkerkeR^2 统计量越大说明模型拟合优度越高。

④Hosmer-Lemeshow 检验。

Hosmer-Lemeshow 检验是在自变量数量较多且多为数值型变量时常使用的检验方法。检验思路：根据建立的逻辑回归模型计算得到因变量取值为 1 的预测概率值。从理论和实践上看，因变量赋值为 1 的预测概率越高越好，因变量赋值为 0 的预测概率越低越好。按照因变量的预测概率，一般将样本数据划分为 10 组或近似于 10 组，然后计算各个样本取值的观测频数与期望频数，并将样本序号与这两个频数构造成交叉列联表，计算该交叉列联表的卡方统计量。该卡方统计量就是 Hosmer-Lemeshow 检验统计量。统计软件在计算得出该统计量的同时还给出相应的相伴概率，根据相伴概率得出检验结论。若相伴概率大于等于显著性水平，认为不拒绝零假设，模型拟合优度不显著；若相伴概率小于显著性水平，认为应拒绝零假设，模型拟合优度显著。

(3) 模型参数的显著性检验。

模型参数显著性检验的实质是其所对应的自变量是否有效，使用 Wald 检验法。Wald 服从自由度为 1 的卡方分布，Wald 统计量的计算公式为

$$\text{Wald} = \left(\frac{\beta_i}{S_{\beta_i}}\right)^2$$

式中，分子 β_i 为模型中自变量的模型参数；S_{β_i} 为模型中该自变量的模型参数或回归系数的标准误差。统计软件自动计算 Wald 统计量及相应的相伴概率，并据此进行决策。按照统计量进行检验时，Wald 统计量越大越好，最低要大于 1。按照相伴概率进行研究时，相伴概率越小越好：相伴概率大于等于显著性水平，则不应拒绝零假设，认为自变量 x_i 模型参数或回归系数与 0 无显著性差异，该自变量无效；当相伴概率小于显著性水平，则应拒绝零假设，认为自变量 x_i 模型参数或回归系数与 0 有显著性差异，该自变量有效。

三、实训问题

1. 背景

在国家的宏观、科学、有效的房地产调控、规划之下，我国地产市场在基本实现科学有序发展。某房地产开发公司更加重视房地产项目的建设与管理，更加看重客户对房地产项目的意见与需求。

2. 样本与变量

公司在其房地产项目规划设计之前，经过多方研讨拟定以下 16 个客户看重的因素，随机抽取 200 名潜在客户进行市场调查，了解客户需求，为项目的科学设计与规划提供依据。研究中，采用李克特 10 点量表。数值越大表示该因素影响越大。共有 200 人参与调

查。具体问题如表 4-6-2 所示。

表 4-6-2　调查问题

问题序号	调查问题	赋值									
		1	2	3	4	5	6	7	8	9	10
q1	购房意愿										
q2	公司品牌										
q3	所属学区										
q4	物业管理										
q5	小区规模										
q6	房屋质量										
q7	所属社区										
q8	户型结构										
q9	配套设施										
q10	周边环境										
q11	房屋价格										
q12	小区位置										
q13	是否实用										
q14	首付意见										
q15	首付比例										
q16	升值空间										

四、实训过程

在首先进行的逻辑回归的初步分析中，参照逻辑回归分析模型有效性检验标准，有 8 个变量不符合逻辑回归分析的要求，故进行了简单的剔除。之后把剩余的 8 个变量重新进行编码，分别用q1~q8 表示。

因变量 gfyy 为购房意愿，取值范围为 0~1，其中 0 为没有购房意愿、1 为有购房意愿；自变量仍然使用q1~q8。

在此基础上，进行逻辑回归分析如下：

1. 调出逻辑回归分析主程序

调出逻辑回归分析主程序：分析→回归→二项逻辑回归。

2. 主对话框的设计

（1）因变量。

在主对话框中，选择因变量 gfyy 调入右侧的"因变量"框中（见图 4-6-1）。

（2）自变量。

在主对话框中，选择q1、q2 等 8 个自变量调入右侧的"协变量"框中（见图 4-6-1）。

（3）自变量的选择方法。

在主对话框的下面的"方法"框中，选择自变量进入模型的方法。这里选择"进入"（见图4-6-1）。

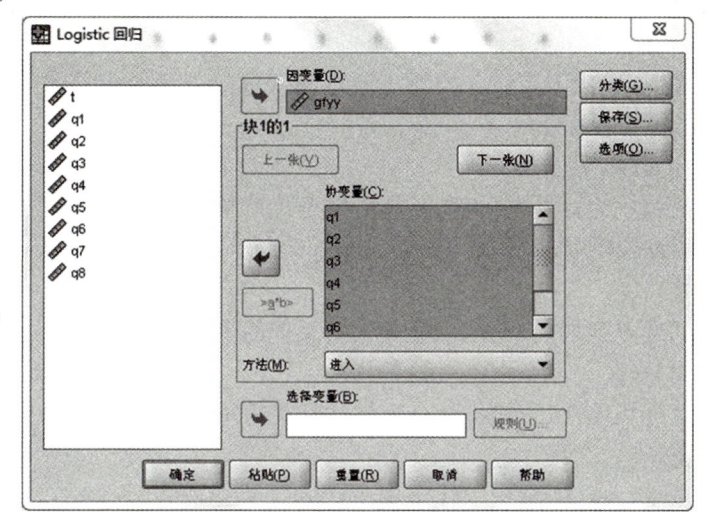

图4-6-1 逻辑回归分析主对话框

3. 逻辑回归分析二级对话框-保存的设计

在主对话框中，单击"保持"按钮，进入"Logistic 回归：保存"二级对话框。此时，主要选择以下选项：

选择"预测值"，输出因变量 y 取值 1 时的预测概率值；选择"Cook 距离"，输出将某个案从模型中剔除后所引起的残差的变化，Cook 距离越大，表示影响越大，如图4-6-2所示。以上设置完成后，单击"继续"按钮，返回主对话框。

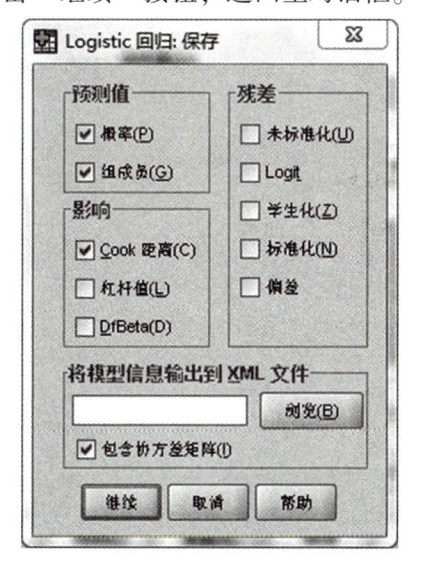

图4-6-2 逻辑回归二级对话框-保存的设计

4. 逻辑回归分析二级对话框-选项的设计

（1）统计量和图。

在输出"统计量和图"框中，输出框中的所有选项。具体含义是：

①分类图。

选择"分类图"，输出因变量分类图，通过因变量的观测值与预测值之间的关系，反映逻辑回归模型的拟合程度。

②Hosmer-Lemeshow 拟合度。

选择"Hosmer-Lemeshow 拟合度"，输出拟合优度检验统计量，通过该统计量判断整个逻辑回归模型的拟合优度。

③个案的残差列表。

选择"个案的残差列表"，输出标准差大于某值的个案入选情况。

④估计值的相关性。

选择"估计值的相关性"，输出估计参数的相关矩阵。

⑤迭代历史记录。

选择"迭代历史记录"，输出迭代历史。

⑥exp（B）的 CI（X）：。

选择"exp（B）的 CI（X）："，输出模型 95%的置信区间。

（2）显示方式。

在"输出"框中，选择"在每个步骤中"表示输出每个步骤，其表示输出最终计算结果。

（3）常数项。

选择"在模型中包括常数"表示输出模型的常数项（见图 4-6-3）。

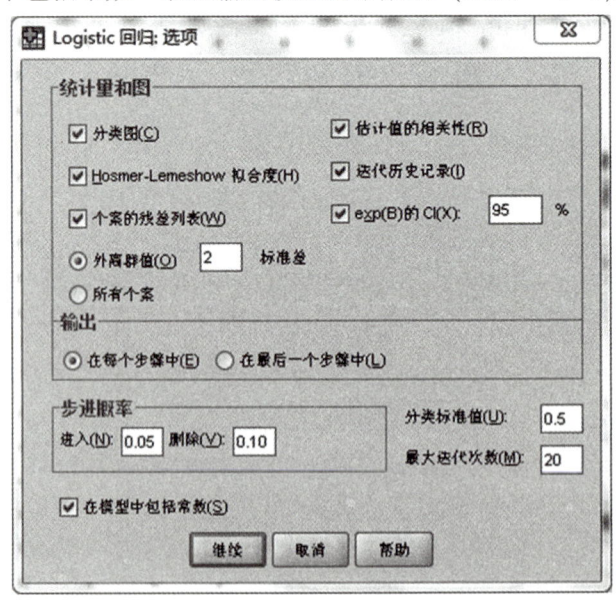

图 4-6-3　逻辑回归二级对话框-选项的设计

5. 运行该程序

```
LOGISTIC REGRESSION VARIABLES gfyy
    /METHOD=ENTER q1 q2 q3 q4 q5 q6 q7 q8
    /SAVE=PRED PGROUP COOK
    /CLASSPLOT
    /CASEWISE OUTLIER(2)
    /PRINT=GOODFIT CORR ITER(1) CI(95)
    /CRITERIA=PIN(0.05) POUT(0.10) ITERATE(20) CUT(0.5).
```

五、实训结果

1. 逻辑回归分析的个案情况

（1）逻辑回归分析的样本（见表4-6-3）。

表4-6-3　案例处理汇总

未加权的案例[a]		N	百分比/%
选定案例	包括在分析中	200	100.0
	缺失案例	0	0.0
	总计	200	100.0
未选定的案例		0	0.0
总计		200	100.0

a. 如果权重有效，请参见分类表以获得案例总数

表4-6-3反映了逻辑回归分析的样本规模及其有效性。共有200个案参与，即样本规模为200。

（2）逻辑回归分析初始矩阵（见表4-6-4）。

表4-6-4　分布表

步骤	已观测		已预测		
			Y		百分比校正/%
			没有旅游意向	有旅游意向	
0	Y	没有旅游意向	52	0	100.0
		有旅游意向	48	0	0.0
	总计百分比				52.0

a. Constant is included in the model.
b. The cut value is .500

表4-6-4所示为逻辑回归分析的初始矩阵，是模型中只有常数项时的错判矩阵。根据该矩阵，有52人没有旅游意向且模型中预测正确，准确率为100%。48人有旅游意向。模型总体预测准确率为52.0%。

2. 逻辑回归模型

逻辑回归分析的最后部分，给出逻辑回归模型。根据表4-6-4，可以写出逻辑回归

模型。

$$P = \frac{e^{-16.511+0.356q_1+0.599q_2+1.207q_3+0.311q_4+0.726q_5-0.413q_6+0.705q_7+0.669q_8}}{1+e^{-16.511+0.356q_1+0.599q_2+1.207q_3+0.311q_4+0.726q_5-0.413q_6+0.705q_7+0.669q_8}}$$

3. 逻辑回归模型有效性检验

（1）模型整体有效性检验（见表4-6-5）。

表4-6-5　模型汇总

步骤	-2 对数似然值	Cox & Snell R^2	Nagelkerke R^2
1	163.476[a]	0.427	0.572

a. 因为参数估计的更改范围小于0.001，所以估计在迭代次数6处终止

表4-6-5中，-2对数似然值为163.476，模型基本有效。

（2）模型拟合优度检验（见表4-6-6）。

表4-6-6　分类表[a]

步骤	已观测		已预测		
			gfyy		百分比校正/%
			没有购房意愿	有购房意愿	
1	gfyy	没有购房意愿	93	18	83.8
		有购房意愿	21	68	76.4
	总计百分比				80.5

a. 切割值为0.500

根据分类表，没有购房意愿的预测准确率为83.8%，有购房意愿的预测准确率为76.4%，总体准确率为80.5%。所以，逻辑回归模型的拟合优度较高。

结合表4-6-5的Nagelkerke R^2 检验，Nagelkerke R^2 大于0.5，说明模型拟合优度较好。

（3）模型参数有效性检验（见表4-6-7）。

表4-6-7　方程中的变量

步骤		B	S.E,	Wald	df	sig.	Exp（B）	Exp（B）的95% C.I.	
								下限	上限
1[a]	q1	0.356	0.266	1.799	1	0.180	1.428	0.848	2.404
	q2	0.599	0.271	4.895	1	0.027	1.821	1.071	3.097
	q3	1.207	0.277	18.966	1	0.000	3.344	1.942	5.758
	q4	0.311	0.247	1.584	1	0.208	1.365	0.841	2.217
	q5	0.726	0.315	5.306	1	0.021	2.067	1.114	3.835
	q6	-0.413	0.328	1.581	1	0.209	0.662	0.348	1.260
	q7	0.705	0.311	5.138	1	0.023	2.024	1.100	3.724
	q8	0.669	0.256	6.832	1	0.009	1.951	1.182	3.222
	常量	-16.511	2.365	48.755	1	0.000	0.000		

a. 在步骤1中输入的变量：q1, q2, q3, q4, q5, q6, q7, q8

表 4-6-7 中的第 4 列 Wald 值都大于 1，与之相应的相伴概率小于显著性水平 0.05（注：只有 q2 的相伴概率略大）。

（4）逻辑回归模型效果分析（见图 4-6-4）。

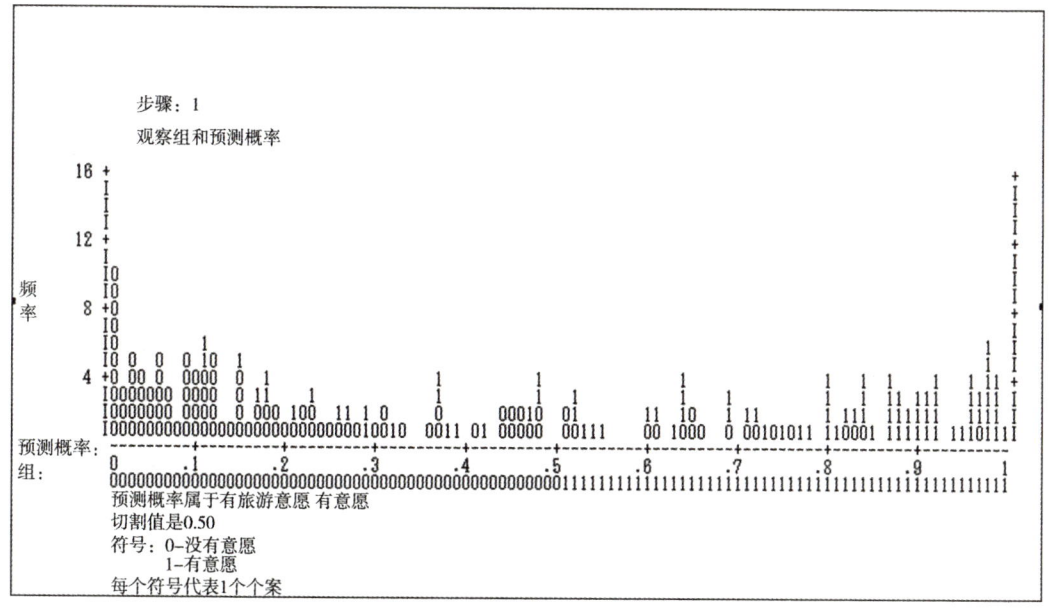

图 4-6-4 逻辑回归模型效果图

逻辑回归分析样本中，模型计算以 0.5 为界，低于 0.5 的为没有（购房）意愿，高于 0.5 的为有（购房）意愿。

在逻辑回归模型效果图中，中间位置就是逻辑回归分析的分界线 0.5。其左侧为符号"0"、右侧为符号"1"。在其左侧，共计 15 个 1、15 人次出现错误；在其右侧，共计 18 个 1、18 人次出现错误。

所以，没有（购房）意愿的客户的模型准确率、有（购房）意愿的客户的模型准确率、模型总体准确率分别为

$$没有（购房）意愿的客户的模型准确率 = \frac{110-95}{110} = 86.36\%$$

$$有（购房）意愿的客户的模型准确率 = \frac{90-18}{90} = 80.00\%$$

$$模型总体准确率 = \frac{90-18}{90} = 80.00\%$$

4. 结论

逻辑回归模型整体有效，模型的准确率较高，各个自变量影响差异分明。

实训 7 典型相关分析

一、实训目的

大数据时代，复杂问题往往都有多维特性，由多个变量组成。比如投入与产出的关系，居民收入与居民消费的关系，资源投入与经济增长的关系，人口的身体素质与运动能力的关系等。典型相关分析就是研究两组变量之间关系的一种多元统计方法。

通过本实训，学生能够理解典型相关关系的基本含义与作用，掌握使用统计软件进行典型相关分析的基本过程和方法，形成针对具体的社会经济问题进行典型相关分析的数据处理与数据分析的基本能力。

二、实训原理

1. 典型相关分析基本含义

所谓典型相关分析，就是借用主成分分析思想，找到每组变量的一个或几个典型变量（综合变量），使每对典型变量（综合变量）之间的相关程度由高到低排列，这就是典型的相关分析。

2. 典型变量的确定及典型相关系数的计算

设有 2 组变量，用 $X = (X_1, X_2, \cdots, X_p)'$ 及 $Y = (Y_1, Y_2, \cdots, Y_p)'$ 表示。设 $p+q$ 为随机向量 Z 的协方差矩阵 $\sum = \begin{pmatrix} \sum_{11} & \sum_{12} \\ \sum_{21} & \sum_{22} \end{pmatrix}$。

（1）两组变量的相关系数矩阵。

从相关矩阵 R 出发计算典型相关系数，原始数据标准化为 Z，计算过程为

$$R = \begin{pmatrix} R_{11} R_{12} \\ R_{21} R_{22} \end{pmatrix}$$

（2）典型变量的确定及典型相关系数的计算。

$$(R_{11}^{-1} R_{12} R_{22}^{-1} R_{21} - \lambda^2)(S_1 \hat{a}^{(i)}) = 0$$

$$(R_{22}^{-1} R_{21} R_{11}^{-1} R_{12} - \lambda^2)(S_2 \hat{b}^{(i)}) = 0$$

在这里，也可以设：$A = R_{11}^{-1} R_{12} R_{22}^{-1} R_{21}$，$B = R_{22}^{-1} R_{21} R_{11}^{-1} R_{12}$。

$S_1 \hat{a}^{(i)}$ 和 $S_2 \hat{b}^{(i)}$ 分别是 $A = R_{11}^{-1} R_{12} R_{22}^{-1} R_{21}$ 和 $B = R_{22}^{-1} R_{21} R_{11}^{-1} R_{12}$ 的相应于特征值 λ^2 得特征向量。从而得到第 i 对样本的典型变量为

$$U_i = S_1 \hat{a}^{(i)}, V_i = S_2 \hat{b}^{(i)}, i = 1, 2, \cdots, p$$

典型相关系数为 λ，即 r。

3. 典型相关系数显著性检验

典型相关系数是否有效,一般采用 Bartlett 检验法。由于典型相关系数降序排列,因此检验实践中也是从最高的典型相关系数开始降序检验。检验过程为

(1) 提出假设 H_0：$Cov(U_1, V_1) = 0$，H_1：$Cov(U_1, V_1) \neq 0$。

(2) 计算统计量

$$\wedge_1 = \prod_{i=1}^{p}(1-\lambda_i^2) = (1-\lambda_1^2)(1-\lambda_2^2)\cdots(1-\lambda_p^2)$$

式中，λ^2 是矩阵 A 的特征值。当 n 很大，零假设成立时，统计量

$$统计量 Q_1 = -[n - i - \frac{1}{2}(p+q+1)]\ln \wedge_1$$

(3) 临界值：默认，已知。

(4) 检验结论：近似服从 pq 个自由度的 χ^2 分布。

若统计量 Q_1 大于 χ^2 分布的临界值，则拒绝零假设，认为第 1 对典型变量显著相关，第 1 个典型相关系数显著有效；反之不显著。

三、实训问题

1. 辽宁省公路交通运输发展现状

在中华人民共和国成立前，辽宁省的高速公路里程只有 7 901 公里，等级较低，标准差大，桥涵受到损害严重，限速、超负荷载，晴雨天的高速公路通车里程也仅仅只有 1 154 公里。随着第一个世界和地区"一带一路"倡议的深入实施，辽宁正在努力推动经济社会健康稳定地发展。积极地融入"一带一路"倡议，有助于辽宁充分地发展港口、公路、铁路等基础设施和交通网络，借助区域地缘优势建设东北亚。通欧综合国际交通枢纽通道将大大扩充辽宁全面对外开放，协调辽宁三个经济区域之间的交通协调和协同发展，将辽宁打造成为直接带动辽宁区域经济社会快速发展的重要区域战略经济支点，推动东北老工业生产基地在新发展时期实现整体发展振兴。

近年来，随着辽宁省公路交通运输管理事业的快速发展和进步，公路交通管理运输逐渐发展成了隶属辽宁省的一种重要公路交通运输管理手段。截至 2019 年年底，全省各条高速公路总设计里程密度累计增长达到 123.83 万公里，比上一全年同期累计增长 14.63%，公路总里程密度水平累计提高 84.17 万平方公里。公路客运量呈波动下降趋势，货运量呈稳定发展趋势。2019 年公路交通运输实现接待旅客 54 599 万人次，占到全年实现客运交通总量的 75.9%。辽宁省累计完成了公路货物运输 144 556 万吨，比上一年同期减少 23.8%，占各类运输方式的货物运输总量的 76.2%。全年公路货物周转总量 26 625 384 万吨公里，占各类运输形态的客运周转总量的 29.0%。同时，近 10 年来高速公路的里程不断增加，但公路基础设施需要进一步提高。

2. 辽宁省区域经济发展现状

辽宁省土地总面积 14.86 万平方公里，海岸线 2 920 公里，是东北三省和内蒙古东部的海上大通道和门户。辽宁是一个海陆两用兼备的大型工业省份。不同的地方自然环境和条件也会有所差异。在促进农业和社会主义现代化的过程中，全省始终坚持从农民群众的

实际需求出发，因地制宜，分类指导，培育农业特色产品和区位优势，突出农业和优势产业的发展，加强了农业生产基地的建设。

辽宁省曾多次被誉为重要的老工业生产基地，中华人民共和国成立以来为我国经济建设、国防部和军队体系建设发展做出了许多历史性的巨大贡献。深化经济改革创新开放尤其是"九五"以来，辽宁的国民经济社会建设和特色社会主义事业都初步取得了一个历史性的长足发展。1997 年中国提前完成了人均每年国内生产总值，这相当于 1980 年年初值翻了两倍。2020 年，着力坚持促进全省经济社会高质量健康发展，全省各项社会经济逐季改善、稳步健康快速恢复。全年主要的社会经济指标通过累计核算实现总值正比上年的负增长，初步统计核算，全年实现规模以上工业地区城镇居民国内生产总值 25 115 亿元，按照上年可比较的物价标准计算，比上一年同期同比增长 0.6%。经济社会运转平稳、走势积极，有效的资源供给保障能力不断稳步提升。主要表现在三个方面，第一产业规模保持持续稳定增长，全年第一产业规模累计实现增加值 2 284.6 亿元，比上一年同期同比增长 3.2%。第二产业明显回升以及第三产业持续恢复。固定资产项目投资增速继续长期维持平稳增势。全省固定收益资产项目投资规模和全省经济总量在前三季度中的累计增速实现了由负转正，基础性配套服务设施覆盖建筑项目投资已连续 7 个交易月一直持续保持正比较高的高速增长，全年全省经济总量均增率为 2.4%。对公路交通运输的投资也在逐步加大。根据历年统计数据，2013—2021 年第一个统计季度，全省继续实现了总体经济运行平稳增速恢复、持续回稳向好，主要重点经济指标继续实现了全面增速提升。但相比于全国平均水平，辽宁省区域经济相对滞后。

3. 样本与变量

（1）样本。

考虑研究问题的时效性与数据的可获得性，设计研究样本为 2005—2017 年共计 13 年。

（2）变量。

公路运输发展评价指标分为三个层次：总体目标层、中间目标层和指标层。以发展公路运输为目标层，以公路运输设施、公路运输功能、公路运输结构和公路运输布局为中间目标层。公路总里程和公路营运车辆拥有量作为公路运输设施的指标层；公路客运量、公路旅客周转量、公路货运量和公路货运周转量是公路运输功能的指标层；公路运输从业人员是公路运输结构的指标层。

根据上述交通状况评价指标，选取了影响辽宁省公路交通发展的变量，包括公路总里程、公路营运车辆拥有量、公路客运量、公路旅客周转量、公路货运量、公路货运周转量、公路运输从业人员 7 个变量。同时用辽宁省地区生产总值、辽宁省第一产业生产总值、辽宁省第二产业生产总值、辽宁省第三产业生产总值作为变量来表示辽宁省区域经济发展状况。具体的变量编码为 Y_1，Y_2，Y_3，Y_4。公路营运车辆拥有量、公路货运量以及公路总里程与辽宁省区域经济发展的关联度相对较高，因此取公路营运车辆拥有量为 X_1、公路货运量为 X_2、公路总里程为 X_3。

4. 数据来源

根据相关理论和辽宁省客观实际，使用辽宁省统计年鉴，选取地区生产总值，第一产业生产总值，第二产业生产总值，第三产业生产总值代表区域经济的发展情况（见表4-7-1）。

表 4-7-1　典型相关分析原始数据

t	Y_1	Y_2	Y_3	Y_4	X_1	X_2	X_3
2005	7 260.8	854.4	3 443.9	2 962.5	32.62	74 799	53 521
2006	8 390.3	908.6	4 060.7	3 421.1	44.05	82 142	9 719
2007	10 292.2	1 077.3	5 060.2	4 154.7	44.63	90 387	98 101
2008	12 137.7	1 215.7	6 273.1	4 648.9	49.45	92 938	101 144
2009	12 815.7	1 297.3	6 539.3	4 979.1	56.67	105 088	101 117
2010	13 896.3	1 468.9	7 181.8	5 245.5	55.23	127 361	101 545
2011	16 354.9	1 693.4	8 478.7	6 182.9	62.44	151 773	104 026
2012	17 848.6	1 869.3	8 886.9	7 092.4	67.36	174 355	104 679
2013	19 208.8	1 973.4	9 204.2	8 031.2	79.35	172 923	110 072
2014	20 025.7	2 002	9 038.8	8 984.9	82.13	189 174	114 504
2015	20 210.3	2 053.7	8 344.6	9 811.9	81.73	172 140	119 362
2016	20 392.5	1 841.2	7 865.7	10 685.6	77.17	177 371	119 688
2017	21 693	1 902.3	8 328.9	11 461.8	79.49	184 273	121 722

要求：描述辽宁省公路交通与区域经济发展之间的关系。

四、实训过程

下面给出统计软件的运行程序。在较高级的版本中，在数据分析的分析-相关分析中，作为三级菜单可以实现典型相关分析，读者可以自己尝试进行典型相关分析，这里略。

（1）在统计软件的数据编辑窗口，依次单击 File-New-Syntax，调出典型相关分析的程序编写窗口。

（2）在程序编写窗口，直接调用典型相关分析程序，方法如下框所示。

（3）在程序编写窗口，单击 Run-All 运行编写好的程序。

（注：程序的前一部分是软件自带的，后一部分是实验者编写的。）

附：运行程序

```
INCLUDE ' C:\Program Files\spss\Canonical correlation.Sps.'
CANCORR SET1=x1 x2 x3
   /SET2=y1 y2 y3 y4.
```

五、实训结果

1. 各个变量之间的相关系数矩阵

通过统计软件，计算得到公路交通运输指标之间的相关系数（见表4-7-2~表4-7-4）。

表 4-7-2　公路交通运输指标之间的相关系数

组 1	X_1	X_2	X_3
X_1	1.000 0	0.933 3	0.658 3
X_2	0.933 3	1.000 0	0.718 2
X_3	0.658 3	0.718 2	1.000 0

由公路交通运输指标之间的相关系数来看，各指标之间的相关系数较大，绝大部分在 0.690 以上，相关程度较高。

从表 4-7-3 中数据来看，区域经济之间的相关系数非常高，基本都在 0.9 以上，属于高度相关。其中 Y_1 与 Y_2 之间的相关系数为 0.972 4，达到了很高的程度，表示区域经济各变量之间的关系非常密切。

表 4-7-3　区域经济变量之间的相关系数

组 2	Y_1	Y_2	Y_3	Y_4
Y_1	1.000 0	0.972 4	0.925 3	0.970 3
Y_2	0.972 4	1.000 0	0.967 3	0.897 6
Y_3	0.925 3	0.967 3	1.000 0	0.806 3
Y_4	0.970 3	0.897 6	0.806 3	1.000 0

从表 4-7-4 中数据来看，公路交通运输指标与区域经济变量之间的相关系数比较高。大部分在 0.8 以上，都在 0.5 以上。最高的是 X_2 与 Y_2 之间的相关系数，相关系数达到 0.927 8，属于高度相关。总的看来，公路交通运输与区域经济发展之间的关系非常密切。

表 4-7-4　公路交通运输指标与区域经济变量之间的相关系数

组 3	Y_1	Y_2	Y_3	Y_4
X_1	0.767 6	0.818 2	0.788 2	0.690 5
X_2	0.892 9	0.927 8	0.896 4	0.818 2
X_3	0.791 5	0.794 0	0.815 7	0.717 0

2. 典型相关系数及其有效性检验（见表 4-7-5）

表 4-7-5　典型相关系数及其有效性检验

No.	相关系数	Wilk's	χ^2 值	df	p 值
1	0.961 2	0.027 8	35.817 2	12	0.000 3
2	0.787 9	0.366	10.051	6	0.122 5
3	0.186 1	0.965 4	0.352 6	2	0.838 4
显著的典型相关系数个数 = 1					

交通运输发展指标有 3 个变量，区域经济发展有 4 个变量，得到 3 组典型相关系数，第 1 典型相关系数达到 0.961 2，第 2 典型相关系数为 0.787 9，第 3 典型相关系数为 0.186 1，通过两组变量间的对比发现，综合性典型相关系数的效果要好于变量间的简单相关系数（第 1 典型相关系数），说明综合性的典型相关系数的效果要好于每 2 个变量间

的简单相关系数，典型相关分析效果较高。

与此同时，第 1 对典型变量间的典型相关系数的 p 值为 0.000 3，小于显著性水平 0.05，所以有效。第 2 对典型变量和第 3 对典型变量之间的典型相关的 p 值大于 0.05，所以显著性无效，典型相关系数的个数为 DS＝1。

3. 典型变量

得到各组的典型变量，每对典型变量的第 1 组线性组合 U 表示公路交通运输，第 2 组线性组合 V 表示区域经济，结果如表 4-7-6 所示。

表 4-7-6 各组的典型变量系数

序号	典型变量（3 对）					
	第 1 对		第 2 对		第 3 对	
	U_1	V_1	U_2	V_2	U_3	V_3
1	-0.359 9	-0.239 4	0.381 7	-3.041 8	-3.081 7	3.611
2	1.091 9	0.894 0	-0.225 6	3.256 4	1.819 1	-3.698 4
3	0.272 8	0.186 1	-0.365 7	-1.236 3	0.898 9	-0.099 1
4		0.161 9		0.854 4		0.268

由表 4-7-6 中数据可得出：

第 1 对典型变量

$$U_1 = -0.359\ 9X_1 + 1.091\ 9X_2 + 0.272\ 8X_3$$

$$V_1 = -0.239\ 4Y_1 + 0.894\ 0Y_2 + 0.186\ 1Y_3 + 0.161\ 9Y_4$$

第 1 对典型变量中，第一产业生产总值较大，在交通运输指标中 X_2 的系数最大，表明公路货运量对区域经济发展的影响大，其典型变量系数为正，说明成正相关，因此反映出随着货运量的增长，区域经济也会随之增长。

思考题

1. 什么是聚类分析？聚类分析有哪些作用？
2. 聚类分析有哪些类型？
3. Q 型聚类分析的特点有哪些？
4. 请自拟问题，确定研究目的、样本、变量、数据来源，收集数据并建立数据文件，进行 Q 型聚类分析。
5. 什么是 R 型聚类分析？R 型聚类分析有哪些作用？
6. 聚类分析有哪些类型？
7. R 型聚类分析与 Q 型聚类分析的区别有哪些？
8. 请自拟问题，确定研究目的、样本、变量、数据来源，收集数据并建立数据文件，进行 R 型聚类分析。
9. 理解 K 型聚类分析的基本特征。
10. 研究企业顾客的消费习惯与购买特点，进行企业的市场细分。
11. 说明 K 型聚类分析与其他聚类分析的主要区别。

12. 请根据对 K 型聚类分析的理解，自行设计一个问题，进行 K 型聚类分析。
13. 怎样理解因子分析的研究问题的特点？
14. 因子分析的前提条件是什么？怎样判断这种条件？
15. 怎样进行因子命名？
16. 自拟数据，进行社会经济问题的因子分析。
17. 自行设计一套调查问卷，通过适当的方法收集数据并进行因子分析。
18. 理解对应分析的基本特征及其功能。
19. 研究企业顾客的消费行为特征中，经常要进行客户细分。请使用对应分析理论建立一套客户细分的数据文件。
20. 请根据对对应分析的理解，自行设计一个问题，进行对应分析。
21. 什么是逻辑回归分析？
22. 怎样理解逻辑回归模型的作用与应用？
23. 怎样检验逻辑回归模型的拟合优度？
24. 怎样检验逻辑回归模型参数的有效性？
25. 怎样检验逻辑回归模型的有效性？
26. 请自行设计研究问题，建立逻辑回归模型并解释模型参数的作用。
27. 地方体育运动机构和国家团队，都非常重视选拔优秀的有潜质的运动员。根据相关调查，试进行运动员身体素质和运动能力的调查设计。
28. 在地方体育运动机构选拔优秀的有潜质的运动员时，根据运动员身体素质和运动能力的调查设计，收集相关数据，进行典型相关分析。
29. 区域经济发展中，投入影响产出、产出反作用于投入。试进行经济投入和经济产出之间的典型相关分析。
30. 进行高等学校的大学生的知识与能力研究设计，收集相关数据并进行典型相关分析。
31. 试进行上市公司运营能力与偿债能力之间的典型相关分析。
32. 试进行某地区的农村居民或城镇居民的收入与消费之间的典型相关分析。
33. 试进行市场调查问卷形式数据的典型相关分析。

第 5 部分 综合练习

综合练习是统计软件实训教程中的最后部分，是进行社会经济问题的综合分析的综合思考和综合练习。内容包括某品牌汽车潜在客户购买意向的调研、某商业银行客户满意度的调研等两个练习。

综合练习1　某品牌汽车潜在客户购买意向的调研

一、调查方案

1. 项目概况

（1）项目背景。现开展的汽车销售满意度调查大多针对成交客户，而对成交前潜在客户的评价比较少。这种状况导致对店端展厅服务与潜在客户跟进转换支持不足，影响到了潜在客户研究与认知，甚至导致客户流失。故此进行本次调查研究，大力引入4S店前台销售服务收集到的潜在客户信息，实施支持服务前置提升，最终促进销售，扩大市场份额，提升该品牌汽车的市场占有率和市场竞争力。

（2）调查内容。在客户背景信息基础上，了解潜在客户的购车需求、购车意愿、购车服务体验，深入挖掘潜在客户购买意向。

（3）执行方式。选择优质的市场调研公司或咨询公司，实施基于计算机技术的CATI调查。针对调查结果，进行数据审核和数据处理，选择科学有效的统计模型进行定量研究与定量分析。

（4）研究对象与样本。研究对象为潜在/意向客户（到店看车但未成交的客户）。4S店业务员收集联系方式，及时跟进潜在客户，形成研究对象。调查样本为大样本。

（5）项目执行安排。按照内容、执行机构、执行时间进行以下设计（见表5-1-1）。

表 5-1-1 时间安排

项目推进	序号	具体推进内容	执行机构	月度执行计划	备注
前期工作	1	项目任务下达	项目部	5.10	
	2	项目团队	项目部	5.12	
	3	项目预算	项目部	5.15	
	4	资料下发	项目部	5.20	
	5	CATI 系统程序准备	信息中心	5.20	
培训与试访	6	项目培训	执行中心	5.25	
	7	话务员试访	执行中心	5.26	
正式执行	8	CATI 正式执行	执行中心	5.26-7.11	
	9	样本补充	执行中心	7.5-7.11	
输出	10	QC 复核	质控中心	5.26-7.11	
	11	数据审核	质控中心	5.26-7.11	

2. 时间安排（见表 5-1-2）

表 5-1-2 时间安排

现场人员	数量	资质	要求执行过的项目类型	访问员要求	备注
督导	2 员	多年管控经验	CATI	无	无
访问员	30~40 名	普通话标准 耐性强 善于安抚受访者不满情绪	汽车类电访 新能源汽车类电访 服务业电访	正式员工 女性优先	无

3. 项目执行与要求

（1）试访要求。访问员均需要进行试访，每个访问员试访 3 个样本，如果样本通过复核没问题可当成功样本计算。

（2）正式访问要求。所有样本的问卷及甄别内容必须完整，成功和不成功数据分为 2 个不同数据表格进行汇总。所有接通名单 100% 录音。督导 1，每天下班前提供完成样本相关资料，提供的资料包含原始访问录音、原始数据记录表格。执行进度汇报，督导 2，每天中午前向项目经理提交前一天执行进度汇报，内容包括执行数据、配额完成进度、执行过程中的问题。执行时间：周一至周五工作日执行；在样本量较大、时间比较紧急的特殊条件下，为保证项目按期完成，一般周末（周六、周日）酌情加班执行。

二、调查问卷

某品牌汽车潜在客户购买意向的调查

问卷编码：_____   4S 店：_____   被访者联系电话：_____

先生/女士，您好！某品牌汽车正在开展潜在客户关怀活动，希望了解您对某品牌汽车的购买意向。耽误您几分钟的时间,可以吗?非常感谢!

Q1.【单选】您是否已经购车了?

  A. 已经购车   B. 没有购车

Q2.【单选】如果没有购车,您预计多久之内会购车呢?

  A. 1 周   B. 2 周   C. 4 周   D. 半年

  E. 半年以上   F. 其他,请注明

Q3.【单选】下面按照4S店硬件设施、卫生环境、茶点招待、空间布局、展车摆放,接待服务,车辆介绍,价格谈判,总体满意度等进行评价(见表5-1-3)。

表 5-1-3 评价内容

序号		评价									
		无法接受				一般					非常满意
		0	1	2	3	4	5	6	7	8	9	10
1	在选购汽车的过程中,您对4S店硬件设施、卫生环境、茶点招待、空间布局、展车摆放方面满意度如何?											
2	您对4S店接待服务满意度如何?											
3	您对4S店车辆介绍满意度如何?											
4	您对4S店价格谈判方面满意度如何?											
5	总体来说,您本次到4S店看车的总体满意度如何?											

Q4.【多选】您觉得该4S店硬件设施、卫生环境、茶点招待、空间布局、展车摆放差,体现在哪些方面?

  A. 硬件设施   B. 卫生环境   C. 茶点招待   D. 空间布局

  E. 展车摆放   F. 其他_____

Q5.【多选】您觉得 4S 店接待服务差，体现在哪些方面？
  A. 参观与购车指引   B. 展厅接待   C. 销售顾问态度
  D. 销售顾问中途离开 E. 离店时送别   F. 业务流程
  G. 及时响应   H. 其他_____

Q6.【多选】您觉得 4S 店车辆介绍差，体现在哪些方面？
  A. 车辆介绍   B. 销售顾问专业 C. 未主动邀请试乘试驾
  D. 试乘试驾中未主动讲解车辆 E. 试乘试驾时间短/路线不合理
  F. 其他_____

Q7.【多选】您觉得 4S 店价格谈判差，体现在哪些方面？
  A. 价格透明度   B. 需加价购车   C. 店内优惠信息
  D. 没有价格谈判   E. 议价空间   F. 其他_____

Q8.【单选】本次到店看车之后，您在 4S 店购车意愿如何呢？
  A. 肯定会选 B. 可能会选 C. 可能不选 D. 肯定不选

M1.【单选】您本次计划购买的车辆属于以下哪种情形？
  A. 首次购车 B. 购买第二辆一台 C. 卖旧买新 D. 置换

M2.【单选】用户性别？
  A. 男性   B. 女性

结束语：非常感谢您对我们工作的支持，祝您生活愉快，再见！

三、练习题目

1. 请简述计算机辅助调查的优缺点。
2. 针对收集到的问卷，制定合格问卷的质量标准，进行问卷的质量审核。
3. 选择合适的数据分析软件，进行数据录入。
4. 分析潜在客户或意向客户的购车需求与购车意愿。
5. 分析潜在客户的购车服务体验。
6. 分析潜在客户的售前购车服务关注。
7. 分析潜在客户的满意度，使用适当模型计算与分析影响满意度的主要因素的影响方向和影响程度。
8. 按照本次计划购买的情形，针对总体满意度进行方差分析。
9. 针对"您觉得该 4S 店硬件设施、卫生环境、茶点招待、空间布局、展车摆放差，体现在哪些方面？""您觉得 4S 店接待服务差，体现在哪些方面？""您觉得 4S 店车辆介绍差，体现在哪些方面？""您觉得 4S 店价格谈判差，体现在哪些方面"，进行以下分析：（1）进行多选项的频数分析；（2）进行多选项的交叉列联分析。
10. 针对以上问题，思考根据研究目的如何选择数据分析方法？

综合练习2　某商业银行客户满意度的调研

一、调查方案

（1）**调查目的**。了解银行客户满意度现状，研究满意度影响因素，为银行提高效率、实现客户满意提供决策参考。

（2）**调查范围**。使用银行业务记录的客户。采访城市：全国15个大城市，样本量为大样本。

（3）**执行人员的配备与要求**。项目总部督导1名，各个大城市督导1名、协调员1名、访问员若干。各个大城市质控督导1名、质控员若干。以上人员要求单独配置，不得兼任。

（4）**访问员人数要求**。各地区访问员数量50名左右，其中新访问员比例不得高于30%。

（5）**问卷编号**。第一个城市10001开始，使用9位数编号；第二个城市20001开始，使用9位数编号；第三个城市30001开始，使用9位数编号。其他城市顺延。

注意：所有的问卷都必须打上编号；遇到作废问卷的编号不再重复使用；每个访问员对应一个访问员编号。

（6）**时间安排**。将访问过程的工作事项与时间进度合理安排，设计如下进程表（见表5-2-1）。

表5-2-1　时间安排

日期	事项
3月1日	督导培训
3月3日	CATI程序
3月3日	开始访问
3月18日	提交第一批数据（Excel、SPSS）
3月31日	提交第二批数据（Excel、SPSS）
4月10日	完成所有样本量
4月11日	提交全部数据（Excel、SPSS）
4月12日	提交所有访问录音

（7）**督导岗位职责**。做好准备工作，进行基础培训、项目培训、访问员管理及工作分配，处理偶发事件并提交资料。

（8）**访问员岗位职责**。拟定保密协议，进行基础培训、项目培训、试访问、问卷访问。

二、调查问卷

某商业银行客户满意度的调查

访问员编号：_____   问卷编号：_____

您好，我们受×××委托，进行银行满意度调研，可能会占用您一些时间，了解您对各银行的满意度，请问您是否愿意抽空参加？

Q1. 请问您生活的城市是（见表5-2-2）？［单选］

表5-2-2　城市列表

城市	编码
上海	1
深圳	2
北京	3
广州	4
杭州	5
苏州	6
郑州	7
西安	8
天津	9
大连	10
沈阳	11
武汉	12
长沙	13
太原	14
重庆	15
以上皆无	16

Q2. 性别？［单选］

　　A. 男　　　　　　　　　　　B. 女

Q3. 请问您的年龄是？［单选］

　　A. 18岁以下　　B. 18~35岁　　C. 35~60岁　　D. 60岁以上

Q4. 请问您选择的是哪家银行？（见表5-2-3）

表5-2-3　银行

银行	编码
中国银行	1
工商银行	2

续表

银行	编码
建设银行	3
农业银行	4
交通银行	5
招商银行	6
中国光大银行	7
广发银行	8
平安银行	9
民生银行	10
中信银行	11
兴业银行	12
浦发银行	13
其他，请注明：_____	14

Q5. 请问您过去半年内办理过以下哪类业务？[复选]

　　A. 存/取款（包含柜面、自助终端存取款）

　　B. 汇款/转账

　　C. 信用卡

　　D. 银行借记卡（包含储蓄卡）

　　E. 以上皆无

Q6. 请问您过去半年内购买过以下哪些财富管理产品？[复选]

　　A. 银行理财产品　　　　　　B. 基金

　　C. 保险　　　　　　　　　　D. 贵金属

　　E. 以上皆无

Q7. 请问您过去一年内成功办理过以下哪些贷业务产品？[复选]

　　A. 住房按揭贷款　　　　　　B. 个人消费贷款

　　C. 个人经营性贷款　　　　　D. 以上皆无

Q8. 关于以下项目，请您在 1~10 分给出评价。（见表 5-2-4）

表 5-2-4　满意度评价

序号	评价内容	评价程度									
		非常不满意					一般					非常满意
		0	1	2	3	4	5	6	7	8	9	10
1	总体满意程度											
2	营业网点满意程度											
3	存取款满意程度											

续表

序号	评价内容	评价程度											
		非常不满意					一般					非常满意
		0	1	2	3	4	5	6	7	8	9	10
4	自助设备满意程度											
5	网上银行满意程度											
6	手机银行满意程度											

本次访问到此结束，再次感谢您的合作！

三、练习题目

1. 使用合适的方法，计算该银行客户满意度。
2. 对该银行零售客户满意度进行描述统计分析。
3. 对该银行零售客户满意度进行性别方面的差异性分析。
4. 对该银行零售客户满意度进行年龄方面的差异性分析。
5. 选择合适的统计理论与数据分析方法，对该银行零售客户满意度进行影响因素分析。
6. 对该银行零售客户满意度进行相应的聚类分析，如 Q 型聚类分析、R 型聚类分析、K 型聚类分析。
7. 使用因子分析理论对该银行零售客户满意度进行综合评价。
8. 根据 R 型聚类分析与因子分析的因子提取及因子命名，说明聚类分析与因子分析理论的异同。
9. 对该银行零售客户满意度相关分析理论与分析方法进行选择与评价。

第6部分　综合案例分析

综合案例分析是统计软件实训教程中的一个重要组成部分，是进行社会经济问题的综合分析的重要内容和重要方法。内容主要包括高新技术产业影响因素的主成分回归分析，大学生实践活动参加质量的综合分析，理论教学对实践教学效果影响的分析，大学生数据能力综合分析，在线旅游短租住宿产品消费者行为影响因素综合分析等五个综合案例分析。

案例分析1　高新技术产业影响因素的主成分回归分析

一、实训目的

社会经济问题的复杂特性，是当今社会重要特征，针对复杂问题的研究方法和研究过程也愈加复杂。当需要研究某变量是否受到其他一些变量的影响时，多数都选择多元线性回归模型进行研究。多元线性回归模型在基本的高斯假定之下，还需要进行包括模型拟合优度、模型整体有效性、模型参数有效性、多重共线性、序列相关性、异常值等必要的检验。其中，多重共线性检验非常重要。当选择多元线性回归分析理论进行研究时，若原始变量之间存在严重的多重共线性，则可选择主成分理论继续进行复杂问题的影响因素的研究。

不忘新时代新征程中国共产党的使命任务，保证到2035年实现我国发展总体目标，实现高水平科技自立自强，进入创新型国家行列。

通过本实训，学生可以理解多元线性回归分析、主成分分析、基于主成分的回归分析（主成分回归分析）的基本理论和方法，掌握统计软件的主成分回归模块功能与应用过程，根据特定研究目的，针对具体问题，能够应用统计软件进行主成分回归，形成复杂的社会经济问题的主成分回归分析的数据处理和数据分析的专业综合能力。

二、实训原理

1. 多元线性回归分析

多元线性回归分析是研究影响因素的常用理论和方法，主要内容包括建模、模型有效性检验、模型应用等三个方面。模型有效性检验包括多重共线性检验等8个方面。多重共线性检验包括多重共线性的基本含义、多重共线性的产生原因、多重共线性危害、多重共线性的识别、多重共线性的修正与剔除。其中，修正与剔除多重共线性的方法主要包括主成分回归、岭回归等。

2. 多重共线性

（1）什么是多重共线性？

多重共线性是多元线性回归模型中特有的现象。在多元线性回归模型中，出于拟合优度的考虑，需要自变量与因变量之间保持或存在显著的线性关系，即拟合优度。但是，不允许自变量彼此之间存在多重共线性，尤其是不允许存在严重的多重共线性。所谓多重共线性，就是在多元线性回归模型中的自变量之间的相互依存、相关制约的关系。

（2）多重共线性的危害。

多元线性回归模型中如果存在严重的多重共线性，会对多元线性回归模型及其应用产生重大危害。这些危害主要包括以下几个方面：一是模型检验结论矛盾，即某些检验结论有效而其他有关联的检验结论无效。二是模型参数符号出现矛盾，模型中的自变量符号与实际情况严重不符，即按照实际情况模型参数应该是正号，但模型中却是负号。三是模型参数失去稳定性和可靠性，直接影响到模型的应用效果。

（3）多重共线性的识别。

多重共线性的识别包括定性与定量两类方法。

①定性识别方法。

定性识别主要包括：一是相关系数矩阵法，即通过计算得到的自变量之间的相关阵进行识别，若该矩阵的数据普遍较大，则可能存在多重共线性。二是重要自变量法，在模型中，如果重要的自变量没有通过显著性检验，多元线性回归模型很可能存在严重的多重共线性。三是重要自变量模型参数符号有误法，多元线性回归模型中的重要自变量模型参数的正负号与经验判断不符，很可能存在严重的多重共线性。

②定量识别方法。

定量识别主要包括：多重共线性的定量检验方法主要有容忍度（Tolerance：$Tol_i = 1 - R_i^2$），方差膨胀系数［Variance Inflation Factor，VIF：$VIF = 1/(1 - R_i^2)$］，特征根（Eigenvalue），条件指数（Condition Index：$k_i = \sqrt{\lambda_m/\lambda}$）。在统计软件进行的多元线性回归模型研究中，应用最多的是方差膨胀系数即VIF方法。

（4）多重共线性的消除与减轻。

严重的多重共线性是不允许存在的。当多元线性回归模型中存在严重的多重共线性时，就要进行消除或者减轻，主要方法包括：一是增加样本规模，研究实践中若样本规模太小，会大大降低研究结论的可靠性。虽然出于降低研究成本的目的需要减小研究样本，但是不能太小并必须满足研究需要。在需要降低多重共线性的程度问题上，要处理好样本规模与模型要求的关系，以适度的样本进行多元线性回归研究。二是基于主成分的回归分析，主成分分析需要研究变量之间保持较高的相关性，这正是多元线性回归模型中多重共线性的表现，主成分回归的研究过程比较复杂。三是岭回归分析，为了克服多元线性回归分析中多重共线性问题，A. E. Hoerl 在 1962 年首次提出改进型多元线性回归分析模型参数的估计方法即岭回归（Ridge Estimate）。岭回归中的参数的取值范围为（0，∞），可以根据岭迹图判断 k 的取值并确定有效的自变量，此时模型无多重共线性。

3. 主成分分析

所谓主成分分析，就是利用降维思想，使用线性代数的矩阵理论进行矩阵运算，进行主成分提取，并通过主成分进行复杂问题的研究与分析。工作过程主要包括主成分提取、主成分命名、主成分得分等环节。主成分分析既可以单独使用，也可以与其他理论如多元线性回归分析理论结合使用。

4. 主成分回归

（1）多元线性回归模型。
多元线性回归模型是指建立因变量依自变量的多元线性回归模型。
（2）多元线性回归模型的多重共线性检验。
按照 VIF 理论，进行多元线性回归模型的多重共线性检验，当 VIF 值大于 10 时即存在严重多重共线性。多元线性回归模型多重共线性的修正与剔除有定性、定量等多种方法。定性方法主要有检查样本规模是否合适，收集到的数据是否准确，是否可以扩大样本规模，等等；定量方法主要有主成分回归、岭回归等。
（3）主成分分析。
进行主成分分析是指按照线性代数的矩阵运算法则，计算特征值及特征向量。按照特征值标准，使用特征值大于 1 的条件提取主成分。按照因子载荷进行主成分命名，计算单项主成分得分。
（4）主成分回归。
①建立因变量 y 依主成分 f 的多元线上回归模型。
②分别建立主成分 f 依自变量 x 的多元线上回归模型。
③最终建立因变量 y 依自变量 x 的多元线上回归模型。针对以上两个模型，进行回代研究，形成最终建立因变量 y 依自变量 x 的多元线上回归模型。
④主成分回归效果检验。

三、实训问题

1. 研究背景与目的

当前中国正处于产业技术转型和升级的重要阶段，而高新技术产业作为科技创新的重要力量，对于实现经济的快速发展和加快产业转型，具有非凡的意义。在区域经济的发展与提升中，科学技术对经济增长的贡献越来越高；在一个地区的社会经济发展当中，高新技术企业的贡献和引领作用也越来越大。

大连高新技术产业开发区高新技术产业集聚影响因素主要研究内容为：通过高新技术产业整体以及辽宁省的各个高新技术产业区的相关资料的收集整理，找出关键影响因素，并根据各指标的影响程度提出有关提高大连高新技术产业集聚又好又快发展的合理意见和建议。

2. 样本与变量（见表6-1-1）

表6-1-1 变量一览表

符号	指标	数据选取及处理
Y	高新技术增加值	大连市各年高新技术产业产值
X_1	企业数	大连市各年高新技术企业数
X_2	科技活动人员数	大连市各年高新技术产业科技活动人员数
X_3	专利申请量	大连市各年高新技术产业专利申请量
X_4	实际利用外资金额	大连市各年实际利用外资金额
X_5	邮电业务总量	大连市各年邮电业务总量
X_6	政府投入	大连市各年高新技术产业投资中政府投入的金额

所用数据均来自《国家统计年鉴》《中国火炬统计年鉴》（2008—2016年），以及辽宁科技信息网以及大连高新区等相关网站发布的相关报道和数据资料。采用因子分析与回归分析进行实证分析，数据时间跨度为2007—2015年。原始数据见附录。

四、实训过程

实训过程主要包括以下几个阶段：

1. 多元线性回归分析

（1）调出多元线性回归分析主程序。

调出多元线性回归分析主程序：分析→回归→线性回归。

（2）主对话框的设计。

首先，选择"y"调入"因变量"框，选择"$x_1 \sim x_9$"调入"自变量"框。其次，选择自变量进入模型的方法，选择强行进入法；在本级对话框中，如"选择变量""个案标签"等一般不需设置（见图6-1-1）。

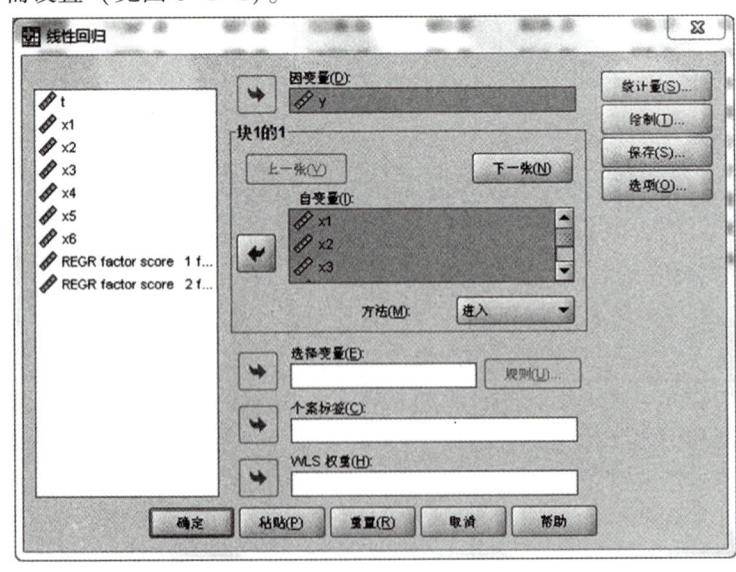

图6-1-1 多元线性回归主对话框设计

(3) 二级对话框的设计。

单击"统计量"进入"线性回归：统计量"二级对话框（见图 6-1-2）。选择输出模型参数及 t 检验，输出 F 检验与 R 检验，进行多重共线性检验。

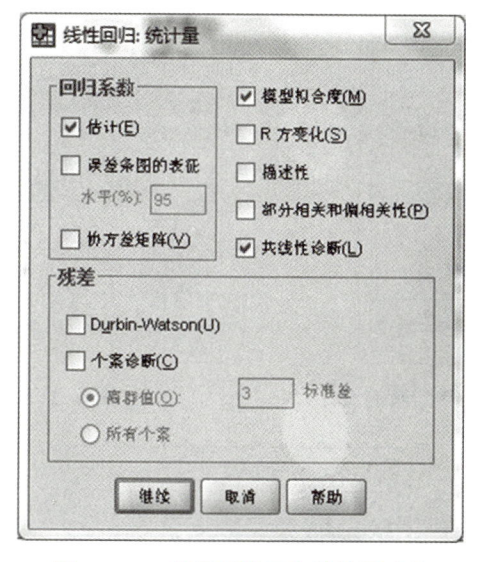

图 6-1-2　多元线性回归统计量设计

2. 主成分分析

(1) 主成分分析的主对话框设计。

在统计软件的分析模块，单击"分析"→"降维"→"因子分析"（注：主成分即可通过因子分析来实现），调出主成分分析主对话框。并将研究问题的 6 个变量调入变量框中（见图 6-1-3）。

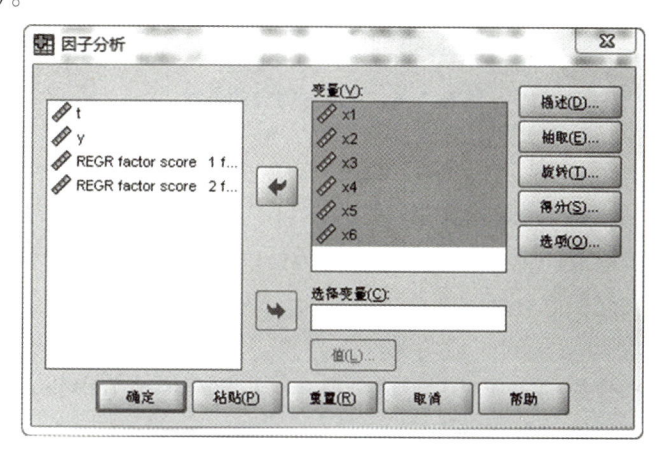

图 6-1-3　主成分分析主对话框设计

(2) 主成分分析的描述、抽取、得分等 3 个二级对话框设计。

再依次单击主对话框右侧的"描述""抽取""得分"等按钮进入主成分分析的二级对话框，进行主成分分析的各个二级对话框设计（见图 6-1-4~图 6-1-6）。目的是通过 KMO 和巴特利特检验判断主成分分析的前提条件，使用主成分理论按照特征值标准进行主成分提取，计算单项主成分得分并将得分保留在原始文件之中。

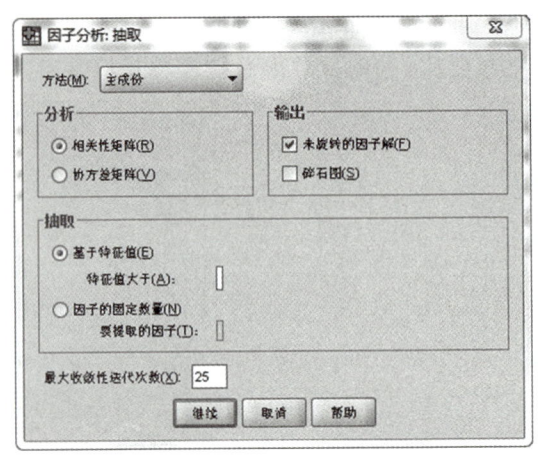

图 6-1-4　主成分分析前提条件判断的设计

图 6-1-5　主成分提取的设计

图 6-1-6　主成分得分的设计

3. 主成分回归

（1）因变量 y 依主成分的回归模型。

依据主成分分析提取的主成分和主成分得分，以原始变量 y 为因变量、以单项主成分得分为自变量进行二元回归分析（见图 6-1-7）。

（2）主成分 f_1 依自变量的回归模型。

依据主成分分析提取的主成分和主成分得分，以单项主成分得分 f_1 为因变量、以原始的 x 为自变量进行多元回归分析（见图 6-1-8）。

（3）主成分 f_2 依自变量的回归模型。

依据主成分分析提取的主成分和主成分得分，以单项主成分得分 f_2 为因变量、以原始的 x 为自变量进行多元回归分析（见图 6-1-9）。

图 6-1-7　y 为因变量、主成分得分为自变量的回归分析设计

图 6-1-8　f_1 为因变量、x 为自变量的回归分析设计

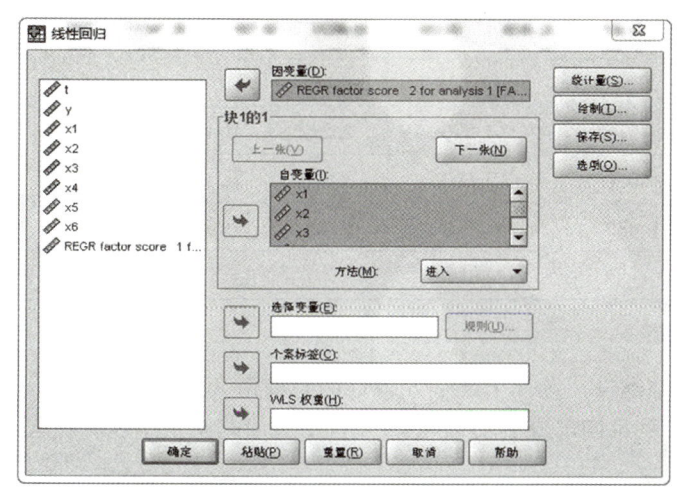

图 6-1-9　f_2 为因变量、x 为自变量的回归分析设计

五、实训结果

1. 多元线性回归分析

通过SPSS统计软件直接进行多元线性回归分析。操作过程参见下面附加的程序（具体的操作过程参见第三部分的实训3.7）。这里只简略给出建模及必要的模型检验。

（1）多元线性回归模型。

使用统计软件，以高新技术增加值 y 为因变量，以企业数等 x 为自变量建立多元线性回归模型。

$$\hat{y} = -29\,801.263 + 48.564x_1 - 0.029x_2 - 20.415x_3 + 0.561x_4 + 1.050x_5 + 1.432x_6$$

（2）有效性检验。

①拟合优度检验复相关系数 $R=0.982$，复可决系数为 0.965，因此模型自变量与因变量高度相关，模型有效。

②模型有效性检验。

方差分析中，$F=9.202$，相伴概率 $sig=0.000$，表示模型整体有效。

③模型参数有效性检验。

模型参数检验中，回归系数 t 值较小，相伴概率 sig 大于 0.05，表示自变量都无效。

④多重共线性检验。

表 6-1-2 中，VIF 值普遍很大，表示模型存在严重的多重共线性。这种现象从模型自变量的 t 检验中也可以看到。克服和消除多重共线性的方法用主成分回归。

表 6-1-2 系数[a]

模型		非标准化系数 B	标准误差	标准系数 试用版	t	sig.	共线性统计量 容差	VIF
1	（常量）	-29 801.263	50 305.329		-0.592	0.614		
	x_1	48.564	74.233	0.792	0.654	0.580	0.012	83.919
	x_2	-0.029	0.185	-0.035	-0.155	0.891	0.346	2.887
	x_3	-20.415	49.938	-1.447	-0.409	0.722	0.001	716.497
	x_4	0.516	4.510	0.232	0.114	0.919	0.004	234.963
	x_5	1.050	7.693	0.046	0.136	0.904	0.155	6.472
	x_6	1.432	1.707	1.429	0.839	0.490	0.006	166.119

a. 因变量：y

2. 主成分分析

通过SPSS统计软件，选择上述多元线性回归数据文件进行主成分分析（即因子分析，具体的操作过程参见第四部分的实训4.4）。这里只简略给出主成分提取结论。

(1) 因子分析条件（见表6-1-3）

表 6-1-3　KMO 和 Bartlett 的检验

取样足够度的 Kaiser-Meyer-Olkin 度量		0.612
Bartlett 的球形度检验	近似卡方	77.775
	df	15
	sig.	0.000

(2) 主成分提取（见表6-1-4）

表 6-1-4　解释的总方差

成分	初始特征值			提取平方和载入			旋转平方和载入		
	合计	方差的/%	累计/%	合计	方差的/%	累计/%	合计	方差的/%	累计/%
1	4.266	71.095	71.095	4.266	71.095	71.095	4.266	71.094	71.094
2	1.205	20.091	91.186	1.205	20.091	91.186	1.206	20.093	91.186
3	0.506	8.434	99.620						
4	0.013	0.222	99.842						
5	0.008	0.141	99.984						
6	0.001	0.016	100.000						

提取方法：主成分分析

(3) 主成分得分（单项主成分）（见表6-1-5）

表 6-1-5　单项主成分得分

fac1-1	fac1-2
−1.023 59	−0.227 21
−0.861 27	0.223 72
−0.705 84	1.295 58
−0.803 21	0.968 41
−0.401 24	−2.138 79
0.174 8	−0.587 97
0.657 32	−0.137 53
1.317 64	0.018 47
1.645 4	0.585 32

3. 主成分回归

将表6-1-5中的因子得分，作为回归分析中的自变量，以 y 为研究变量，进行回归分析。

(1) 建立因变量 y 依主成分 fac1-1 和 fac1-2 的二元线性回归模型。

以原始模型中的数据 y 为因变量，以主成分分析的因子得分 fac1-1、fac1-2 为自变

量,建立新的回归模型。模型如下:
$$\hat{y} = 18\,635.116 + 4\,908.503\text{fac1\_1} - 766.430\text{fac1\_2}$$

(2) 建立主成分 fac1-1 和 fac2-1 依自变量 x 的 2 个多元线性回归模型。

分别以主成分分析的因子得分 fac1-1、fac1-2 为因变量,以原始模型中的数据 x_i 为自变量,建立 2 个新的回归模型。模型如下:
$$\text{fac1\_1} = -4.814 + 0.000\,3x_1 + 0.000\,001\,782\,5x_2 + 0.001x_3 + \\ 0.000\,356x_4 + 0.000\,558x_5 + 0.000\,004\,497x_6$$
$$\text{fac1\_2} = -5.385 + 0.000\,281\,4x_1 + 0.000\,009\,34x_2 + 0.000\,004\,61x_3 + \\ 0.000\,000\,182x_4 + 0.003x_5 + 0.000\,001\,80x_6$$

主成分依原始变量的回归系数如表 6-1-6 所示。

表 6-1-6 主成分依原始变量的回归系数

模型		模型参数		
		y 依主成分	fac1-1 依原始变量	fac1-2 依原始变量
1	(常量)	18 635.116	-4.814	-5.385
	x_1	f_1: 4 908.503	0.003	0
	x_2	f_2: -766.43	0.000 017 82	0.000 093 35
	x_3		0.001	0.000 046 07
	x_4		0	-0.000 001 819
	x_5		0	0.003
	x_6		0.000 044 97	-0.000 017 95

4. 主成分回归的模型转换

将上面建立的回归模型组合起来,进行模型转换,得到基于主成分的多元线性回归模型。转换过程为:将依原始自变量的 fac1_1、fac1_2 回归模型带入到依 fac1_1、fac1_2 的 y 模型。

(1) 主成分回归模型截距(见表 6-1-7)。

表 6-1-7 主成分回归模型截距计算表

y 依主成分模型截距	fac1-1 依原始变量模型截距	fac1-2 依原始变量模型截距	截距
18 635.116	-23 629.533 44	4 127.225 55	-867.191 892

(2) 主成分回归模型参数(见表 6-1-8)

表 6-1-8 主成分回归模型参数计算表

模型	β_0	β_1	β_2	β_3	β_4	β_5	β_6
旧模型	-29 801.263 0	48.564 000	-0.029 000 000	-20.415 000 00	0.561 000 000	1.050 00	1.432 000 000
新模型	-867.191 892	14.725 509	0.015 923 283	4.873 193 57	0.001 394 136	-2.299 29	0.234 492 798

转换后的模型为
$$\hat{y}_{旧} = -29\,801.263\,0 + 48.564\,000x_1 - 0.029\,000\,000x_2 - 20.415\,000\,00x_3 + \\ 0.561\,000\,000x_4 + 1.050\,00x_5 + 1.432\,000\,000x_6$$

$$y_{新} = -867.191\,892 + 14.725\,509x_1 + 0.015\,923\,283x_2 + 4.873\,193\,57x_3 +$$
$$0.001\,394\,136x_4 - 2.299\,29x_5 + 0.234\,492\,798x_6$$

将原值代入该模型，得到模型的估计值如表6-1-9所示。

表6-1-9　研究问题的原值与估计值

年别	原值	旧预测值	新预测值
2007	11 347.28	12 896.352 5	12 903.003 8
2008	14 079.06	13 534.543 6	13 752.092 8
2009	13 529.03	14 969.165 6	13 982.836 7
2010	16 253.17	15 777.235 5	14 108.254 7
2011	18 832.74	19 859.108 3	17 072.162 5
2012	20 721.99	19 817.396 4	18 352.832 3
2013	22 841.49	22 642.575 4	20 453.379 9
2014	24 163.76	25 236.206 8	23 337.391 2
2015	25 947.52	27 091.803 3	24 812.871 1

为更形象地说明因变量的实际值与估计值的关系，绘制折线图（见图6-1-10）。该图很显著地反映了主成分回归在克服普通多元线性回归模型中多重共线性基础上，模型具有很高的拟合程度。

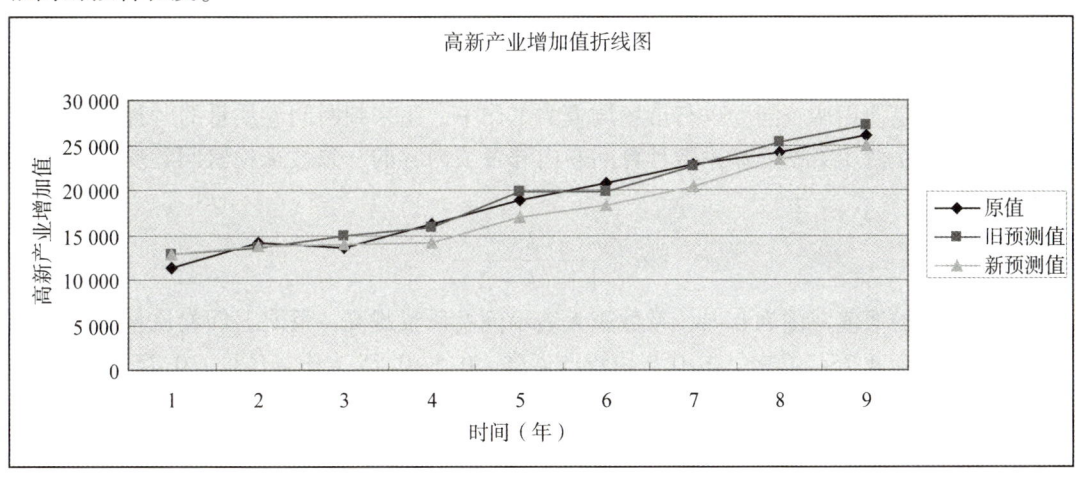

图6-1-10　高新产业增加值折线图

5. 主成分回归结论

大连高新技术产业开发区高新技术产业集聚影响因素主要是高新技术企业数和专利申请量；主成分回归模型的模型参数相比旧模型有所增加的是科技活动人员数和实际利用外资额；对比旧模型的模型参数明显下降的是政府投入。

案例分析 2　大学生实践活动参加质量的综合分析

一、实训目的

复杂特性是当今社会各级各类问题的共同特性。大学中的大学生的教育与培养，是高等教育领域重要的研究课题。当今社会，对大学生的数量需求与质量需求越来越迫切。大学生除了要学习好理论知识形成专业知识体系和专业素养，还要通过参加各种形式、各项内容的实践活动，锻炼实践能力，形成专业能力和专业素质。

通过本实训，学生可以掌握聚类分析、因子分析、假设检验、方差分析的基本理论和方法，熟悉统计软件的聚类分析、因子分析、假设检验、方差分析模块功能与应用过程，根据特定研究目的，针对具体问题，能够应用统计软件进行聚类分析、因子分析、假设检验、方差分析，形成复杂的社会经济问题的聚类分析、因子分析、假设检验、方差分析的数据处理和数据分析的专业综合能力。

二、实训原理

研究实践中，根据研究目的和研究问题的特点及发展规律，有目的地选择数据分析理论和方法。

1. 信度分析

信度分析是使用调查问卷进行市场调查的工作中，用来判断问卷质量的一种重要理论和方法。主要是使用卡朗巴赫系数计算问卷内部各项内容的一致性来检验问卷质量。计算公式为

$$\alpha = \frac{k\bar{r}}{1+(k-1)\bar{r}}$$

信度系数的取值范围为 0~1，系数越大表示问卷质量越高；反之，问卷质量越低。一般的数量标准为 0.75，其中，0~0.5 为较低信度、0.5~0.75 为中等信度、0.75~1 为较高信度。

2. 聚类分析

聚类分析是使用距离对社会经济问题进行聚类的一种理论和方法。距离主要存在于连续变量、离散变量、二元变量的个体之间、个体与类之间、类与类之间。聚类的方法主要有 Q 型聚类、R 型聚类、K 型聚类。聚类的结果主要使用树形图进行总结和概括。

3. 因子分析

因子分析是通过降维的思想实现复杂问题的简单化研究，主要功能包括分类和综合评价两个方面。研究过程主要有因子分析前提条件的判断、因子提取、因子命名、因子得分，核心概念有因子模型、因子载荷、特征值、方差贡献及累计方差贡献、变量共同度、因子旋转、单项因子得分、综合因子得分。

4. 假设检验

假设检验是主要使用样本理论、小概率理论进行的假设问题的研究与实践。主要内容是假设类型的选择与建立、统计量的计算，工作过程有提出假设、计算统计量、确定临界值、给出假设检验结论。

5. 方差分析

方差分析总体上看类似于假设检验，适用于多总体（或样本）条件下的因变量的假设检验。方差分析的核心是计算 F 统计量，包括离差、离差平方和、自由度、方差、统计量等五个方面。具体的工作过程包括建立假设、计算统计量、确定临界值、给出方差分析结论。

三、实训问题

1. 研究背景

高等学校承担教书育人和培养社会经济建设人才的多重使命，大学生肩负自身成长和服务社会的多重责任。地方普通高校面向地方社会经济建设，主要为本地培养应用型创新人才。高等学校针对大学教育和人才培养目标和要求，制定与本专业教学相适应的实践教学活动，如课内试验、课程设计、模拟实习和专业实习等，这些体制内的实践教学活动对于增强学生能力大有益处。本文研究的是大学生课外实践活动，如志愿者行动、大学生暑期实践活动、大学生创业计划大赛、大学生创新创业训练计划项目等，它们是高校教学计划外的实践活动，具有灵活性、自愿性、实践性和目的性等特点，能够锻炼大学生的思考及实践能力，提高自身的综合素质，为今后的就业、工作，以及创新创业积累经验，奠定基础。

2. 研究问题与问卷设计

本研究主要关注大学生实践活动参加质量，为大学生选择和参加实践活动及学校相关管理部门进行管理提供依据。根据研究问题和研究目的，设计了《大学生实践活动参加质量的实证研究调查问卷》。问卷设计主要包括初步设计调查问卷，组织部分大学生实践活动参加者和指导教师以小组座谈方式以及调查问卷的试验调查方式进行调查问卷的修改最终形成调查问卷。问卷主要内容如下：

（1）大学生背景部分：性别（男、女），年级（低年级、高年级），专业（理科、工科，统计学）和身份（负责人、成员）。

（2）大学生实践活动参与质量的调查内容：调查内容共计 12 项，变量分别编码为 q1、q2、q3、q4、q5、q6、q7、q8、q9、q10、q11、q12，具体如下。参加实践活动的意愿是否强烈？参加实践活动的目的是否明确？实现参加实践活动预定目标的程度，全面参与某项实践活动是否全面而深入？在实践活动中的责任是否较大？参与实践活动决策的程度，在实践活动中本人的影响力如何？所参加的实践活动知名度较高，所参加的实践活动有助于自己锻炼能力，所参加的实践活动有助于自己今后的就业，所参加的实践活动团队力量较强并易于取得成功，退出对我影响不大的实践活动。

（3）问卷主要采用 5 点量表，每个问题是一组陈述，每一陈述有五种回答，用 1~5 表示，1 表示最差，5 表示最好，由被试者根据自己的体会选择答案，最后计算总得分。

3. 调查对象与样本设计

调查对象为辽宁工业大学全体学生，抽样框为参加大学生实践活动的大学生，样本规模为 200 人，以实践活动类型进行分层抽样。委托校学生会进行调查问卷的发放和回收。发放调查问卷 220 份，回收 205 份，其中有效问卷 200 份。

4. 研究方法

本研究使用 SPSS11.5 统计软件对调查问卷数据进行统计分析。分析方法主要有主成分分析，描述性分析，假设检验和方差分析，研究大学生实践活动参加质量。

四、实训过程

1. 问卷的信度分析

（1）调出信度分析主程序。

在数据编辑窗口，单击"分析"→"度量"→"可靠性分析"，调出信度分析菜单并进入信度分析主对话框。

（2）主对话框的设计。

在信度分析主对话框中，主要进行以下设置：

①选择信度分析变量。

在信度分析主对话框的左侧，选择欲进行信度分析的所有变量q1~q12（注：在 SPSS 统计软件中，不区分英文字母的大小写）调入右侧的项目框中。

②选择信度分析的方法。

在主对话框的左侧下部的"模型"中，选择克朗巴赫系数"α"。

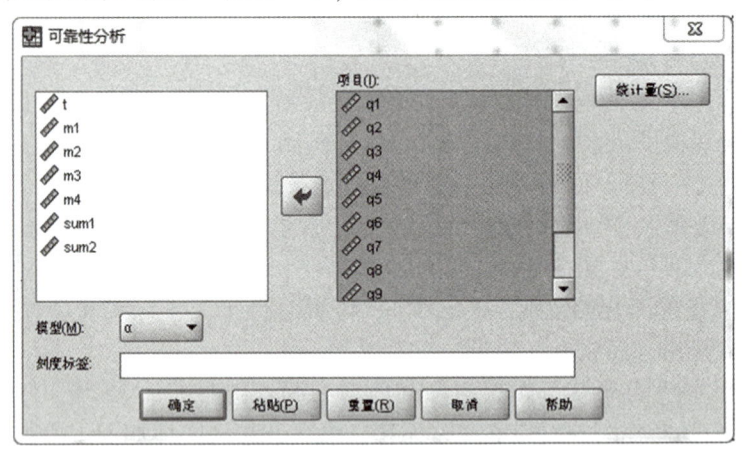

图 6-2-1 信度分析主对话框设计

（3）运行该程序。

```
RELIABILITY
  /VARIABLES=q1 q2 q3 q4 q5 q6 q7 q8 q9 q10 q11 q12
  /SCALE(' ALL VARIABLES' ) ALL
  /MODEL=ALPHA.
```

2. 聚类分析

（1）调出 R 型聚类分析主程序。

调出 R 型聚类分析主程序：分析→分类→系统聚类。

（2）主对话框的设计（见图 6-2-2）。

①分别单击 12 个指标 q1~q12，调入"变量"框中。
②单击"t"调入"标注个案"框中。
③在"分群"框中选择"变量"，表示进行 R 型聚类。
④在"输出"框中选中"统计量"和"图"。

图 6-2-2 聚类分析对话框设计

（3）二级对话框的设计（见图 6-2-3）。

①单击"绘制"按钮，指定输出的图形，选择"树状图"，同时按照默认的设置选择输出冰柱图。
②单击"方法"按钮，指定距离的计算方法。

在"度量标准"框中，选择"区间"的"平方 Euclidean 距离"计算方法。在"聚类方法"框中，选择"组间连接"距离计算方法。在"转换值"框中，由于各个变量的量纲相同，因此不用进行标准化。

图 6-2-3 聚类分析的二级对话框设计

运行该程序。

```
PROXIMITIES    q1 q2 q3 q4 q5 q6 q7 q8 q9 q10 q11 q12
  /MATRIX OUT('C:\Users\ADMINI~1\AppData\Local\Temp\spss5592\spssclus.tmp')
  /VIEW=VARIABLE
  /MEASURE=SEUCLID
  /PRINT NONE
  /STANDARDIZE=NONE.
```

3. 因子分析

因子分析包括主对话框设计和二级对话框设计。

主对话框中，选择因子分析的各个变量进入变量框中参与因子分析（见图 6-2-4）。

二级对话框中，主要进行因子分析前提条件确定和因子抽取（见图 6-2-5）。

图 6-2-4　因子分析的主对话框设计

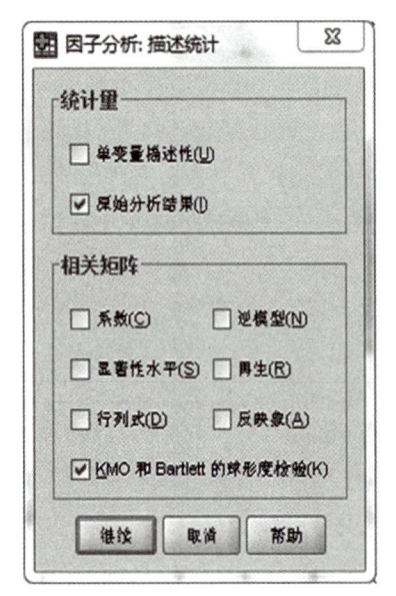

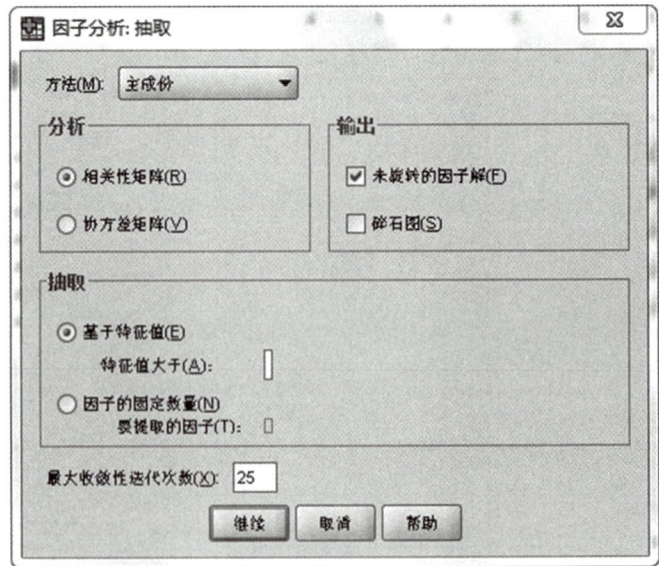

图 6-2-5　因子分析的二级对话框设计

运行该程序。

```
FACTOR
  /VARIABLES q1 q2 q3 q4 q5 q6 q7 q8 q9 q10 q11 q12
  /MISSING LISTWISE
  /ANALYSIS q1 q2 q3 q4 q5 q6 q7 q8 q9 q10 q11 q12
  /PRINT INITIAL KMO EXTRACTION ROTATION
  /CRITERIA MINEIGEN(1) ITERATE(25)
  /EXTRACTION PC
  /CRITERIA ITERATE(25)
  /ROTATION VARIMAX
```

4. 假设检验

假设检验主要进行检验变量和分组变量的主对话框的设计（见图 6-2-6）。

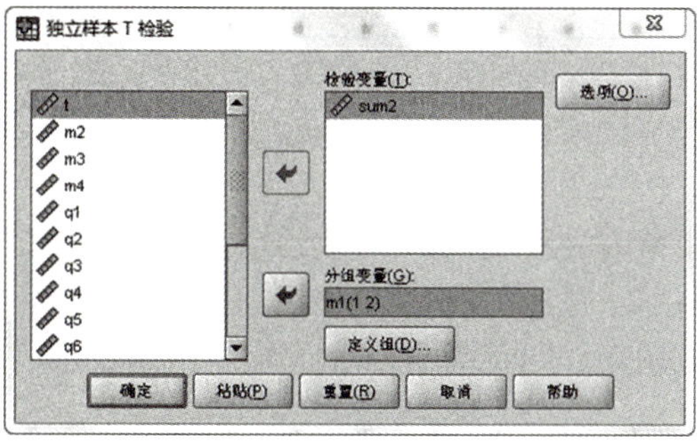

图 6-2-6　假设检验的主对话框设计

运行该程序。

```
FACTOR
  /VARIABLES q1 q2 q3 q4 q5 q6 q7 q8 q9 q10 q11 q12
  /MISSING LISTWISE
  /ANALYSIS q1 q2 q3 q4 q5 q6 q7 q8 q9 q10 q11 q12
  /PRINT INITIAL KMO EXTRACTION ROTATION
  /CRITERIA MINEIGEN(1) ITERATE(25)
  /EXTRACTION PC
  /CRITERIA ITERATE(25)
  /ROTATION VARIMAX
```

5. 方差分析（见图 6-2-7）

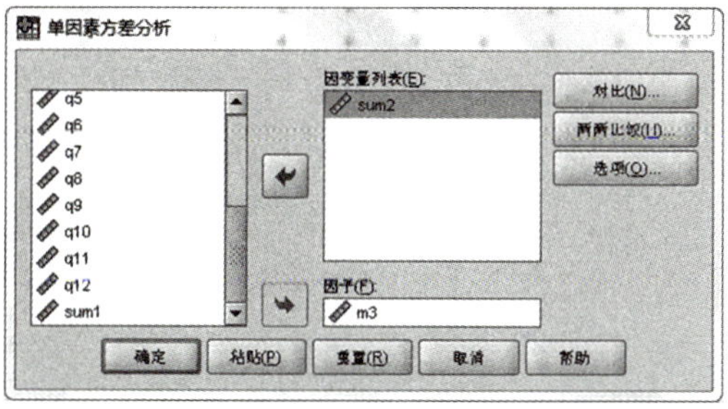

图 6-2-7　单因素方差分析的主对话框设计

运行该程序。

```
ONEWAY sum2 BY m3
  /STATISTICS DESCRIPTIVES
  /MISSING ANALYSIS.
```

五、实训结果

1. 问卷的有效性分析

（1）信度分析（见表 6-2-1）。

表 6-2-1　可靠性统计量

Cronbach's α	项数
0.892 5	12

调查问卷的内部一致性 Cronbach's α 系数为 0.892 5，高于心理学研究的 0.70 水平，说明问卷的内部一致性水平较高，符合理论要求，可以据此进行调查研究。

（2）效度分析。

问卷的效度分析主要指内容效度，在问卷设计过程中，通过集体座谈等方式，吸收了实践活动的指导教师、参加实践活动的学生、学校有关部门的管理人员参与问卷的设计和修改，并经过了问卷的试调查及问卷调整，最终形成了本问卷。所以调查问卷具有较好的内容效度。

2. 大学生实践活动参加情况的聚类分析

使用调查数据，运用 SPSS 统计软件进行 R 型聚类分析，根据聚类分析的冰柱图（见图 6-2-8、图 6-2-9），将调查问题划分成 3 类比较合适，即问题 q4、q5、q6 和 q7 为一类，问题 q1、q2 和 q3 为一类，问题 q8、q9、q10、q11 和 q12 为一类。

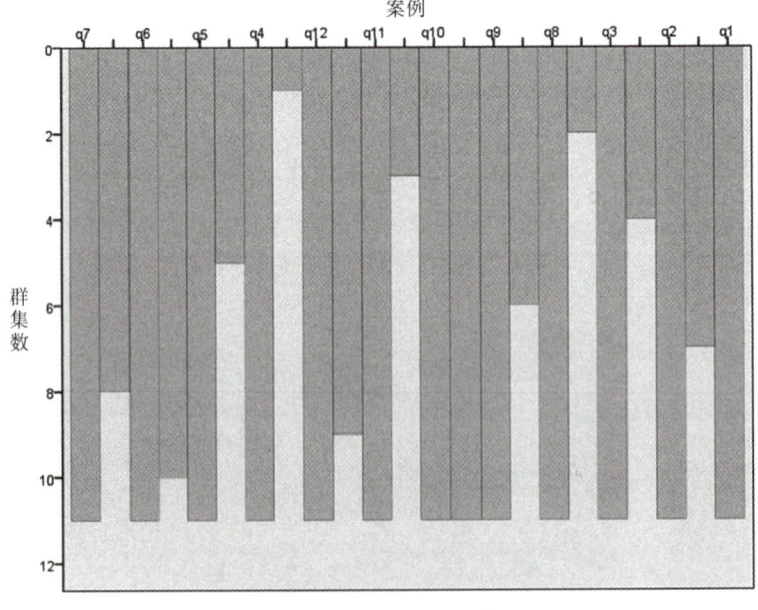

图 6-2-8　聚类分析的冰柱图

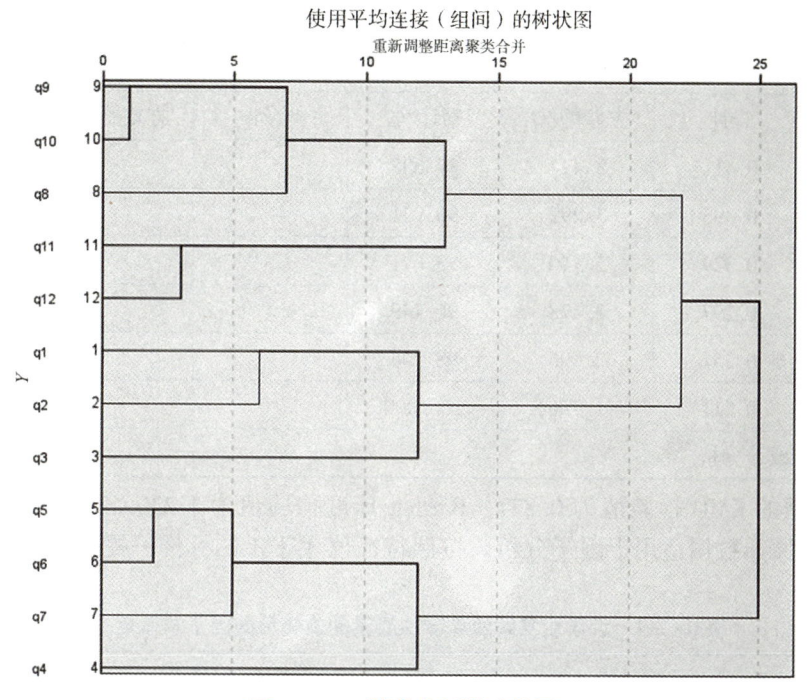

图 6-2-9 聚类分析的冰柱图

观察 R 型聚类分析的冰柱图，在图形中 15～20 做一条竖线，将调查问题划分成 3 类，即问题 q8、q9、q10、q11 和 q12 为第 1 类，问题 q4、q5、q6、q7 为第 2 类，问题 q1、q2、q3 为第 3 类。

3. 大学生实践活动参加情况的因子分析（见表 6-2-2、表 6-2-3）

表 6-2-2　KMO 和 Bartlett 的检验

取样足够度的 KMO 度量		0.877
Bartlett 的球形度检验	近似卡方	1 230.690
	df	66
	sig.	0.000

表 6-2-3　解释的总方差

成分	初始特征值			提取平方和载入		
	合计	方差的/%	累计/%	合计	方差的/%	累计/%
1	5.539	46.162	46.162	5.539	46.162	46.162
2	1.632	13.600	59.763	1.632	13.600	59.763
3	1.178	9.818	69.580	1.178	9.818	69.580
4	0.670	5.587	75.168			
5	0.561	4.678	79.846			
6	0.524	4.368	84.214			

215

续表

成分	初始特征值			提取平方和载入		
	合计	方差的/%	累计/%	合计	方差的/%	累计/%
7	0.411	3.424	87.638			
8	0.395	3.292	90.931			
9	0.329	2.740	93.671			
10	0.297	2.478	96.149			
11	0.251	2.096	98.244			
12	0.211	1.756	100.000			

提取方法：主成分分析

原始数据的 KMO 检验值为 0.877，Bartlett 球度检验值为 1 230.690，sig 相伴概率为 0.000，说明原始数据适用于因子分析。按照特征值大于 1 的标准，提取 3 个主成分（见表 6-2-4）。

表 6-2-4　大学生实践活动参加质量的旋转后的因子载荷矩阵

问题	因子		
	1	2	3
q1	0.054	0.147	0.840
q2	0.291	0.133	0.781
q3	0.396	0.276	0.584
q4	0.198	0.771	0.137
q5	0.257	0.769	0.216
q6	0.151	0.846	0.151
q7	0.164	0.799	0.081
q8	0.794	0.179	0.051
q9	0.790	0.255	0.139
q10	0.820	0.272	0.136
q11	0.800	0.162	0.306
q12	0.757	0.095	0.254

在因子分析中按照方差最大化旋转结果，第 1 公共因子包括 q8、q9、q10、q11 和 q12，第 2 公共因子包括 q4、q5、q6 和 q7，第 3 公共因子包括 q1、q2 和 q3。

根据聚类分析和因子分析的结论，可以将调查问题划分成 3 类问题，即选择优质的实践活动、实践活动的参与过程和参加实践活动的目的。

调查的 200 名大学生总平均分为 3.93 分，折成百分制为 78.59 分，近于良好，可见大学生参加实践活动的总体质量是较高的。按照聚类分析和因子分析的结果，3 个公共因子的平均得分分别是 3.85 分、4.05 分和 3.88 分，折成百分制为 77 分、81.05 分和 77.65

分，第 2 个公共因子的得分最高，说明大学生实践活动参加过程的质量较高。

4. 大学生实践活动参加质量的假设检验与方差分析

针对调查数据进行独立样本的 t 检验和单因素方差分析，来考察不同性别、年级、身份和专业的大学生参加实践活动的质量状况。使用 SPSS 统计软件进行计算，现将计算结果整理成表（见表 6-2-5~表 6-2-8）

表 6-2-5　组统计量

检验内容	检验内容	检验方法	组别	样本结构	均值	标准差	均值的标准误
sum2	性别	t 检验	1	120	3.881 4	0.646 97	0.059 06
			2	80	4.002 1	0.595 77	0.066 61
	年级	t 检验	1	80	3.945 9	0.598 41	0.066 9
			2	120	3.918 9	0.649 66	0.059 31
	身份	t 检验	1	61	4.378 5	0.455 23	0.058 29
			2	139	3.732 7	0.592 43	0.050 25
	专业	单因素方差分析	1	56	3.629 6	0.660 11	0.088 21
			2	64	4.061 4	0.603 21	0.075 4
			3	80	4.034 4	0.558 37	0.062 43

表 6-2-6　差异显著性检验整理表

	项目		方差方程的Levene检验		均值方程的 t 检验						
			F	sig.	t	df	sig.（双侧）	均值差值	标准误差值	置信下限	置信上限
sum2	性别	假设方差相等	0.304	0.582	-1.334	198	0.184	-0.120 7	0.090 5	-0.299 1	0.057 7
		假设方差不相等			-1.356	178.71	0.177	-0.120 7	0.089 0	-0.296 3	0.054 9
	年级	假设方差相等	0.018	0.892	0.297	198	0.767	0.026 9	0.090 8	-0.152 2	0.206 2
		假设方差不相等			0.302	178.68	0.763	0.026 9	0.089 4	-0.149 3	0.203 3
	身份	假设方差相等	2.347	0.127	7.584	198	0	0.645 7	0.085 1	0.477 8	0.813 7
		假设方差不相等			8.392	147.02	0	0.645 7	0.076 9	0.493 7	0.797 8

表 6-2-7　sum2ANOVA

项目	平方和	df	均方	F	显著性
组间	7.029	2	3.514	9.680	0.000
组内	71.520	197	0.363		
总数	78.549	199			

217

表 6-2-8　差异显著性检验整理表

检验内容	检验方法	自由度（df）	统计量（t 值或 F 值）	相伴概率值（sig）
性别	t 检验	198	-1.334	0.18
年级	t 检验	198	0.297	0.767
身份	t 检验	198	7.584	0
专业	单因素方差分析	199	9.68	0

根据上面的计算结果，大学生实践活动参加质量在学生性别和年级的统计量均较小，其相伴概率值（sig）均大于研究中的显著性水平（0.05），所以均接受零假设，检验结论为大学生实践活动参加质量无显著性差异。但是在大学生实践活动参加者的专业和身份方面，由于检验统计量较大（9.68 和 4.694），相伴概率值（sig）很小（近于 0），因此拒绝零假设，认为大学生实践活动参加质量在参加者的不同专业和身份方面有显著性差异。

具体来说，大学生实践活动参加者的理科、工科和文科的平均得分分别是 3.629 6、4.061 4 和 4.034 4，进行的 LSD 显著性差异检验结果如表 6-2-9 所示。

表 6-2-9　方差分析多重均值比较表

对比对象（$I-J$）	均值差	相伴概率 sig.
1-2	-0.431 8（*）	0
1-3	-0.404 7（*）	0
2-1	0.431 8（*）	0
2-3	0.027	0.789
3-1	0.404 7（*）	0
3-2	-0.027	0.789

由于理科对比工科和文科学生的相伴概率（sig）均小于显著性水平 0.05，故拒绝零假设，认为理科与工科和文科的大学生实践活动参加质量有显著性差异，即理科学生实践活动参加质量显著低于工科和文科的学生。同时工科与文科生差别不大。

大学生实践活动负责人和参加者的平均得分为 4.378 5 和 3.732 7，可以看到不同参加者的收获不同，即实践活动负责人的参加质量显著高于其成员。

六、结论与建议

1. 基本结论

（1）大学生实践活动参加质量的维度划分。根据聚类分析和因子分析，提炼出大学生实践活动参加质量的三维结构，即选择优质的实践活动、实践活动参加过程和实践活动参加目的。研究结论说明大学生参加实践活动目的明确，为实现预定目的大学生能够按照某种标准选择优质实践活动参加，参加过程态度端正、思想认真、能够积极开展活动且质量和效率较高。

（2）大学生实践活动参加质量的基本结论。大学生实践活动参加质量总体评价较高，在评价的 3 个维度中，参加过程因子得分最高。说明大学生参加实践活动过程相比于选择实践活动和参加目的方面，效果要好一些。

(3) 大学生实践活动参加质量的差异。在性别和年级方面，大学生实践活动参加质量的差异不显著，但是在专业和参加身份上差异显著。

2. 建议

（1）学校高度重视。参加实践活动是大学生开阔视野、陶冶情操、锻炼能力和增强素质的重要平台，也是大学生提早了解社会、接触社会经济实践的重要途径。学校有关部门要依据学校有关管理规定和大学生实践活动参加质量研究在实践活动的项目。实践内容、考评标准以及参加资格和过程管理等方面要加强管理和引导，为大学生提供更多的实践机会，提升大学生实践活动参加的兴趣，引导大学生参加优质项目，切实为大学生积极参加实践活动并取得预期效果做好服务。

（2）大学生积极参加。大学生是实践活动的主体，在学校正确的引导下，大学生应该结合自身兴趣爱好和自身特点与需求，选择适合自己的优质实践活动项目并定位好参加的身份，积极思考，努力锻炼自己，提升自身能力和素质，为以后更好就业和创业奠定基础。同时，大学生也应该多学知识，积累经验，以便更好地参加实践活动并取得预期效果。

（3）指导教师高度负责。有些实践活动需要教师指导。为此，指导教师要结合实践活动项目的内容和要求，依据相关理论和实践，切实为大学生参加并高质量地完成实践活动提供咨询和帮助。

案例分析 3　理论教学对实践教学效果影响的分析

一、实训目的

在教学实践中，遵照教学大纲、教学计划，使用特定教材，针对具体的教学内容在特点时间和地点组织教学活动，为理论教学。在理论教学以外进行的实习、实训、创新实践等教学活动就是实践教学。实践教学的目的是验证学生理论学习效果，培养学生综合素质，提升大学生实践创新能力；教学内容源于理论教学，教学目的是培养学生的实践创新能力。

通过本实训，学生可以了解理论教学与实践教学之间的关系，全面理解多元线性回归模型的建模理论与方法，形成使用统计软件进行复杂问题的多元线性回归分析影响因素的数据处理和数据分析的综合能力。

二、实训原理

1. 多元线性回归模型

（1）在研究实践中，由于总体数据很难取得，因此多数情况是通过样本进行多元线性回归分析。此时，多元线性回归模型为

$$y = \beta_0 + \beta_1 x_1 + \beta_2 x_2 + \cdots + \beta_i x_k$$

(2) 模型的参数估计。

多元线性回归分析的参数一般参与最小二乘估计（OLS）。根据微分极值原理，直接整理得到多元线性回归模型的参数估计公式：

$$\hat{\beta} = (X^T X)^{-1} X^T Y$$

式中，$\hat{\beta}$ 为参数的最小二乘估计量。利用上式可以得到模型参数，多元线性回归模型就建立起来了。

(3) 多元线性回归模型有效性检验。

多元线性回归模型有效性检验包括拟合优度检验、模型整体有效性检验、模型参数有效性检验、序列自相关检验和多重共线性检验等。

2. 主成分分析

主成分分析依据"降维"思想，从研究问题的变量（原始矩阵）出发，把大量的、复杂的变量综合成少数的主成分，以很少的损失信息解决信息重叠实现复杂问题简单化，实现对研究问题的全面系统的认识。

(1) 主成分函数。

$X = AF + \varepsilon$，式中 X 为原始变量；A 为主成分矩阵，a_{ij}（i 从 1 到 p，j 从 1 到 m）叫主成分系数，表示第 i 个变量在第 j 个主成分上的负荷；F 为主成分。

(2) 主成分分析在条件判断基础上，通过主成分提取、主成分命名、主成分得分等过程实现对问题的研究。

3. 基于主成分的多元回归模型

如果多元线性回归分析存在较为严重的多重共线性，就可以进行基于主成分的多元线性回归分析，实现对问题的影响研究。此时，建立观测变量依主成分 faci_1 的回归模型及主成分 faci_1 依控制变量的回归模型，最后进行回带，得到多元线性回归模型。

根据最后得到的基于主成分的多元回归模型，总结自变量对因变量的影响方向和影响程度，找出主要影响因素，解决关键问题，实现研究变量及因变量的可持续、高效发展。

三、实训问题

1. 研究问题

2016 年，国家中长期教育改革与发展规划纲要提出"把育人为本作为教育工作的根本要求，把改革创新作为教育发展的强大动力；教育要发展，根本靠改革。要创新人才培养体制、办学体制、教育管理体制，改革教学内容、方法、手段；把提高质量作为教育改革发展的核心任务"。指出要树立科学的教育质量观，适应社会经济发展需要，把促进人的全面发展作为衡量教育质量的根本标准。为此，务必树立以提高质量为核心的教育发展观，注重大学生理论教学与实践能力培养的关系，在基础知识、基本理论学习基础上，努力参加实践创新活动，提高实践创新能力。

2. 理论教学对实践教学效果影响分析的方案设计

(1) 设计原则。

方案设计非常重要，要坚持以下原则：一是科学性原则，研究指标反映理论教学的各种因素对实践教学效果的影响，指标应目的明确、定义准确，所运用的计算方法和模型科学规范。二是简明性原则，指标应该简单明了，能反映理论教学、实践教学效果特征。三是系统性原则，指标体系层次分明。四是稳定性原则，针对理论教学对实践教学效果影响的评价，指标体系能够持续使用较长时间。五是可操作性原则，在构建评价指标时，应容易取得、方便计算。

（2）样本设计。

根据关联研究的目的和精度要求，使用样本规模的理论公式，拟定样本规模为 200 人。参考关联研究的问卷回收率、时间要求等要素，综合确定发放问卷 265 份，实际收回的有效问卷为 200 份。其中，调查地点为某高校，调查对象为该高校在校本科生。

（3）调查问题设计。

将控制变量的理论教学按照教学目的、教学内容、课程体系、时间安排、教学形式、教学方法、课堂组织、考核方式、考核内容，依次进行变量编码为 X_1、X_2、X_3、X_4、X_5、X_6、X_7、X_8、X_9。观测变量 y，表示实践教学效果。为方便计算，将实践教学效果以 5 分制给出。

四、实训过程

1. 多元线性回归分析

（1）调用多元线性回归分析程序。

（2）多元线性回归分析主对话框的设计，给出因变量、自变量以及自变量进入模型的方法。

（3）多元线性回归分析二级对话框的设计，包括多元线性回归模型、拟合优度检验、模型整体有效性检验、模型参数检验、多重共线性检验，判断原始数据是否适用于多元线性回归分析，为主成分分析奠定基础。

2. 主成分分析

（1）调用主成分分析程序。

（2）主成分分析主对话框的设计，拟定主成分分析的变量。

（3）主成分分析二级对话框的设计，包括主成分分析前提条件的检验、主成分的提取两个方面。目的是提取主成分，为主成分回归奠定基础。

3. 主成分回归

（1）因变量 y 依各个主成分 f 的多元线性回归主对话框的设计，建立因变量依各个主成分的多元线性回归模型，进入多元线性回归模型程序，原始因变量调入因变量框，将提取的主成分调入自变量框。

（2）各个主成分 f 依原始变量 x 的多元线性回归主对话框的设计，建立各个主成分依原始变量的多元线性回归模型，各个主成分 f 调入因变量框、原始自变量 x 调入自变量框。

（3）进行回代研究，整理得出有效的因变量依原始变量的多元线性回归模型。

五、实训结果

1. 初步多元线性回归分析

使用统计软件，以实践教学效果 y 为观测变量，以各个 x 为控制变量建立多元线性回归模型：

$$\hat{y} = 2.05 + 0.042x_1 + 0.035x_2 + 0.101x_3 - 0.019x_4 + 0.032x_5 + 0.015x_6 + 0.028x_7 + 0.119x_8 + 0.168x_9$$

针对上述模型，进行模型有效性检验。具体包括：一是拟合优度检验，复相关系数 $R=0.741$，复可决系数为 0.55，因此模型控制变量与观测变量中等相关，模型基本有效。二是模型有效性检验，方差分析表中，$F=25.719$，相伴概率 sig=0.000，表示模型整体有效。三是模型参数有效性检验，模型参数检验中，第 3 个回归系数、第 8 个回归系数、第 9 个回归系数的 t 值分别为 3.071、3.718、4.892，相伴概率 sig 分别为 0.002、0.000 和 0.000，所以通过检验，表示这 3 个自变量有效；其他自变量的 t 值较小并且相伴概率 sig 较大，都无效。四是多重共线性检验，由于容忍度系数 Tol 值普遍较小，尤其是第 4、5、6、7 个自变量，表示模型存在较为严重的多重共线性。这种现象从模型自变量的 t 检验中也可以看到。基于上述分析，该模型整体上看基本符合理论要求，但由于多重共线性的存在，大大抵消了模型的效用，并使得难以直接使用模型进行问题的分析。因此，要克服和消除多重共线性，进行基于主成分的回归分析。

2. 主成分分析，提取主成分

根据主成分分析，原始数据是否适用于主成分分析的 KMO 值为 0.828，巴特利特球度检验的相伴概率为 0.000，所以原始数据非常适用于主成分分析，这也间接说明原始数据存在较为严重的多重共线性。

根据主成分分析理论，所有特征值按照特征值大于 1 的标准，在 9 个特征值中，提取 3 个主成分（见表 6-3-1、表 6-3-2）。

表 6-3-1　主成分载荷矩阵

项目	因子 1	因子 2	因子 3
X_1	0.15	0.846	-0.035
X_2	0.116	0.809	0.279
X_3	0.296	0.607	0.333
X_4	0.755	0.148	0.228
X_5	0.784	0.226	0.215
X_6	0.847	0.163	0.118
X_7	0.815	0.098	0.099
X_8	0.161	0.118	0.892
X_9	0.252	0.217	0.813

表 6-3-2　主成分得分矩阵（部分数据）

fac1-1	fac2-1	fac3-1
0.057 64	0.296 72	1.206 17
0.481 27	-0.777 09	0.955 24
1.106 04	0.466 53	0.330 44
-0.319 74	0.784 97	-0.510 16
-0.988 88	0.585 17	0.865 74
-0.861 4	-0.658 26	-0.567 72
1.261 29	-1.636 36	0.006 75
0.573 97	0.386 22	1.102 4
-0.586 1	-1.939 77	0.302 94
-0.980 49	-0.154 75	-0.105 58

根据表 6-3-1，第 1 主成分主要反映第 4、5、6、7 控制变量，可以命名为教学组织；第 2 主成分主要反映第 1、2、3 控制变量，可以命名为教学设计；第 3 主成分主要反映第 8、9 控制变量，可以命名为教学考核。

根据主成分理论，计算得到主成分得分的系数矩阵。再将该系数矩阵乘以原始数据矩阵，即可得到主成分得分 fac1-1、fac2-1 和 fac3-1。

3. 主成分回归

(1) 建立观测变量 y 依主成分 fac1-1、fac2-1 和 fac3-1 的回归模型。

以原始模型中的数据 y 为观测变量，以主成分得分 fac1-1、fac2-1、fac3-1 为控制变量，建立新的回归模型如下：

$$\hat{y} = 4.099 + 0.133\text{fac1\_1} + 0.164\text{fac2\_1} + 0.277\text{fac3\_1}$$

该模型的拟合优度、F 值及 t 值均有所提高，Tol 值为 1，模型质量提升。

(2) 建立主成分 fac1-1、fac2-1 和 fac3-1 依控制变量的多元线性回归模型。

分别以主成分得分 fac1-1、fac1-2 和 fac3-1 为观测变量，以原始模型中的数据 x_i 为控制变量，建立回归模型：

$$\begin{aligned}
\text{fac1\_1} = &-4.131 - 0.079x_1 - 0.158x_2 - 0.027x_3 + 0.291x_4 + \\
& 0.347\ 2x_5 + 0.410x_6 + 0.419x_7 - 0.122x_8 - 0.080x_9 \\
\text{fac2\_1} = &-4.400 + 0.731x_1 + 0.566x_2 + 0.337x_3 - 0.072\ 1x_4 - \\
& 0.024x_5 - 0.061x_6 - 0.104x_7 - 0.141x_8 - 0.072x_9 \\
\text{fac3\_1} = &-2.698 - 0.308x_1 + 0.019x_2 + 0.074x_3 - 0.007x_4 - \\
& 0.046x_5 - 0.129x_6 - 0.125x_7 + 0.643x_8 + 0.565x_9
\end{aligned}$$

(3) 主成分回归模型转换。

将以上回归模型进行模型转换，得到基于主成分的多元线性回归模型。转换过程为：将依原始自变量的 fac1_1、fac2_1、fac3_1 回归模型代入依 fac1_1、fac1_2、fac3_1 的 y 模型。

$$\hat{y} = -2.018\ 3 + 0.024\ 0x_1 + 0.077\ 0x_2 + 0.072\ 3x_3 - 0.025\ 1x_4 +$$

$$0.029\,6x_5 + 0.089x_6 + 0.004\,0x_7 + 0.138\,8x_8 + 0.134\,0x_9$$

将原始数据代入该模型，得到模型的估计值。

(4) 模型质量分析。

修正的可决系数由 0.528 上升到 0.53，F 值由 25.719 上升到 75.764，3 个主成分的 t 值由较小上升到 5.767、7.099、11.985，估计值的标准偏差由 0.35 降低为 0.34。同时，模型质量还可以通过前后两个点估计值的折线图对比进行比较。可见，基于主成分回归估计值更接近于观测值，说明新模型效果更好。新旧估计值折线图如图 6-3-1 所示。

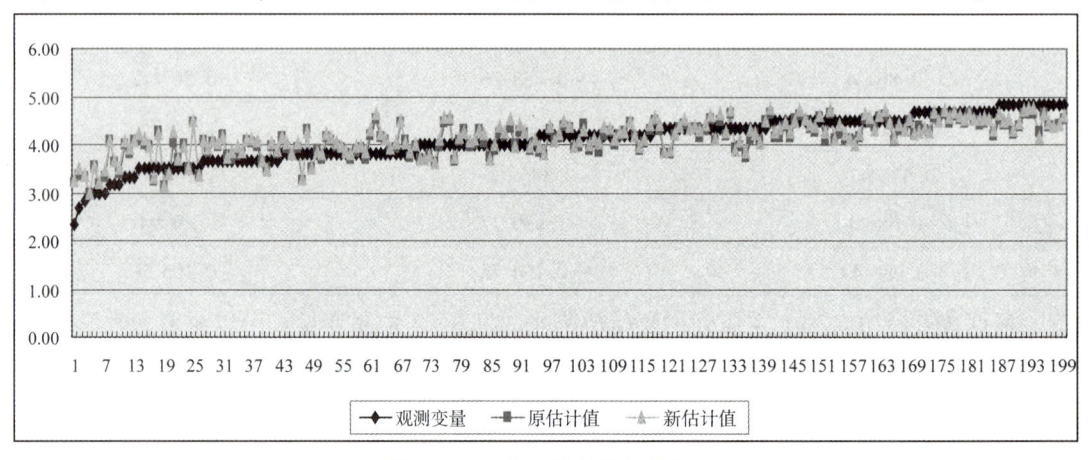

图 6-3-1 新旧估计值折线图

4. 结论

(1) 三维因素。

根据主成分分析，影响实践教学效果的理论教学各项因素，划分为教学组织、教学设计、教学考核。其中，教学组织包括时间安排、教学形式、教学方法、课堂组织，教学设计包括教学目的、教学内容、课程体系，教学考核包括考核方式、考核内容。三维因素可以帮助从三维因素方面采取对策提高实践教学效果。

(2) 重点因素。

根据回归分析效果，在各影响因素中，教学考核非常重要。教学考核起着引领作用。实际上，教学考核对教师教学设计、教学组织产生巨大影响，要求教师将理论教学的各个环节进行通盘考虑和安排。重点因素可以帮助从重点因素方面采取有效措施提高实践教学效果。

5. 建议

(1) 进行理论教学考试方法改革。

教学考核是理论教学的重要环节，是整个理论教学导向，又是理论教学效果的考核。为此，要根据人才培养目标和课程教学目标，针对课程教学内容、教学特点和教学对象，选择合适的成绩考核方法，进行考试方法改革。结合辽宁工业大学近年来的考试方法改革实践，较好的成绩考核方法有以下几种：平时成绩+课内作业+期末考试，平时成绩+综合设计+期末考试，平时成绩+期末考试+答辩，题库考试等。其中，题库考试可以发挥课堂教学的最大潜能，调动师生积极性，发挥师生主动性，促使学生认真思考、努力探索，系统深入理解和掌握理论知识，为提高实践教学效果和质量奠定基础。

（2）加强教学设计和教学组织。

教学设计包括教学目的、教学内容、课程体系。要求教师根据专业培养目标和课程特点，拟定好课程教学目的和任务，课程基本理论和实现方法，根据专业教学计划协商、确定课程教学内容和课程体系，使学生掌握专业理论，形成专业问题处理能力。教学组织包括时间安排、教学形式、教学方法、课堂组织。根据教学设计，安排每项教学内容的时间，使用合适的教学形式和教学方法，加强教学组织。一般来说，多选择班级授课形式和教师授课方法，对于专业课可灵活选择分组教学、协作教学、现场教学等教学形式以及案例教学、讨论教学等教学方法。

（3）实践教学。

实践教学包括许多内容，对实践教学效果的衡量也有不同的方法。实践教学形式主要有毕业设计、课程设计、实习实训、课内实验以及课外实施的创新创业实践，衡量方法主要有评分以及获奖。实践教学考核体系应进行多元化改革，可以尝试多维度评价，多考虑学生对实践问题的陈述和答辩，增加答辩成绩比例。陈述部分主要考核学生答辩态度、逻辑思维能力、语言组织与阐述能力、对答辩问题的理解与研究结论教学计划内的实践教学效果。考核比例可以为平时成绩20%+陈述与答辩成绩40%+报告成绩40%，教学计划外的实践教学效果考核以获奖级别、等级及影响综合确定。

案例分析4　大学生数据能力综合分析

一、实训目的

高等教育人才培养要适应当下的大数据、信息化时代背景。大学生的知识、能力、素质的教育与培养，都需要紧密结合数据能力综合开展和实施。通过数据的收集能力、使用能力、分析能力，集合成大学生的数据能力。培养创新能力，以便加快实施创新驱动发展战略，更好地坚持创新在我国现代化建设全局中的核心地位。

通过本实训，学生可以了解数据能力的必要性及其基本内容，理解数据能力的内核，掌握数据能力的核心内容与工作方法，熟悉统计软件的数据处理、数据分析模块功能与应用过程，根据特定研究目的，针对具体问题，能够应用统计软件进行必要的数据处理和数据分析，形成复杂的社会经济问题的综合因子分析的数据处理和数据分析的专业综合能力。

二、实训原理

本文按照以下思路进行研究：首先使用因子分析和R型聚类分析，将大学生的数据能力进行维度划分；其次使用假设检验和方差分析，进行不同性别、不同专业的数据能力分析；最后使用主成分回归，按照数据能力、四个单项因子得分、原始变量等分别构建多元回归模式，分析原始变量及四个维度对数据能力的影响。

研究方法包括因子分析和聚类分析、假设检验和方差分析以及主成分回归分析等。

1. 因子分析

从原始数据相关矩阵出发，运用线性代数理论计算特征值和特征向量。根据特征值进行因子提取；根据特征向量进行数据转换得到因子载荷，再根据因子载荷进行因子命名。

（1）因子载荷 a_{ij} 的定义式计算方法

$$\text{Cov}(X_i, f_i) = \text{Cov}(\sum_{j=1}^{m} a_{ij}f_j + \varepsilon_i, f_j) = \text{Cov}(\sum_{j=1}^{m} a_{ij}f_j, f_j) + \text{Cov}(\varepsilon_i, f_j) = a_{ij}$$

式中，因子载荷 a_{ij} 就是 X 与 f 之间的协方差。而 X、f 的均值为 0、方差为 1，所以因子载荷 a_{ij} 就是变量 x_i 与因子 f_j 之间的相关系数，反映变量 x_i 与因子 f_j 之间的相关程度。

（2）因子载荷 a_{ij} 的主成分计算方法。

将原始数据进行主成分分析，计算特征值和特征向量。按照下列公式计算得到因子载荷：

$$A = a_{ij} = \mu_m \sqrt{\lambda_m}$$

因子载荷 a_{ij} 的取值范围在开区间 0~1。数值越小表示二者之间的相关程度越弱；数值越大表示二者之间的相关程度越强。在因子命名中，因子载荷具有重大作用，可以说因子命名就是根据因子载荷进行的。

2. 聚类分析

针对量表的离散型变量，选择卡方距离计算个体间的距离：

$$\text{CHISQ}(x, y) = \sqrt{\frac{\sum_{i=1}^{k}[x_i - E(x_i)]^2}{E(x_i)} + \frac{\sum_{i=1}^{k}[y_i - E(y_i)]^2}{E(y_i)}}$$

聚类分析的最终结果，主要以树状图（或冰柱图）总结提炼。需要注意的是，如果原始数据的量纲不同，最好先进行数据标准化再按照上面的公式计算距离。

3. 假设检验

两个样本独立，就是指两个样本及其取值相互独立，互不影响。统计量按照两总体方差未知但相等、两总体方差未知但不等分别计算如下：

$$t = \frac{\bar{x}_1 - \bar{x}_2}{\sqrt{\frac{s_p^2}{n_1} + \frac{s_p^2}{n_2}}}, \quad t = \frac{\bar{x}_1 - \bar{x}_2}{\sqrt{\frac{s_1^2}{n_1} + \frac{s_2^2}{n_2}}}$$

4. 方差分析

方差分析为复杂条件下的差异检验，是指分类控制变量有 3 个以上水平时的差异性检验。方差分析 F 值、多重均值 LSD 分别按照如下公式确定：

$$F = \frac{\text{SSA}/(m-1)}{\text{SSE}/(n-m)} = \frac{\text{MSA}}{\text{MSE}}, \quad \text{LSD} = t_{\alpha/2}(n-m)\sqrt{\text{MSE}\left(\frac{1}{n_i} + \frac{1}{n_j}\right)}$$

5. 主成分回归分析

在多元线性回归存在严重多重共线性条件下，进行主成分回归。依次针对因变量依单项主成分得分、单项主成分得分依原始自变量进行建模，最后再进行模型参数的回代计算，得到多元回归模型，分析自变量对因变量的影响方向和影响程度。

6. 大学生数据能力体系

大学生数据能力是基于 OBE 理念，以统计软件的数据处理、数据分析为突破口，通过数据处理实践课程体系建设，在实践教学内容、教学方法、教学手段、考核标准等方面进行研究与实践，探讨基于 OBE 理念的应用型高级人才培养的途径，提高应用型人才培养效果，增强大学生的实践创新能力，提升学生素质。大学生数据能力体系包括以下内容：

（1）承载 OBE 人才培养理念、体现应用型人才的培养目标。

以社会需求为导向，以学生能力培养为核心，以实现为党育人、为国育才为根本教学目标，通过教学活动使学生掌握基本统计理论、形成统计知识体系，在了解统计软件的功能与使用方法基础上，能够使用统计软件进行社会经济问题的数据处理与数据分析，逐渐形成数据处理与数据分析的能力和素质。

（2）依据课程建设目标，全方位进行课程资源建设。

在统计学、统计软件、市场调查等课程的习题集、案例分析、课件等方面，不断收集与积累教学素材，逐渐建立起课程教学资源体系，全方面保障课程教学效果。培养学生发现问题、分析问题的基本能力以及数据处理和数据分析的专业能力，充分理解中国特色社会主义伟大实践与成果。

（3）体现课前、课中、课后一体式教学的实践与探索。

依据大学生数据能力的教学目标和教学内容，在教学实践中，以课堂讲授为基础，采用课前预习、课中练习、课后复习的教学方法。学生课前对本次课程的教学内容进行预习，对教学内容做到心中有数，并留意较难的不太容易理解的内容；课堂学习中，积极完成教师布置的学习任务，努力进行课堂练习，做到当堂消化学习内容；课后进行全面系统的复习，实现统计软件知识系统化，做到针对具体社会经济问题会使用统计软件进行数据处理和数据分析。发挥学生的中心作用，持续提高课程教学效果。

（4）注重教学研究和教学改革，学生实践创新能力、综合素质得以提升。

进行教学研究，发表教改论文，实行翻转课堂教学模式及"边讲边练"的教学方法、题库式考试方法等教学探索与改革，努力实现应用型人才的"数据"能力。注重学生实践能力、创新能力培养，将理论知识与工程实践相结合，培养学生科学思维和创新能力，拓展学生的实践平台，通过"大创项目""市调大赛""挑战杯"竞赛等活动培养学生数据处理与数据分析能力，将价值塑造、知识传授和能力培养三者融为一体，激发学生创新潜能，形成探索社会经济问题本质和发展规律的综合素质。

三、实训问题

1. 研究背景

当前，我国已经建成了世界上最大规模的高等教育体系，为现代化建设作出了巨大贡献。但随着经济发展进入新常态，人才供给与需求关系深刻变化，面对经济结构深刻调整、产业升级加快步伐、社会文化建设不断推进特别是创新驱动发展战略的实施，高等教育结构性矛盾更加突出，同质化倾向严重，毕业生就业难和就业质量低的问题仍未有效缓解，生产服务一线紧缺的应用型、复合型、创新型人才培养机制尚未完全建立，人才培养结构和质量尚不适应经济结构调整和产业升级的要求。

大学生数据调查与数据分析能力，是各专业大学生应具备的基本素养和进行实际工作的基本能力。随着社会经济的发展，社会经济主体单位使用的数据规模更大、数据种类越来越多，数据处理方法和处理过程愈加复杂。所以对各类学科专业大学生，数据能力日显重要。坚持工程实践能力理念，牢牢把握人才培养是高等学校最重要的功能这一要点，树立先进、科学的人才培养观念，注重专业核心能力培养，走内涵式人才培养道路，实在迫切而必要。

2. 大学生数据能力的构成要素

在专业能力培养基础上，在 OBE 理念之下的大学生数据能力愈发重要和迫切。数据能力既是经管类大学生专业能力的必要保障，也逐渐成为能力体系的重要一环。调查内容包括：文献获取，文献分析，文献总结，调查目的的设计能力，调查对象规划能力，调查问卷设计能力，抽样框设计能力，样本设计与抽样能力，调查方法的选择能力，调查组织与实施能力，调查过程的质量控制能力，统计基本理论的掌握程度，统计基本理论的应用能力，基于研究目的和研究问题特征数据分析方法选择能力，统计软件应用能力，数据计算结果的总结与概括能力文本格式规范性，报告完整性，思维与语言表达能力，观点表述清晰。以上研究内容，分别编码为 q1~q20，并采用李克特 5 点量表表示，1 为认可程度最低，5 为认可程度最高。

3. 经管类大学生数据能力的研究设计

以经济管理学院的金融学、经济统计学、国际经济与贸易、工商管理、工程管理、工程造价、市场营销、会计学等 8 个专业的近 2 000 名本科生为研究对象，参照误差控制要求以及拒访率等因素，在 10%比配额抽样基础上使用分层抽样、简单随机抽样方法抽取样本，样本规模为 200 人。按照是否具有数据能力锻炼的经历、专业进行分层，具体按照经济统计学专业、开设过较多数据处理与数据分析课程的专业（工商管理、金融学、国际经济与贸易）、其他专业（市场营销、会计学、工程管理、工程造价）分层。

四、实训过程

1. 因子分析

（1）调出因子分析程序。

调出因子分析程序：分析→降维→因子分析。

（2）主对话框设计。

在主对话框中，分别单击 q1~q20 等 20 个变量，调入右侧的"变量"框中。

（3）二级对话框设计。

在二级对话框中进行如下的设置：

①因子分析前提条件。

单击 KMO 检验和巴特利特球度检验，输出因子分析的前提条件，判断原始数据是否适用于进行因子分析。

②因子提取。

单击"抽取"按钮：在"方法"下拉框中，选择默认选项按照主成分法提取因子。在"分析"框中设置提取因子的依据，选中"相关系数矩阵"计算主成分。再抽取用于指定因子个数的标准，指定特征值大于等于 1（备选项是认为指定保留因子的个数）。"输出"框选择输出与因子提取有关的信息，具体输出未旋转的因子载荷矩阵。

③因子命名。

单击"旋转"按钮，在"方法"框中选中"做方差最大化旋转"。在"显示"框中选中"输出旋转后的因子载荷"，输出载荷散点图。

以上因子分析的统计软件操作过程，详见本书第4部分的实训4。

2. 2个独立样本的 t 检验

（1）调出主菜单。

在数据编辑窗口，依次单击"分析"→"均值比较"→"独立样本t检验"，调出两个独立样本t检验菜单，进入两个独立样本t检验主对话框。

（2）主对话框的设计。

首先设置研究变量，在主对话框中，单击"x1、x2、x3、x4、x5"（数据分析、数据收集、报告撰写、数据处理、人才需求）。调入"检验变量"。其次设置分组变量，在主对话框中，单击"实践创新经历"，调入"分组变量"框中。

（3）二级对话框的设计。

在二级对话框中，主要是定义组，组的序号分别填写1和2即可。

以上的2个独立样本的t检验统计软件操作过程，详见本书第3部分的实训2一节。

3. 方差分析

（1）调出主菜单。

在打开文件的数据编辑窗口，依次单击"分析"→"均值比较"→"单因素方差分析"，调出"单因素方差分析"菜单并进入"单因素方法分析"对话框。

（2）主对话框设计。

首先单击调查项目得分（y），调入右侧的"因变量"列表框；其次单击专业（x），调入"Factor"列表框。

（3）二级对话框设计。

①选项设置。在此设置输出选项，选择其中的"描述统计方差齐性检验结果""均值折线图"。

②多重均值比较选项设置。在此指定多重比较方法，选择LSD法之后返回主界面。

以上的单因素方差分析的统计软件操作过程，详见本书第3部分的实训5。

4. 主成分回归

（1）多元线性回归分析。

首先调出多元线性回归分析主程序：分析→回归→线性回归。其次主对话框的设计，选择"y"调入"因变量"框，选择x1~x9调入"自变量"框；选择自变量进入模型的方法，选择强行进入法。再次进行二级对话框的设计，单击"统计量"进入"线性回归：统计量"二级对话框，选择输出模型参数及t检验，输出F检验与R检验，进行多重共线性检验。

以上的多元线性回归分析的统计软件操作过程，详见本书第3部分的实训7。

（2）主成分分析。

主成分分析即简要的因子分析。在统计软件中，主要包括以下设计：首先调出主成分分析主程序。其次进行主成分主对话框的设计。最后进行主成分分析的二级对话框设计，包括前提条件的设计和主成分的提取两个环节。

以上的主成分分析的统计软件操作过程，详见本书第4部分的实训4。

（3）主成分回归。

首先，进行因变量依主成分的多元线性回归分析设计；其次，进行各个主成分依原始变量的多元线性回归分析设计。

主成分回归的统计软件操作过程，详见本书第5部分的案例分析1。

五、实训结果

1. 大学生数据能力维度分析

针对调查问卷，使用统计软件，依据单相关系数和偏相关系数计算得到因子分析前提条件的检验值 KMO 为 0.855，大于标准值 0.75；同时，在原始数据相关系数单位矩阵的巴特利特检验中，统计量为 3 544.391，相伴概率为 0.000，小于显著性水平 0.05，拒绝原假设。综合研判原始数据适合因子分析。

从相关阵出发，使用主成分提取法，计算得到 20 个原始变量的特征值及其累计贡献率，按照特征值大于 1、累计方差贡献率达到 85% 的标准，以及实际情况，提取出 5 个因子。使用方差最大化正交旋转方法，得到以下因子载荷矩阵（见表 6-4-1）

表 6-4-1　旋转的因子载荷系数

项目	因子				
	1	2	3	4	5
q1	0.214	0.232	0.222	0.125	0.828
q2	0.182	0.138	0.106	0.245	0.84
q3	0.213	0.171	0.149	0.233	0.902
q4	0.137	0.697	0.254	−0.001	0.266
q5	0.131	0.766	0.147	0.237	0.033
q6	0.278	0.798	0.133	0.052	0.087
q7	0.065	0.765	0.068	0.142	0.117
q8	0.167	0.914	0.178	0.102	0.155
q9	0.227	0.13	0.391	0.671	0.221
q10	0.153	0.167	0.331	0.804	0.213
q11	0.131	0.158	0.208	0.853	0.202
q12	0.783	0.183	0.23	−0.029	0.209
q13	0.717	0.199	0.053	0.289	0.179
q14	0.806	0.128	0.17	−0.028	0.176
q15	0.737	0.102	0.056	0.275	0.01

续表

项目	因子				
	1	2	3	4	5
q16	0.908	0.169	0.132	0.144	0.158
q17	0.103	0.134	0.767	0.193	0.121
q18	0.191	0.229	0.754	0.173	0.12
q19	0.172	0.25	0.725	0.344	0.145
q20	0.197	0.192	0.672	0.575	0.227

根据因子载荷矩阵，提取的 5 个因子依次命名如下：数据分析能力、调查方案设计能力、报告撰写能力、数据收集能力、文献综述能力，依次编码为 f1、f2、f3、f4、f5。

为验证因子分析结论的可靠性，运用 R 型系统聚类分析理论，根据树状图聚类标准，使用得穆曼聚类准则，研究内容仍然聚成 5 类。研究结果与因子分析完全相同，说明将大学生数据能力划分成数据分析、调查方案设计、报告撰写、数据收集、文献综述等 5 个维度是可靠的。

2. 不同经历、专业的数据能力的差异分析

（1）按照是否具有实践与创新经历使用两个独立样本 t 检验理论，进行差异性分析。根据计算结果，各项检验内容的均值具有一定差异，t 统计量普遍较大，相伴概率 0.000 小于显著性水平 0.05，拒绝原假设，所以有实践创新经历和没有实践创新经历大学生的数据能力以及在对数据分析、数据收集、报告撰写、数据处理、人才需求等方面差异显著（见表 6-4-2）。

表 6-4-2　是否具有数据能力经历的两个独立样本 t 检验

检验对象	（两组）均值	均值离差	t	df	sig.
x1	3.342 3，3.928 0	−0.585 7	−5.928	198	0.000
x2	3.764 3，4.293 2	−0.528 9	−5.705	198	0.000
x3	3.419 6，4.045 5	−0.625 9	−5.836	198	0.000
x4	3.541 1，4.168 2	−0.627 1	−7.371	198	0.000
x5	3.620 5，4.221 6	−0.601 1	−6.338	198	0.000
sjnl	3.100 0，4.010 0	−0.910 0	−10.839	198	0.000

（2）针对不同专业使用方差分析理论，进行差异性分析。根据计算结果，各项检验内容的 F 统计量分别为 34.273、15.369、5.895、13.661、7.556、17.366，均较大；同时相伴概率均为 0.000~0.003，远小于显著性水平 0.05。综合来看，都拒绝原假设，所以经济统计学专业、开设数据处理与数据分析的专业、其他相关专业的各种数据能力在数据收集、数据处理、基于 OBE 理念的人才需求、数据分析、报告撰写等方面差异显著。同时，观察 LSD 计算结果可以发现，只有在经济统计学专业和开设过数据处理与数据分析课程的专业之间的相伴概率大于显著的人才需求及数据能力的相伴概率大于水平 0.05，不能拒绝原假设，其他各项检验内容均拒绝原假设，差异显著（见表 6-4-3、表 6-4-4）。

表 6-4-3　不同专业的数据能力方差分析计算表

项目	离差	离差平方和	df	均方差	F	sig.
x1	Between Groups	28.567	2	14.283	34.273	0
	Within Groups	82.1	197	0.417	—	—
	Total	110.667	199	—	—	—
x2	Between Groups	13.837	2	6.918	15.369	0
	Within Groups	88.681	197	0.45	—	—
	Total	102.518	199	—	—	—
x3	Between Groups	7.501	2	3.75	5.895	0.003
	Within Groups	125.339	197	0.636	—	—
	Total	132.839	199	—	—	—
x4	Between Groups	10.921	2	5.46	13.661	0
	Within Groups	78.741	197	0.4	—	—
	Total	89.662	199	—	—	—
x5	Between Groups	7.827	2	3.914	7.556	0.001
	Within Groups	102.028	197	0.518	—	—
	Total	109.855	199	—	—	—
sjnl	Between Groups	16.487	2	8.243	17.366	0
	Within Groups	93.513	197	0.475	—	—
	Total	110	199	—	—	—

表 6-4-4　方差分析的多重均值比较计算表

因变量	专业I	专业J	均值差（I-J）	标准误	sig.	95%置信区间 下限	95%置信区间 上限
x_1	1	2	0.493 33 *	0.105 42	0	0.285 4	0.701 2
		3	0.966 67 *	0.117 86	0	0.734 2	1.199 1
	2	1	−0.493 33 *	0.105 42	0	−0.701 2	−0.285 4
		3	0.473 33 *	0.117 86	0	0.240 9	0.705 8
	3	1	−0.966 67 *	0.117 86	0	−1.199 1	−0.734 2
		2	−0.473 33 *	0.117 86	0	−0.705 8	−0.240 9
x_2	1	2	0.384 00 *	0.109 56	0.001	0.167 9	0.600 1
		3	0.662 67 *	0.122 5	0	0.421 1	0.904 2
	2	1	−0.384 00 *	0.109 56	0.001	−0.600 1	−0.167 9
		3	0.278 67 *	0.122 5	0.024	0.037 1	0.520 2
	3	1	−0.662 67 *	0.122 5	0	−0.904 2	−0.421 1
		2	−0.278 67 *	0.122 5	0.024	−0.520 2	−0.037 1

续表

因变量	专业I	专业J	均值差（I-J）	标准误	sig.	95%置信区间 下限	95%置信区间 上限
x_3	1	2	0.195 56	0.130 25	0.135	-0.061 3	0.452 4
		3	0.500 00 *	0.145 63	0.001	0.212 8	0.787 2
	2	1	-0.195 56	0.130 25	0.135	-0.452 4	0.061 3
		3	0.304 44 *	0.145 63	0.038	0.017 3	0.591 6
	3	1	-0.500 00 *	0.145 63	0.001	-0.787 2	-0.212 8
		2	-0.304 44 *	0.145 63	0.038	-0.591 6	-0.017 3
x_4	1	2	0.264 00 *	0.103 24	0.011	0.060 4	0.467 6
		3	0.602 67 *	0.115 43	0	0.375	0.830 3
	2	1	-0.264 00 *	0.103 24	0.011	-0.467 6	-0.060 4
		3	0.338 67 *	0.115 43	0.004	0.111	0.566 3
	3	1	-0.602 67 *	0.115 43	0	-0.830 3	-0.375
		2	-0.338 67 *	0.115 43	0.004	-0.566 3	-0.111
x_5	1	2	0.243 33 *	0.117 52	0.04	0.011 6	0.475 1
		3	0.508 33 *	0.131 39	0	0.249 2	0.767 4
	2	1	-0.243 33 *	0.117 52	0.04	-0.475 1	-0.011 6
		3	0.265 00 *	0.131 39	0.045	0.005 9	0.524 1
	3	1	-0.508 33 *	0.131 39	0	-0.767 4	-0.249 2
		2	-0.265 00 *	0.131 39	0.045	-0.524 1	-0.005 9
sjnl	1	2	0.173	0.113	0.125	-0.05	0.4
		3	0.727 *	0.126	0	0.48	0.97
	2	1	-0.173	0.113	0.125	-0.4	0.05
		3	0.553 *	0.126	0	0.31	0.8
	3	1	-0.727 *	0.126	0	-0.97	-0.48
		2	-0.553 *	0.126	0	-0.8	-0.31

3. 影响因素的主成分回归分析

（1）以数据能力评分为因变量、以5个维度为自变量的多元回归。

根据计算结果，5个维度的模型参数分别为3.825、0.267、0.277、0.247、0.232，对应的相伴概率均为0.000，小于显著性水平0.05，模型参数及其变量显著有效。降序排列分别是f2、f1、f3、f4、f5。

（2）以5个维度为因变量、以原始变量为自变量进行多元回归。

将以上5个因子的回归系数，进行K型聚类分析，分为2个层次，f1、f2为第1层次，影响较高；f3、f4、f5为第2层次。这反映了5个维度对大学生数据能力的影响方向和影响程度。

（3）将两套模型进行模型参数转换，可以得到大学生数据能力依原始变量的最终计算结果。

将最终模型参数再次选择聚类分析理论进行 K 型聚类分析，按照欧氏距离选择 3 个层次进行分析，得到高、中、低 3 档：q3、q8、q11、q16、q20 属于高级影响，q1、q5、q6、q9、q10、q12、q13、q14、q18、q19 为中级影响，q2、q4、q7、q11、q15、q17 是低级影响（见表 6-4-5）。

表 6-4-5　单项主成分得分依原始自变量的模型参数计算表

原始变量	f_1	f_2	f_3	f_4	f_5	f	主成分回归模型参数
常数	-4.039	-3.907	-2.613	-2.109	-2.421	0.450	0.009 1
q1	-0.059	-0.030	0.022	-0.16	0.493	0.088	0.050 2
q2	-0.064	-0.058	-0.120	0	0.502	-0.045	0.045 1
q3	-0.069	-0.062	-0.095	-0.048	0.578	0.013	0.054 1
q4	-0.054	0.222	0.069	-0.154	0.065	0.095	0.042 4
q5	-0.047	0.325	-0.108	0.109	-0.123	0.120	0.049 6
q6	0.024	0.320	-0.061	-0.058	-0.074	0.084	0.050 6
q7	-0.078	0.340	-0.138	0.052	-0.034	0.087	0.044
q8	-0.06	0.408	-0.063	-0.047	-0.041	-0.172	0.061 7
q9	-0.006	-0.052	-0.003	0.317	-0.038	0.094	0.048 6
q10	-0.045	-0.021	-0.107	0.461	-0.056	0.241	0.050 7
q11	-0.046	-0.005	-0.222	0.546	-0.058	-0.084	0.045 7
q12	0.318	-0.050	0.108	-0.217	0.009	-0.01	0.049 3
q13	0.266	-0.008	-0.176	0.137	-0.045	0.142	0.047 4
q14	0.360	-0.070	0.066	-0.192	-0.008	-0.061	0.046 8
q15	0.328	-0.042	-0.150	0.164	-0.159	0.018	0.042 8
q16	0.442	-0.060	-0.070	-0.025	-0.076	-0.036	0.062
q17	-0.050	-0.076	0.501	-0.180	-0.035	0.003	0.040 1
q18	-0.020	-0.042	0.506	-0.208	-0.054	0.076	0.048 1
q19	-0.041	-0.030	0.400	-0.060	-0.063	0.074	0.052 1
q20	-0.049	-0.072	0.298	0.150	-0.047	0.081	0.065 3

4. 结论

（1）大学生数据能力具有 5 个维度。

根据因子分析，大学生数据能力依次划分为数据分析能力、调查方案设计能力、报告撰写能力、数据收集能力、报告撰写能力。进行的 R 型聚类分析验证了这一结论，增加了维度划分的可靠性。数据能力构成要素的 5 个维度划分为下面的研究及其研究结论提供了坚实基础。

（2）5 个维度在大学生实践创新经历及专业方面具有显著性差异。

大学生的学习过程包括课内和课外两个方面，按照是否具有数据能力体验与实践的经历划分成两种类型，并据此进行了大学生数据能力的独立样本 t 检验。根据检验结果，在 5 个维度上，差异显著。这反映大学生是否有过数据能力的体验与经历，对其数据能力产生了显著影响。

根据方差分析，在经济统计学专业、开设过数据能力相关课程的专业及其他专业的各种数据能力在数据收集、数据处理、基于 OBE 理念的人才需求、数据分析、报告撰写等方面差异显著。同时，按照 LSD 多重均值比较，只有在经济统计学专业和开设过数据处理与数据分析课程的专业之间的相伴概率大于显著的人才需求及数据能力的相伴概率大于水平 0.05，不能拒绝原假设，差异不显著。

（3）5 个维度中数据分析和调查方案设计对大学生数据能力的影响最大。

根据回归分析计算结果，因子 f_2、f_1、f_3、f_4、f_5 的回归系数从 0.215 到 0.277。又据 K 型聚类分析，分为 2 个层次，因子 f_1 数据分析能力、f_2 调查方案设计能力为第 1 层次，影响最大。

（4）影响程度显著的单变量分布广泛，文献综述、抽样设计、统计软件应用能力、观点表述清晰等影响作用突出。

由主成分回归计算结果可见，20 个原始变量的回归系数从 0.040 1 到 0.065 3，参考 K 型聚类分析，分为 3 个层次。其中第 1 层次的 4 个变量数值最大，分别为文献综述、抽样设计、统计软件、观点表述清晰。

5. 建议

（1）拟定能力培养目标。

遵循"学生中心、产出导向、持续改进"的 OBE 培养理念，坚持"四个回归"，立足于经济管理专业核心能力和综合素质培养，进行基于 OBE 理念的数据能力建设。确定以下知识和能力目标：将统计学基础知识进行归纳、总结，形成较为完备的方案设计、统计调查、统计整理、统计分析等知识体系；熟悉统计软件的功能模块，掌握各种类型的数据文件的建立与数据文件管理方法；掌握使用统计软件进行实际问题的描述统计分析、推断统计分析、多元统计分析的方法，形成科学进行数据处理和数据分析的专业核心能力；形成根据统计软件计算结果总结、提炼研究结论并来探索社会经济现象本质和发展规律的专业素质。

（2）优化课程体系，合理安排课程教学内容。

①优化课程体系。

依据大学生数据能力的 5 个维度，适时增加统计学类、大数学类、计算机类课程比重，以必修课或选修课形式开设 Python 语言、统计软件、科技论文写作、抽样技术等理论与实践课程，进行文献综述、方案设计、数据收集、数据分析报告撰写等数据能力的学习与实践。丰富实践教学内容与方式，形成满足实际业务需求的实践能力培养体系。

②合理安排教学内容。

各类数据课程要坚持理论与实践相结合，在帮助学生形成统计基础知识和数据处理、数据分析理论体系基础上，紧密结合计算机技术和软件技术，大力加强文献综述、抽样设计、统计软件应用、观点表述知识学习和创新实践，大力提升文献综述、抽样设计、统计软件应用、观点表述和综合数据能力。

（3）广泛开展实践创新活动。

建设校内外实践教学基地，按照社会经济单位实际业务组织实施实践教学活动，从实践教学内容到实践教学模式不断进行优化改革；同时，积极参加国家商业统计学会主办的大学生市场调查与分析大赛等创新竞赛活动。在学生拥有很"厚"的基础理论条件下，做到从实践中来再到实践中去，实现理论和实践相结合，切实增强大学生的数据能力。

（4）注重教学方法，加强教学资源建设，实行考试方法改革。

结合课程建设目标，探索运用案例教学法、情景体验教学、讨论式教学、讲练结合式教学方法，争取事半功倍；编写了《市场调查》《统计软件》《经济与工商专业综合实验教程》校立项教材，完善了课件、习题集、案例分析、教案等教学资源，奠定了教学基础；经济学、管理学、统计学、统计软件采取题库、探索成绩考核方法，进行考试方法改革，所有这些考核方式既调动了学生学习的主动性和积极性，又活跃了课堂气氛，增添了学生思考、复习、讨论甚至争论的兴趣，学生既掌握了知识，又锻炼了能力，取得了良好的教学效果。

①教学模式。

统计软件一流课程的实施模式。近期看，实施线下模式、讲练结合教学方法；长期看，向线上—线下混合模式转变，线上教学侧重课程的预习、复习、统计基础知识的归纳总结以形成统计知识体系，以及长期来看可能实现的跨校选读等方面；线下教学侧重统计理论重点难点，结合案例分析进行社会经济问题的计量分析，实现研究问题本质的认识。

②教学方法。

如何切实线下模式、讲练结合的课堂教学主阵地、主渠道、主战场作用，充分发挥线下模式、讲练结合的创新型特色，通过更新课程内容，创新教学方法，实现目标融合、内容融合、技术融合及模式融合创新，综合实现基于 OBE 理念的统计软件一流课程的建设目标。统计软件线下教学模式的转变研究。随着教学对象需求的多样化，课程建设的日益成熟，统计软件一流课程的线下教学模式有可能向线上—线下相结合的混合模式转换。关键问题是该转换的时机、需要的条件、转换的方式方法。

案例分析 5　在线旅游短租住宿产品消费者行为影响因素综合分析

一、实训目的

通过本实训，学生可以全面理解因子分析功能与作用，掌握因子分析的基本理论和方法，熟悉统计软件的因子分析模块功能与应用过程，根据特定研究目的，针对具体问题，能够应用统计软件进行因子分析，形成数据处理和数据分析的综合能力。

二、实训原理

1. 复杂问题的基本特征

大数据时代的重要特征就是许多社会经济问题显得愈发复杂，表现为问题的规模大、变量多、变量间关系复杂、数据类型多样、收集方法和渠道复杂、数据文件规模大等方面。

同时，反映研究问题特征和发展规律的变量层级较多，如一级、二级、三级等。伴随研究问题的复杂特性，研究方法和研究过程也就显得复杂多样。其中，因子分析是实现复杂问题研究的重要理论和重要方法。

2. 因子分析基本理论

（1）因子分析基本过程。

因子分析的主要功能是通过降维的方式实现复杂问题的综合评价。工作过程主要有依靠相关系数矩阵或 KMO 值或巴特利特标准判断原始数据是否适用于因子分析，依据特征值标准和累计方差贡献率标准进行因子提取，依据因子载荷进行因子命名，计算得到的单项因子得分及综合因子得分。

（2）复杂问题的因子分析。

针对复杂问题的基本特性，使用因子分析理论，按照两大步骤：一是各个层级变量的因子分析，二是最后汇总进行的综合因子分析。每个步骤中，基本的工作流程同于因子分析基本过程。

3. 因子分析中的重要概念

在因子分析中，值得强调的重要概念有因子、因子分析、相关关系、因子提取、特征值、特征向量、方差贡献、累计方差贡献、因子命名、因子载荷、因子旋转、单项得分、综合得分等。

三、实训问题

1. 研究背景

在线短租概念在中国最早于 2010 年出现，早期国人更愿意在熟人圈子之间分享资源，对行业发展有一定阻碍。2012 年爱日租等多家企业退出在线短租市场以后，在线短租行业经过不断探索，逐渐探索出适合中国市场的三种经营模式，包括业主自营、用户自营和平台管理。2014 年随着移动互联网的普及改变了用户的消费观念，共享经济模式被市场接受，企业开始注重差异化发展，新的市场环境有利于在线短租发展，2017 年共享经济和社会信用体系建立完善，标准化、专业化运营保障行业的可持续发展。在线短租住宿行业的需求也随着中国旅游业的蓬勃发展出现暴增，目前，中国短租市场仍处在快速增长时期，2012 年市场规模仅 1.4 亿元，2016 年短租住宿市场规模增长到了 87.8 亿元。

在线旅游住宿产品虽然代表了当前经济的发展潮流，但还面临着认可度低、融合度弱、服务和产品有待优化、房源弹性供求不足、相关法律体系不完善等问题。加强对这一新型住宿形式的认知和了解，对于我国住宿市场的多元化发展，游客的多元化住宿需求满足，有一定的现实意义，为在线短租行业提供新的借鉴思路，推动共享经济模式的发展。

2. 在线旅游短租住宿产品内涵

在线旅游短租住宿产品，是指通过互联网方式进行短期租赁新方式的一种产品。房主将在网络短租平台发布空置房屋，外出旅行的人们通过网络或移动设备在线搜索、浏览、预订房屋，租客在线支付租金，再到线下入住房屋，房主将房屋的使用权出租给租客，一般以 24 小时为计量计费，租期最长不超过 3 个月，平台收取房租一定数额或广告费作为中介费。

3. 在线旅游短租住宿产品消费者行为影响因素

在线旅游短租住宿产品消费者行为影响因素包括消费者内部因素、外部环境因素及营销因素。根据实际情况对在线旅游短租住宿产品消费者行为影响因素进行分析的指标有，消费者内部因素包括消费者的性别、年龄、职业、月收入、消费者外出旅游时长、外出旅游住宿形式、消费者旅游住宿花费占总额的比例。消费者外部环境因素包括消费者对产品的 $X1$ 户型、$X2$ 朝向、$X3$ 周边环境、$X4$ 结构、$X5$ 价格、$X6$ 卫生设施、$X7$ 生活设施、$X8$ 安全保障。平台描述的 $y1$ 房东描述、$y2$ 房东信誉度、$y3$ 房源数量、$y4$ 服务费、$y5$ 房源平台、$y6$ 房源图片、$y7$ 退换房问题、$y8$ 用户描述。营销因素包括 $z1$ 优惠信息、$z2$ 平台品牌与实力、$z3$ 在线平台信誉度、$z4$ 网络推荐、$z5$ 房源信息的真实性。

4. 数据收集

调查实施实际上就是收集资料的过程。为了保证收集的资料客观、真实、系统、全面，首先制订详细的调查计划，根据制订的调查计划，通过网络进行实际问卷调查。

在调查完成之后，对调查来的相关资料利用计算机进行了筛选、整理与分析，实际回收问卷为 592 份，经审核查卷，无效的有 89 份，最终确定有效的问卷 503 份，将数据进行量化处理。

四、实训过程

（一）对产品性能、平台描述特征、营销因素的因子分析

1. 调出因子分析程序

调出因子分析程序：分析→降维→因子分析。

2. 主对话框设计

在主对话框中，分别单击 x1~x8、y1~y8、z1~z5 等 8、8、5 个变量，分为 3 次调入主对话框的右侧"变量"框中（见图 6-5-1）。

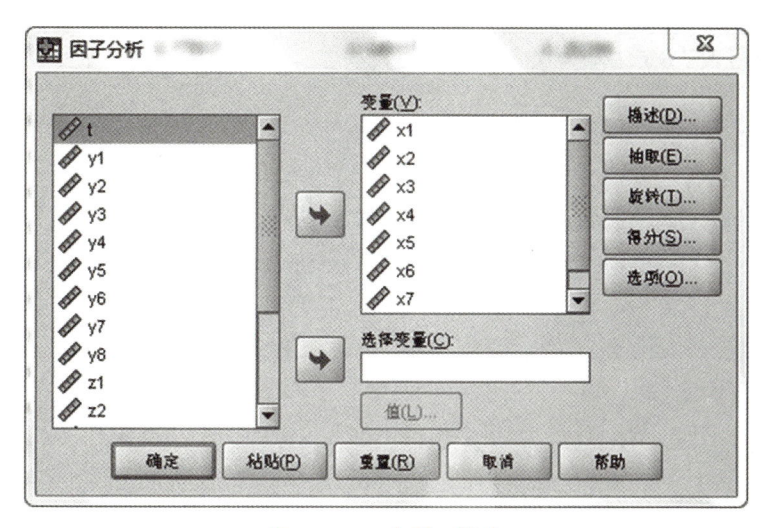

图 6-5-1　变量一览表

3. 二级对话框设计

（1）因子分析前提条件。

单击"描述"按钮，在"因子分析：描述统计"的相关矩阵中，选择"KMO 和 Bartlett 的球形度检验"（见图 6-5-2）。

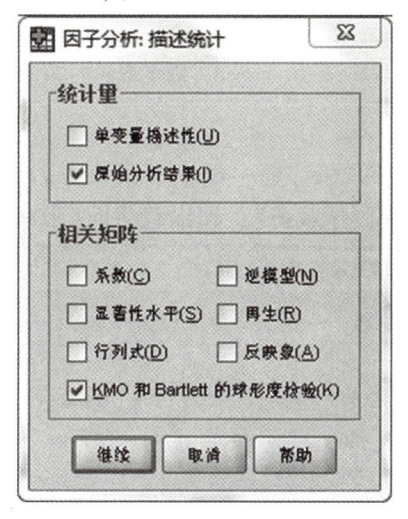

图 6-5-2　因子分析前提条件设计

（2）因子提取。

单击"抽取"按钮，进入"因子分析：抽取"对话框。在"方法"下拉框中，选择默认选项，按照主成分法提取因子。在"分析"框中设置提取因子的依据，选中"相关性矩阵"计算主成分。在"抽取"框中，选择"因子的固定数量"→"要提取的因子数 3"。在"输出"框选择输出与因子提取有关的信息，具体输出"未旋转的因子解"。"最大收敛性迭代次数"框用于设置因子分析收敛的最大迭代次数（25 次）（见图 6-5-3）。

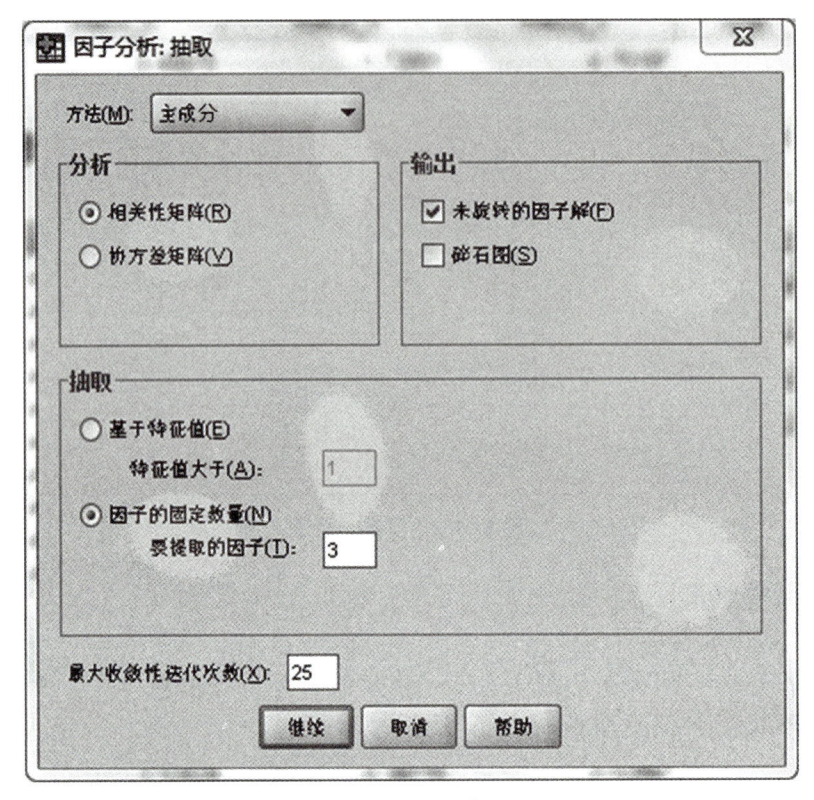

图 6-5-3　因子提取

(3) 因子命名。

单击"旋转"按钮,在"方法"框中选中"最大方差法"(见图 6-5-4)。在"显示"框中选中"输出旋转后的因子载荷",输出载荷散点图。

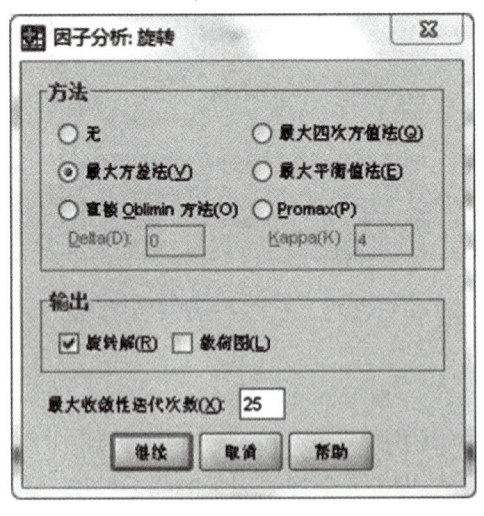

图 6-5-4　因子命名

(4) 因子得分。

单击"得分"按钮，选中"保存为变量"，选中"显示因子得分系数矩阵"（见图6-5-5）。

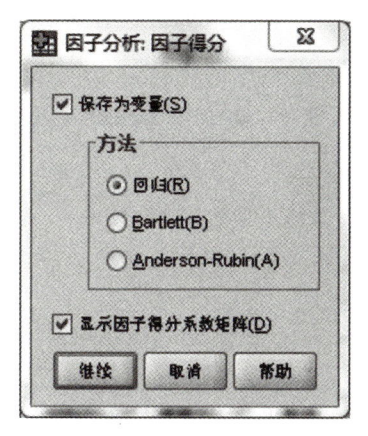

图 6-5-5　因子得分

3. 单击"选项"按钮，指定因子分析缺失值的处理和输出其他结果

4. 运行该程序

附：运行程序（第1种类型的影响因素）

```
FACTOR
   /VARIABLES x1 x2 x3 x4 x5 x6 x7 x8
   /MISSING LISTWISE
   /ANALYSIS x1 x2 x3 x4 x5 x6 x7 x8
   /PRINT INITIAL KMO EXTRACTION ROTATION FSCORE
   /CRITERIA FACTORS(3) ITERATE(25)
   /EXTRACTION PC
   /CRITERIA ITERATE(25)
   /ROTATION VARIMAX
   /SAVE REG( ALL)
   /METHOD=CORRELATION.
```

（二）以产品性能、平台描述特征、营销因素因子分析的计算结果，进行综合性因子分析

以3个子系统的因子 f_1、f_2、f_3 为变量进行因子分析。具体的操作过程如下：

(1) 因子分析主程序的调用。

(2) 因子分析主对话框的设计。

(3) 因子分析前提条件、因子提取、因子命名、因子得分的二级对话框的设计。

(4) 进行因子分析，得到计算结果。

五、实训结果

（一）在产品性能、平台描述特征、营销因素的因子分析结论

1. 因子分析前提条件的判断（见表 6-5-1）

表 6-5-1　KMO 和 Bartlett 的检验

影响因素类型	计算指标		计算结果
产品	取样足够度的 KMO 度量		0.923
	Bartlett 的球形度检验	近似卡方	1 962.680
		df	28
		sig.	0.000
平台描述	取样足够度的 KMO 度量		0.880
	Bartlett 的球形度检验	近似卡方	1 944.382
		df	28
		sig.	0.000
营销因素	取样足够度的 KMO 度量		0.845
	Bartlett 的球形度检验	近似卡方	1 097.935
		df	10
		sig.	0.000

针对表 6-5-1，汇总整理出以下因子分析前提条件的研究结果（见表 6-5-2）。

表 6-5-2　三大影响因素因子分析前提条件的检验

检验内容	Bartlett 球形度检验 （相伴概率）	KMO 检验 （统计量）
产品	0.000	0.923
平台描述	0.000	0.880
营销因素	0.000	0.845

根据计算结果，产品、平台描述、营销因素等 3 类影响因素的 KMO 值分别是 0.923、0.880、0.845，均大于原始数据，适用于因子分析的高级标准 0.75。同时，Bartlett 检验的相伴概率 sig 均小于显著性水平 0.05，拒绝 Bartlett 检验原假设，原始数据适用于因子分析。综合 KMO 检验和 Bartlett 检验，原始数据满足因子分析的前提条件。

2. 因子提取（见表6-5-3）

表6-5-3 解释的总方差

影响因素类型	成分	初始特征值 合计	初始特征值 方差的/%	初始特征值 累计/%	提取平方和载入 合计	提取平方和载入 方差的/%	提取平方和载入 累计/%	旋转平方和载入 合计	旋转平方和载入 方差的/%	旋转平方和载入 累计/%
产品	1	4.681	58.516	58.516	4.681	58.516	58.516	2.355	29.442	29.442
产品	2	0.728	9.101	67.617	0.728	9.101	67.617	2.309	28.862	58.303
产品	3	0.542	6.780	74.396	0.542	6.780	74.396	1.287	16.093	74.396
产品	4	0.527	6.586	80.982						
产品	5	0.461	5.764	86.746						
产品	6	0.401	5.010	91.756						
产品	7	0.350	4.370	96.126						
产品	8	0.310	3.874	100.000						
平台描述	1	4.570	57.123	57.123	4.570	57.123	57.123	2.384	29.798	29.798
平台描述	2	0.780	9.750	66.873	0.780	9.750	66.873	1.990	24.879	54.677
平台描述	3	0.610	7.630	74.503	0.610	7.630	74.503	1.586	19.826	74.503
平台描述	4	0.572	7.150	81.653						
平台描述	5	0.460	5.755	87.409						
平台描述	6	0.428	5.352	92.760						
平台描述	7	0.327	4.086	96.846						
平台描述	8	0.252	3.154	100.000						
营销因素	1	3.227	64.534	64.534	3.227	64.534	64.534	2.015	40.293	40.293
营销因素	2	0.575	11.509	76.042	0.575	11.509	76.042	1.787	35.750	76.042
营销因素	3	0.516	10.330	86.372						
营销因素	4	0.358	7.164	93.536						
营销因素	5	0.323	6.464	100.000						

针对表6-5-3，汇总整理出以下因子分析前提条件的研究结果（见表6-5-4）。

表6-5-4 三大影响因素因子提取

贡献率	第1方差贡献率	第2方差贡献率	第3方差贡献率	累计方差贡献率	因子个数
产品子系统	58.516	9.101	6.780	74.394	3
平台描述子系统	57.123	9.750	7.630	74.503	3
营销因素子系统	64.534	11.509		76.042	2

（1）特征值标准。

因为产品、平台描述、营销因素 3 类影响因素的特征值，都只有 1 个大于 1，所以按照特征值标准都是提取 1 个因子。

（2）累计方差贡献率标准。

按照累计方差贡献率标准，提取 5、5、3 个因子。参考以上两种因子提取标准及其提取结果。

（3）因子提取最终结果。

重点结合研究问题的客观实际，产品、平台描述提取 3 个因子，此时累计方差贡献率达到 75%，水平较高；营销因素提取 2 个因子，累计方差贡献率达到较高水平的 75%。

3. 因子命名（见表 6-5-5）

表 6-5-5　旋转成分矩阵[a]

影响因素类型	营销因素	成分 f_1	成分 f_2	成分 f_3
产品	x_1	0.507	0.504	0.23
	x_2	0.783	0.359	0.16
	x_3	0.246	0.846	0.143
	x_4	0.839	0.18	0.193
	x_5	0.648	0.487	0.154
	x_6	0.296	0.652	0.466
	x_7	0.412	0.678	0.229
	x_8	0.208	0.236	0.926
平台描述	y_1	0.173	0.788	0.396
	y_2	0.322	0.828	0.174
	y_3	0.54	0.528	0.248
	y_4	0.439	0.346	0.635
	y_5	0.687	0.387	0.148
	y_6	0.794	0.107	0.349
	y_7	0.195	0.254	0.877
	y_8	0.791	0.246	0.147
营销因素	z_1	0.421	0.762	
	z_2	0.841	0.31	
	z_3	0.594	0.521	
	z_4	0.851	0.27	
	z_5	0.229	0.875	

（1）产品。

综合考虑特征值、累计方差贡献率、客观实际，产品类研究因素提取 3 个因子。按照因子载荷,因子f_1在x_1、x_2、x_4、x_5上的因子载荷较大,概括为产品因子;因子f_2在x_3、x_6、x_7的因子载荷较大,概括为基础设施因子;因子f_3在x_8上的因子载荷较大,概括为安全因子。

(2)平台描述。

综合考虑特征值、累计方差贡献率、客观实际,平台描述类研究因素提取3个因子。按照因子载荷,因子f_1在y_3、y_5、y_6、y_8上的因子载荷较大,概括为房东因子;因子f_2在y_1、y_2的因子载荷较大,概括为房源因子;因子f_3在y_4、y_7上的因子载荷较大,概括为服务因子。

(3)营销因素。

综合考虑特征值、累计方差贡献率、客观实际,营销因素提取2个因子。按照因子载荷,因子f_1在z_2、z_3、z_4上的因子载荷较大,概括为平台促销因子;因子f_2在z_1、z_5的因子载荷较大,概括为信息促销因子。

4. 因子得分

(1)单项因子得分(简列其中的前20项得分)(见表6-5-6)

表6-5-6 因子得分

产品			平台			营销因素	
fac1	fac2	fac3	fac4	fac5	fac6	fac7	fac8
0.496 8	-1.720 0	-0.751 9	0.751 2	-0.522 0	0.339 1	-1.063 7	1.247 3
1.155 1	0.100 4	1.559 9	1.966 8	0.969 9	0.092 6	-0.375 7	2.124 0
0.778 2	-0.045 2	-0.283 0	-0.861 8	-0.835 4	0.068 6	0.183 7	-0.526 7
-1.647 1	0.325 7	-0.363 6	1.314 6	0.818 3	-0.976 8	-0.694 4	-0.423 3
-1.194 1	-0.229 9	-1.270 6	0.346 8	0.030 5	0.539 4	-1.063 7	1.247 3
0.778 2	-0.045 2	-0.283 0	0.361 8	-0.039 0	-0.093 6	0.460 5	-0.459 4
-0.597 5	2.060 2	1.201 5	1.036 8	1.856 1	-0.462 6	1.546 9	0.013 3
-0.597 5	2.060 2	1.201 5	1.036 8	1.856 1	-0.462 6	2.013 8	-0.899 5
0.710 7	1.740 0	0.085 5	0.783 1	0.978 9	0.596 3	-0.214 7	-0.122 7
0.710 7	1.740 0	0.085 5	0.096 5	-0.372 3	0.699 4	1.009 3	-1.444 2
0.591 9	1.449 9	1.102 8	0.769 8	1.099 0	0.082 1	1.009 3	-1.444 2
0.157 9	0.544 6	0.116 9	0.115 1	-0.290 2	0.248 0	-0.531 2	0.209 2
-0.569 0	-0.304 1	0.629 9	-0.052 9	0.814 3	1.137 2	0.819 2	-0.464 1
-0.450 2	-0.014 0	-0.387 4	-0.052 9	0.814 3	1.137 2	1.753 0	-2.289 7
-0.450 2	-0.014 0	-0.387 4	-0.052 9	0.814 3	1.137 2	1.753 0	-2.289 7
-0.331 4	0.276 1	-1.404 8	-0.052 9	0.814 3	1.137 2	-0.064 3	-0.703 6
-0.953 5	0.156 9	-0.278 4	-0.025 1	0.515 9	-0.560 4	0.610 9	-1.040 3
0.526 3	-0.387 8	-0.529 7	1.050 1	1.736 6	0.051 6	1.338 6	-0.562 5
-1.084 3	0.015 4	-0.245 5	0.716 8	0.477 9	-0.450 1	1.164 7	0.470 5
0.157 9	-1.109 4	1.537 9	0.998 1	-1.256 7	-1.882 8	0.392 0	0.049 4

表 6-5-6 所示为 3 类因素的单项因子得分，据此可以明显看到不同因子的评价结果不同。

（2）各个单项因子得分的权数。

根据各个子系统提取的因子及其特征值，按照计算比重的方法确定出各个子系统的评价权数（见表 6-5-7）。

表 6-5-7 综合得分权数计算表

子系统序号	特征值序号	特征值 λ	特征值合计	权数（w 总和为 1）
1	1	4.681	5.951	0.787
	2	0.728	5.951	0.122
	3	0.542	5.951	0.091
2	1	4.570	5.960	0.767
	2	0.780	5.960	0.131
	3	0.610	5.960	0.102
3	1	3.227	3.802	0.849
	2	0.575	3.802	0.151

（3）综合因子得分。

在计算过程中，各个子系统的综合评价得分以其单项因子得分为平均对象、以特征值所占比重为权数，加权计算综合。如第 1 个子系统，综合评价得分的计算公式为

$$F_1 = f_1 \times w_1 + f_2 \times w_2 + f_3 \times w_3 = f_1 \times \frac{\lambda_1}{\lambda_1 + \lambda_2 + \lambda_3} + f_2 \times \frac{\lambda_2}{\lambda_1 + \lambda_2 + \lambda_3} + f_3 \times \frac{\lambda_3}{\lambda_1 + \lambda_2 + \lambda_3} = \sum_{i=1}^{3}(f_i \times w_i)$$

按照各个子系统的因子得分和相应的权数，计算并整理得出各个子系统的因子得分（见表 6-5-8）。

表 6-5-8 各个子系统概况因子得分汇总表

地区	产品子系统	平台子系统	营销因素子系统
1	0.11	0.54	-0.71
2	1.06	1.65	0
3	0.58	-0.76	0.08
4	-1.29	1.02	-0.65
5	-1.08	0.33	-0.71
6	0.58	0.26	0.32
7	-0.11	0.99	1.32
8	-0.11	0.99	1.57
9	0.78	0.79	-0.2
10	0.78	0.1	0.64
11	0.74	0.74	0.64

续表

地区	产品子系统	平台子系统	营销因素子系统
12	0.2	0.08	−0.42
13	−0.43	0.18	0.63
14	−0.39	0.18	1.14
15	−0.39	0.18	1.14
16	−0.35	0.18	−0.16
17	−0.76	−0.01	0.36
18	0.32	1.04	1.05
19	−0.87	0.57	1.06
20	0.13	0.41	0.34

表 6-5-8 计算出了 3 个子系统的综合因子得分，据此可以进行 3 个子系统的综合评价。由于样本规模太大，这里不便给出所有个体的评价结果。读者可以自行尝试。

（二）以产品性能、平台描述特征、营销因素因子分析的计算结果，进行综合性因子分析结论

1. 因子分析前提条件的有效性检验

针对产品子系统、平台子系统、营销因素子系统，进行以下变量编码：每个子系统的符号为 f_1、f_2、f_3，依次进行因子分析前提条件的有效性检验（见表 6-5-9）。

表 6-5-9　KMO 和 Bartlett 的球形度检验

取样足够度的 KMO 度量		0.457
Bartlett 的球形度检验	近似卡方	142.230
	df	3
	sig.	0.000

Bartlett 的球形度检验的统计量为 142.230，其相伴概率 0.000 小于显著性水平，拒绝原假设，3 个子系统的 f_1、f_2、f_3 的相关系数矩阵不是单位矩阵，即适用于因子分析。

2. 因子提取

按照特征值大于 1 的标准，有 2 个特征值大于 1，所以提取 2 个因子（见表 6-5-10）。

表 6-5-10　解释的总方差

成分	初始特征值 合计	方差的/%	累计/%	提取平方和载入 合计	方差的/%	累计/%	旋转平方和载入 合计	方差的/%	累计/%
1	1.481	49.358	49.358	1.481	49.358	49.358	1.450	48.341	48.341
2	1.022	34.067	83.425	1.022	34.067	83.425	1.053	35.084	83.425
3	0.497	16.575	100.000						

3. 因子命名

根据因子载荷，进行因子命名。SPSS 输出 2 个因子载荷，出于研究的需要，这里只给出其中的第 2 个因子载荷矩阵。

在对比旋转与未旋转因子载荷矩阵后，选取旋转后的因子载荷。观察该因子载荷矩阵，本题提取 2 个因子是完全正确的。

观察因子载荷，综合评价第 1 因子在产品子系统、营销子系统上具有较高的载荷，所以命名为品牌因子；第 2 因子在平台子系统上具有较高的载荷，所以命名为平台因子。

旋转成分矩阵如表 6-5-11 所示。

表 6-5-11　旋转成分矩阵[a]

项目	成分	
	1	2
f_1	0.874	0.161
f_2	−0.033	0.977
f_3	0.828	−0.269

4. 因子得分

在 2 个因子得分函数基础上，使用 2 个因子的特征值，计算出这 2 个因子的综合得分的权数为 0.592（1.481/2.503）和 0.400（1.002/2.503）。

使用品牌因子、平台因子的单项因子得分及其特征值比重（即权数），计算得到以下综合因子得分（见表 6-5-12）。

表 6-5-12　旋转成分矩阵[a]

地区	f_1 品牌因子	f_2 平台因子	综合因子 f 得分
1	−0.338 22	0.837 95	0.14
2	0.929 65	2.249 04	1.47
3	0.449 55	−0.765 81	−0.05
4	−1.352 94	1.001 86	−0.39
5	−1.277 50	0.250 52	−0.65
6	0.673 65	0.399 73	0.56
7	0.826 32	0.851 58	0.84
8	0.992 85	0.793 09	0.91
9	0.524 46	1.199 16	0.80
10	1.020 51	0.184 62	0.68
11	1.034 10	0.943 42	1.00
12	−0.109 49	0.240 13	0.03
13	0.083 80	−0.042 37	0.03
14	0.444 95	−0.149 37	0.20

续表

地区	f_1 品牌因子	f_2 平台因子	综合因子 f 得分
15	0.444 95	−0.149 37	0.20
16	−0.366 42	0.155 45	−0.15
17	−0.352 93	−0.300 29	−0.33
18	0.990 68	1.084 83	1.03
19	0.043 27	0.193 97	0.10
20	0.345 22	0.444 93	0.39

为研究问题方便，将综合评价得分按照 f（综合得分）升序排列，fac1_1（第1因子得分）和 fac2_1（第2因子得分）随之自动生成。在此基础上，还可以生成折线图，更加明显地反映不同样本的评价结果，实现对样本的综合评价，此处略。综合因子分析以及相关文献，总结出以下研究结论。

（1）在线旅游短租住宿产品深受年轻人喜欢。

出游者一般外出3~7天的人更愿意接受在线旅游短租住宿产品，平时出行选择民宿或类似 Airbnb 的短租住宿的人更接受在线旅游短租住宿产品，住宿花费占总出游花费的10%~30%的人会尝试在线旅游短租住宿产品。

（2）消费者消费能力增强，注重个性体验。

近些年来，消费群体的收入水平及生活水平日渐提高，经济实力增强。在线旅游短租住宿产品的追求越来越高，并看重住宿体验。

（3）消费者行为主要影响因素为产品性能、平台描述特征、营销因素。

通过因子分析可以看出，消费者行为主要影响因素为产品性能、平台描述特征、营销因素；通过深入分析可以看出，消费者行为主要影响因素划分为品牌和平台两个方面。

（4）消费者关心平台方面的房源真实性。

由于信息的不对称、网站审查的漏洞，在网络购物中时有发生"货不对版"的情况，从而导致网络短租同样存在着消费者被过度美化的房源信息吸引而受到欺骗的问题。

针对上述结论，给出以下建议。

（1）平台加强整合，开发更多的待转化房源。

在旅游住宿弹性供求不足的地方，平台应开发更多的待转化房源，充分利用自身资源将空置房源转化成有效的资源，降低房屋的空置率，提高资源的使用效率，加入社会经济资源流入，推进在线短租住宿行业发展。

（2）积极推出短租市场经营方式的多元化。

目前，大多在线短租住宿产品只提供住宿和早餐服务，但在未来无法满足消费者的多样化需求，在未来的发展中，应顺应发展趋势，开发更多娱乐服务项目。例如接机服务，管家服务，制订游玩计划，旅游攻略，篝火晚会，垂钓，租车以及各种具有民族特色的娱乐休闲项目等。从消费者角度出发，尽可能全面提供多元化、差异化、多层次的服务，从而满足消费者个性体验的需求，使短租企业在行业竞争中取得优势地位。

（3）设定合理的市场定位，提升平台的市场竞争力。

针对这些在线旅游短租住宿产品发展中存在的问题，平台应以品牌化、规范化、连锁化的经营策略进行经营管理。帮助在线旅游短租住宿产品找到自己的定位，改善设计同质化的问题，吸引消费者的关注。在线旅游短租住宿产品在经营发展过程中，应抓紧地域特色，将地域特色作为立足点，可从房间装饰、特色餐饮等方面着手，吸引消费者；细分更多不同的市场，以满足不同消费者的需求。

（4）政府制定相应税收政策确保传统酒店业正常发展。

在线短租行业的大力发展迫切需要政府对其进行规制，以保护消费者的正当权益。为了避免不公平竞争，政府应尽快制定在线短租的税收政策，并颁布一定的许可政策等，以促进在线短租行业的发展，确保传统酒店行业的正常发展。此外，为了鼓励在线短租行业的发展，可对一些特定项目实行免征税政策。

（5）平台强化在线监管以保障房源安全质量。

短租平台必须确保房东身份认证真实有效，增强发布房源前的验证工作，保证房源的安全性，形成完善的房主信用体系。短租平台需区域运营负责人上门验证发布的房源，并及时地验证其发布的真实性；另外，短租平台也需要对租客进行实名身份认证，筛选信用记录差的提请人，努力营造双方互相信任的平台，为双方提供财产保险。搭建完善有效的三方（租客、房主、在线短租平台）交流合作平台。

（6）关注品牌效益策略。

建立品牌效益，结合国外成熟的短租模式与我国实际情况，加强短租企业品牌竞争力，必须从消费者需求出发，打造独具一格的品牌形象，时刻把握消费者需求，塑造与其他企业不同的品牌，从而与众多同类产品形成差异化。

思考题

1. 怎样理解描述统计分析在社会经济问题研究中的特殊作用？
2. 怎样选择分类变量下的差异性分析的理论和方法？
3. 多元线性回归分析中的多重共线性产生的原因及其危害有哪些？
4. 怎么消除多重共线性？
5. 什么是多重共线性？多重共线性的识别方法有哪些？
6. 在尽量保持原始变量的条件下，如何解决多重共线性？
7. 什么是逻辑回归分析？逻辑回归分析适用于研究什么类型的问题？
8. 怎样选择复杂问题的数据分析理论和方法，使用统计软件进行主成分回归的数据处理和数据分析？
9. 主成分回归的基本过程包括哪些？对因子分析有何帮助？
10. 自行设计一套调查问卷，通过适当的方法收集数据并进行主成分回归。
11. 什么是主成分分析？主成分分析的功能主要有哪些？
12. 使用统计软件进行主成分分析的基本程序怎样？
13. 什么是信度分析？信度分析对市场调查有何帮助？
14. 信度分析有哪些类型和作用？为什么要进行信度分析？
15. 怎样理解复杂问题的特征及其研究目的？
16. 怎样确定复杂问题的样本与变量？
17. 怎样收集复杂问题的数据，建立数据文件？

18. 怎样选择复杂问题的数据分析理论和方法，使用统计软件进行数据处理和数据分析？
19. 什么是因子分析？理论上与实践上进行因子分析的基本流程怎样？
20. 因子分析的前提条件是什么？各个检验方法结果不一致时，怎样处理？
21. 什么是因子载荷？因子载荷的作用主要是什么？
22. 怎样理解因子分析在社会经济问题分类中的功能？
23. 什么是因子模型？怎样理解主成分分析对建立因子模型的作用？
24. 怎样理解因子载荷在因子命名中的作用？
25. 怎样理解因子提取在因子分析中的作用？
26. 怎样理解因子命名在因子分析中的作用？
27. 自行设计一套调查问卷，通过适当的方法收集数据，并进行综合因子分析。
28. 在因子命名中，因子旋转的作用是什么？什么时候需要进行因子旋转？
29. 因子旋转的类型有哪些？在统计软件中，常用什么方法进行因子旋转？
30. 聚类分析的主要作用是什么？聚类分析与因子分析的关系怎样？
31. 怎样选择 Q 型聚类、R 型聚类、K 型聚类分析？

参 考 文 献

[1] 程春梅，陈树良. 经济与工商管理专业综合实验教程［M］. 沈阳：东北大学出版社，2013.

[2] 陈树良，史宪睿，李晓梅. 统计软件［M］. 沈阳：东北大学出版社，2014.

[3] 陈树良. 基于空间计量经济的辽宁生产性服务业效率评价及提升路径研究［M］. 辽宁省社科基金，2018.

[4] 陈树良. 大学生数据调查与数据分析能力的培养［M］. 辽宁省教育厅，2016.

[5] 陈树良. 提升产业结构促进劳动力就业的实证研究［M］. 锦州市统计局，2012.

[6] 陈树良，程春梅，方霞. 生产性服务业效率评价与提升路径研究［J］. 辽宁工业大学学报，2020.12.

[7] 陈树良. 生产性服务业集聚对经济增长影响机理探究［J］. 渤海大学学报，2020.6.

[8] 陈树良. 关于辽宁工业大学学生知识—能力—素质关系的调查［J］. 辽宁工业大学学报，2018.12.

[9] 陈树良. 辽宁工业大学学生"数据"能力的综合评价［J］. 辽宁工业大学学报，2018.9.

[10] 薛薇. SPSS统计分析方法及应用［M］. 北京：电子工业出版社，2012.

[11] 张文彤，董伟. SPSS统计分析高级教程［M］. 北京：高等教育出版社，2010.

[12] 张文彤，闫洁. SPSS统计分析基础教程［M］. 北京：高等教育出版社，2009.

[13] 何晓群. 多元统计分析［M］. 北京：中国人民大学出版社，2012.

[14] 傅德印，张旭东. Excel与多元统计分析［M］. 北京：中国统计出版社，

[15] 余建英，何旭宏. 数据统计分析与SPSS应用［M］. 北京：人民邮电出版社，2003.

[16] 何晓群，刘文卿. 应用回归分析［M］. 北京：中国人民大学出版社，2007.

[17] 林杰斌，陈湘，刘明德. SPSS11统计分析实务设计宝典［M］. 北京：中国铁道出版社，2002.

[18] 杜强，贾丽艳. SPSS统计分析-从入门到精通［M］. 北京：人民邮电出版社，2009.

[19] 黄润龙. 数据统计与分析技术-SPSS软件实用教程［M］. 北京：高等教育出版社，2004.

[20] 贾俊平. 统计学［M］. 北京：清华大学出版社，2009.

[21] 于秀林，任雪松. 多元统计分析［M］. 北京：中国统计出版社，1999.

[22] 王毓芳，郝凤. 过程控制与统计技术［M］. 北京：中国计量出版社，2001.

[23] 徐映梅. 市场分析方法［M］. 北京：中国财政经济出版社，2001.

[24] 卫海英. 应用统计学［M］. 广州：暨南大学出版社，2002.